Political Thinking:
The Perennial Questions

政治思考
一些永久性的问题

［美］格伦·廷德（Glenn Tinder）—— 著

王宁坤 —— 译

悖论是思想家的激情之源,而且没有悖论的思想家就像一个没有情感的恋人:微不足道的平庸……一切思想的最高悖论是尽力发现思想不能够思考的事情。

索伦·克尔凯郭尔
Søren Kierkegaard

目 录

中文版序言…………………………………… 顾肃 1

前　　言…………………………… 史蒂文·M·德路 5

英文第六版自序………………………………… 16

导　　言…………………………………………… 1

第一章　为什么参与政治思考?………………… 11

第二章　隔阂与统一……………………………… 25

 1. 人类在本质上受到隔阂吗?………………… 27

 2. 如果人类在本质上没有受到隔阂,为什么他们中间有那么多分隔和冲突?……………………… 33

 3. 理智能够克服隔阂吗?……………………… 36

 4. 是否需要某种形式的宗教来克服隔阂?…… 42

 5. 所有的人都应该团结在一个单一的、全球性的社会中吗?……………………………………… 51

 6. 所有阶级差异都应该被废除吗?…………… 55

 推荐书目………………………………………… 61

第三章　不平等和平等 ································· 65

7. 人类在本质上是不平等的吗? ················· 67

8. 如果有些人本质上高于所有其他人,如何能够识别他们,通过谁来识别他们? ················· 75

9. 如果人类在本质上平等,那么,所有习俗的不平等都错了吗? ································· 80

10. 如果所有习俗的不平等都废除了,自由能够生存下来吗? ································· 83

11. 如果所有习俗的不平等都废除了,隔阂会消失吗? ································· 88

12. 男人和女人应该总是并且在各方面受到同等对待吗? ································· 94

推荐书目 ································· 105

第四章　权力和掌权人 ································· 107

13. 社会秩序是否能够在没有权力的情况下得到维持? ································· 109

14. 谁应该掌权? ································· 116

15. 如果人民掌权,应该他们自己掌权,还是通过代表? ································· 121

16. 有权力好吗? ································· 125

17. 为什么服从？ ……………………………………… 128
推荐书目 ……………………………………………… 136

第五章 权力的限制 …………………………………… 139
18. 政府是否应该与个人有相同的道德限制？ ……… 141
19. 政府是否应该在所有情况下服从宪法的限制？ … 148
20. 政府是否通常应该让私人掌握工业的所有权和控制权？ ………………………………………………… 156
21. 政治权力和完善的知识是否有朝一日能够结合？ … 163
推荐书目 ……………………………………………… 171

第六章 权力的目的 …………………………………… 173
22. 是否每一个政府都只是为"强者的利益"服务？ … 175
23. 政府的最终目标只是能够使个人按自己的选择生活吗？ ……………………………………………… 179
24. 政府是否应该对真理和道德负有任何责任？ …… 190
25. 对罪行实施报仇行为是政府的一个正当目标吗？ … 198
26. 政府应该尽力创建满足所有需求和愿望的社会吗？ ……………………………………………… 205
推荐书目 ……………………………………………… 211

3

第七章　历史变革 ·· 215
27. 人类能够掌控历史的进程吗？ ················ 218
28. 我们能够在不过多使用暴力的情况下引导历史的进程吗？ ························· 226
29. 真理和正义在历史的进程中会有所改变吗？ ······· 232
30. 历史会自然地走向"美好社会"吗？ ············ 238
推荐书目 ··· 243

结语　人类的不确定性之观念 ································ 247
出版后记 ··· 261

中文版序言

这本《政治思考：一些永久性的问题》是美国波士顿马萨诸塞大学的资深教授格伦·廷德三十多年前写的书，1988年出版过第一个中文译本，如今英文版已是第六版，足见其受欢迎和重要程度，值得我们引进翻译。

"人是天生的政治动物"，这是古代希腊哲学大师亚里士多德的名言。在日常生活中，人们随时都会遇到政治问题，甚至许多经济和社会问题的解决也往往涉及政治，需要采取相应的政治举措。但是，人们却往往简单化地看待政治问题，忽视对其进行哲学上的思考；或者是盲目地接受某些政治教条，却不追问其背后的原则是否正当和合理，因而变成恶劣政治意识的俘虏。

针对这种情况，本书作者以政治思考作为主题，深入浅出地展开了对一些根本性的政治问题的问答式论述。尤其是关于自由、平等、权力、权威、权利、合法性、正当、合理性等基本观念，作者进行了相当深入的思索和论证。正如作者所说，本书最大的特点就是，它不只引导人去读，而且为了让人用，即通过讨论、写作和长时间的思索来运用。作者一共提出了几十个基本的政治问题。其问题的提出也不是简单地为了让读者了解其他人所处的窘境，而是让他们自己陷入自身的窘境，真可谓置之死地而后生。通过身临窘境的体验，读者在读本书时，至少要对几个问题进行详细思考，并自己尽力找出答案。

作者认为，对政治的思考本身就是一个目的，因而本书也帮助读者了解和学习政治思想史。一些人以为政治问题是简单的，并不需要花费多少精力去寻找合理的答案。他们不知道，古往今来，许多认真负责的思想家，对于看似简单的政治问题进行过深刻的探究和思索。要了解伟大的思想家，就需要对他们的内心精神世界有所了解。这就是学习哲学史对于提升人的理论思维的极端重要性。要了解思想大师的内心精神，就需要感受刺激他们进行思考的疑问和忧虑。所谓同情的理解，就包括感同身受的体会，只有带着一种珍贵的和深厚的同情感去分析一位独特的思想家，才能做到这一点。本书作者在回答各个基本政治问题的过程，一再地带领读者深入思想大师们的精神世界，再度与他们一起思索，寻求合理的解答，当然并不是强求惟一的一个标准答案。

在西方政治思想发展史上，至少在近期的几百年里，自由主义逐步占据了主导的地位。一系列大师从各个角度论述了自由主义政治哲学的基本观念和原则。但是自由主义也是在与各种思想的论辩中发展的。激进的政治思想和保守主义者与自由主义主流长期进行着论争，尽管有时候，思想派别的边界线并不很清楚，甚至某些保守派也被当作自由主义的右翼。本书作者没有简单地以主动站队的方式一再论证自由主义思想的正确，而是仔细地比较这些不同思想的类似点和相异之处，分歧究竟在哪里，客观地介绍各自的核心论述，引导人们进行相对客观的思考。尤其是作者对于马克思主义的政治哲学也比较客观地进行了介绍，甚至认为在基本思想前提方面，比如坚定地相信理性方面，马克思主义更接近自由主义。而作者对于保守思想的深入分析，也有助于读者了解那些不愿意接受平等观念、主张维护传统价值观的人们，究竟是怎样论述自己的基本观点和立场的。

以对平等的论述为例，作者认为，"对马克思主义最有效的对抗，也许来自于持有这种观点的人们：他们认为，正义不支持社会被分裂为分割的、不平等的阶级，所有阶级都可以领悟到对正义的这种要求，因而可以一起合作根除或至少缓和阶级的差异。这是由富兰克林·D·罗斯福与约翰·F·肯尼迪所代表的一种自由主义的中心思想。在回答阶级差异是否一定阻碍统一的问题时，自由主义者一般更同意马克思的观点，而不是伯克的观点。确实，许多自由主义者会满足于缓和阶级差异，而不是将它全部消除。但是，自由主义总的说来站在平等一边，不易与伯克的观念调和，伯克认为阶级差异可以为社会的统一作出贡献。

至于取得这一目标的可能性——废除阶级差异的可能性，自由主义者一般与马克思和伯克的观点都不相同。他们感到，阶级差异不能够用武力废除（或缓和），但是无论如何必须要废除（或极大的缓和）。其手段是建立超越阶级分歧的理智共同体。阶级不应该在接受社会中而应该在改革社会中得到统一。所有的阶级应该走到一起，成为一个单一的共同体，正如保守主义者要求的，但不是依然如故，而是应该成为一个改革的共同体，一个还不完善但是正在逐步完善自己的共同体。"

这里之所以引用这个较长的段落，是想说明，本书作者在探讨基本政治观念时，以客观论述不同派别的思想观点为主要任务。不是简单地划线，以要么全对、要么全错的方式来讨论不同的政治理念和原则，而是尽量接近各个流派的代表性思想家的本来想法，给以公正的评价。当然，本书作者的基本立场是作为西方政治思想主流的自由主义的。

为了让读者客观地了解主要的政治观点及其在思想史中的地位和发展，作者在每章后面列举了详细的推荐书目。这些精选的著作，都是本论题上有代表性的作品，对于理解基本的政治观念和问题，很有帮助。作者这种严谨的学术态度，同样值得嘉许。

作者指出，在二十世纪，人们面临着一些严重的问题，个人受到来自各个方面的威胁。"组织人"、"孤独的人群"、"大众的反叛"以及类似的词语，都是有名的警示。"通过这些警示，作家们表达了个人被社会吞没，丧失了自我的普遍感觉。从令人震惊的流浪人群和城市脏乱的场景中，从种族与种族之间的仇恨中，从无法控制的暴力使现在美国许多儿童在上学之前先要武装自己的事实中，我们看到了证据，个人已经变成了一个废品，可以被随便扔掉或轻易地摧毁。但是，如果我们在谈到'个人的尊严'时，真的不明白我们指的是什么,我们怎么能够挽救个人呢?"

这是作者在政治思考中严肃地提出来的问题,实质上是如何处理个人与组织、社会和国家的关系问题。一方面,如何维护个人权利不受政治权力机构和权威以集体和社会的名义进行的侵害,尤其是克服因种族、出身、阶级、地域、习俗等等的差异而产生的各种人为的不平等,依然是一项艰巨的任务。另一方面,个人如何在自由地发展自己的个性、按照适合自己的方式去生活时,顾及社会和群体的合理的利益,维护公共理性,以巩固社会和谐和稳定秩序,避免社会的崩溃,同样存在着相当一些需要努力和改进之处。前一方面的恶性发展的一个结果就是所谓权威主义体制的瓦解,人们日益趋向自由和民主的体制。而后一方面的极端例子是在自由市场中,个人与小团体追求利益最大合理化的同时,却未合理地顾及社会总体利益和资源的合理配置,以致破坏生态环境,在财政金融上债台高筑,危及社会的基本稳定和经济的可持续发展。正因如此,本书作者所努力倡导并且身体力行的政治思考,在今天仍然显得重要和可贵。学会思考而不是盲从,遵从理性而不是迷信,我们在处理政治问题时就会主动得多。

这正是我向广大读者推荐本书的主要理由。

顾肃
2010年4月30日于南京

前　言

廷德对政治思考所做的贡献

恪伦·廷德（Glenn Tinder）的《政治思考：一些永久性的问题》一书在三十多年前第一次出版。在同类书中，本书更完善地论证了"政治思考（political thinking）"对建立起繁荣昌盛的公正社会所作出的重大贡献。要了解这种可能性，就需要对西方政治理论和政治思考之间的共生关系做一个解释。

对于廷德来说，西方政治理论远远不只是作者对其时代所存在的问题作出的回答。政治理论是一种传统，由一些概念（concept）和观念（idea）组成，这些概念和观念来自于构成政治理论史的著作。政治理论传统中的概念包括一些观念，如权力（power）、权威（authority）和权利（right）。① 那些政治理论传统常用的概念，在政治思考中是用来反思（reflect）并探讨如何建立一个公正社会这个问题的。

要想实现一个公正的社会，必须认真提出许多疑难问题。由于没有一个人能够成功地单靠自己的智慧和经验来对付这些问题，那么，就必须在致力于这种研究的共同体（community）中寻找答案。还有，只有有了使人们能够参与讨论，做出理性的政治判断的共同语言，谈论创建公正社会的共同体才可能产生。西方政治理论的传统，包括它的许多概念和观念，提供了一种满足这种需求的共同语言，因而使政治思考有了坚实的基础。

许多作者在西方政治理论的共同语言的形成上给予了帮

---

① 还可以举出许多其他概念，如公民职责的性质，国家和国家部门的作用，宪法的概念，等等。

助,从而为政治思考提供了基础。在这一点上,有两种政治理论家。第一种是史学型(historian)的,他们探讨从古典时期到现代时期的西方政治理论史中的理论家们。史学型的政治理论家包括乔治·萨拜因(George Sabine)、马尔福德·西布利(Mulford Sibley)以及威廉和艾伦·埃本斯坦(William and Alan Ebenstein)。[1]每一个作者都帮助读者从历史背景的角度了解政治观念,从而不仅澄清了各种概念是如何形成的,而且说明了长期以来它们如何得到修订。政治理论史学家注重概念形成和修订的外部因素,促进政治思想家敏感地注意到一个事实,那就是随着概念运用的背景有所改变,这些概念的意义也可能会改变。

第二种政治理论家是思想型(intellectual)的,他们调查研究西方政治理论中主要的政治观念,以及对创建和培育人民能够繁荣昌盛的环境至关重要的政治观念。总之,思想型的理论家寻求保护一种文化环境,在这种环境中,尽管有威胁到他们的社会势力或政治势力,他们所代表的政治观念和生活方式仍然可以得到保护。

在这些思想型的理论家中,有谢尔登·沃林(Sheldon Wolin)、列奥·施特劳斯(Leo Strauss)、卡尔·波普尔(Karl Popper)以及简·贝斯克·爱尔希坦(Jean Bethke Elshtain)。[2]

---

[1] George H. Sabine, *A History of Political Theory*, third edition, first published 1937 (New York: Holt, Rinehart and Winston, 1961); Mulford Q. Sibley, *Political Ideas and Ideologies: A History of Political Thought* (New York: Harper and Row, 1970); William Ebenstein and Alan Ebenstein, *Great Political Thinkers: Plato to the Present*, sixth edition, first published 1951 (New York: Harcourt 2000).

[2] Sheldon Wolin, *Politics and Vision: Continuity and Innovation in Western Political Thought*, (Boston: Little, Brown, 1960); Leo Strauss, *Natural Right and History*, (Chicago: University of Chicago Press, 1953); Karl R. Popper, *The Open Society and Its Enemies: The Spell of Plato*, vol. I, (Princeton: Princeton University Press, 1966) and *The Open Society and Its Enemies: The High Tide of Prophecy: Hegel, Marx, and the Aftermath*, vol. II, (Princeton: Princeton University Press, 1966); Jean Bethke Elshtain, *Public Man Private Woman: Woman in Social and Political Thought* (Princeton: Princeton University Press, 1981).

沃林认为，西方政治理论史是一种传统，促进形成了一种公共的政治领域，在这个领域中，多种多样的群体（group）中所存在的公共问题能够求得共同的解决方法。沃林担心，当前的环境充斥着各种群体，他们将某一特定群体的观点强加于整个社会，力图破坏这种政治领域。施特劳斯希望为自然权利（natural right）的概念作辩护，他认为，自然权利是持久的真理（truth），不是社会习俗的产物，而是通过理智的探究所得出的真理。并且，这些真理应该成为用于区分政治应该支持的真正需求和应该抵制的虚假需求的标准。波普尔按照他的希望来看待西方政治理论史，他希望确保一个开放的社会得以战胜封闭的社会。在一个开放的社会中，对所有问题——包括科学和政治问题——进行批评性的探讨是得到鼓励的。但是，在一个封闭的社会——波普尔争论说这是柏拉图提倡的——情况截然相反。波普尔宣称，在整个政治理论史中，不同的作者反复地表示过对柏拉图式封闭社会的支持。爱尔希坦论证了公共领域这一观念虽然在西方政治理论的传统中已经极为通常地发展为一种环境，为所有公民取得一个公正社会确定了基础，却如何最终还是否定了妇女在社会中的地位。妇女被置于私人领域之中。在那里，她们附属于男人，得不到尊严。其结果致使现代公共领域的基本观念，也就是所有人得到平等尊重的观念，听起来就很空洞了。

作为一位政治思想家，格伦·廷德对这两种政治理论家，史学型和思想型，在对重要的政治问题进行哲学探讨中所起到的作用都很欢迎。如此一来，廷德用政治理论史中的中心观念和概念来探讨一些特殊的问题，这些问题都与如何在当前世界中建立起一个公正社会有关。他对这些问题的处理，使他的读者们得以运用从政治思考传统中衍生出来的共同语言参与思索性的讨论。的确，读者能够轻松地想象到成为讨论中的一员，这个讨论中不仅只有廷德和他的观点，还有那些廷德接受的其他观点。廷德列出的问题是综合性的，本书的读者会很快地看到这一特点。它包括了重大的问题：不平等与平等的关系，权力的性质、限度和目的以及历史与政治的关系。在每一个大问题中，又有各种同等重要的问题，如谁应该掌权，为什么人民要服从他们的政府，政府应该遵守哪些道德规范，平等的原则应该如何实施于男人和女人，自由与平等之间关系的性质以及许多其他问题。

廷德写了苏格拉底应该写的书

廷德对政治思考的发展做出了卓越贡献，他为读者树立了犀利的哲学智慧（intelligence）的榜样，所有人都应该用这种哲学智慧探讨政治问题。他的《政治思考：一些永久性的问题》一书被看做是苏格拉底宣言在当今世界的典范。苏格拉底曾经宣称："没有经过检省的生活是不值得过的。"[1]在这一点上，廷德的著作把我们带上了哲学思考的旅途，旅途的目标是要获得一个公正的社会。在旅途中，我们能充分认识到运用政治理论传统进行思索、推理活动的这种思考本身的特性、所遭遇的挑战和所处的环境。

为了传授对这种思考本身的理解，廷德为今天的读者写了这本苏格拉底应该写的书。政治思考行为——思索及讨论——的特征，通过许多转折和偏移，一系列的争论和抗辩，并且通常缺乏能够满足所有人的确定结论而最好地表现出来。的确，政治思考不同于以某种政治概念为衡量标准评价一项提议或一种倡导行为。如果可以，所有的政治思考都可以缩减为推论性的陈述，如，"A是真的，如果B是A的一个实例，那么，B也是真的"。

然而，正如廷德指出的一样，在政治思考的传统中，概念只是为了引导对问题有更深刻、更增进的了解。在政治思考中，政治概念的作用通常由于悖论（paradox）——即看起来"自相矛盾（self-contradictory）"的陈述——而令人费解。悖论在即便相互

---

[1] Plato, "The Apology," *in Euthyphron, Apology, Crito, Plato: The Last Days of Socrates*, translated by F.J. Church（Indianapolis: Bobbs-Merrill, 1956）, p. 45

矛盾，但从理性上可以得到辩护的概念之间建立起了很强的联系。政治思考中一个重要的悖论就是卢梭的论点：人类必须被强迫得到自由。卢梭提出，强迫和自由是两个相互矛盾的概念，但是也联系在一种互惠的关系之中。找出解释这些概念如何互补的办法，是政治思考的起点和动力。

这个任务总是与社会面临的实际问题或困难分不开的。卢梭的悖论是说，应该有法律来保护人民在实施个人自由时不受干扰，这些法律条例将对那些触犯它们的人作出惩罚。这就是说，为了自由，一定程度的强制（coercion）是必需的。但是一个社会为了自由能够忍受多少强制呢？有些人会说，一个政府为保护自由而行使的强制越多，这个政府就越有可能变得没有牵制，如此下去，可能引起对自由的践踏，而自由本应是受到政府保护的。这一观点的含义在于，当公民们自愿地尊重他人的自由时，自由就能得到最好的保护。因为这样一来，即便不能使政府的强制成为完全没有必要的，也能将其减小到最低程度。反对这一论点的人会说这种观点太幼稚，并相反地宣称，保护自由的最佳方式是强有力的政府有权实施一大堆法律。这种观点可能会导致对许多人施行严重的惩罚，以确保社会中最大可能的自由。

哪种观点更好？通常，解决这类问题的唯一办法是对一个问题出现的环境给予评估。也许，在有着强大而广泛的公民友谊的社会，人们会自愿地遵守保护自由的法律，因此，对政府强制的需求就减小到最低程度。但是，在人民之间有着高度的不信任感——如果不是厌恶的话——的地方，至少到公民友谊能够建立起来为止，政府用大量的强制手段来执行保护自由的法律，也许是最合理的方法。

政治思考中另一个熟悉的悖论是没有平等就没有自由。对许多人来说，这个提法联结了两个从理性上可以得到辩护、但又矛盾的概念。为了解释为什么会这样，让我们假设，"自由"这个名词是指人们有必要的手段对类似职业和宗教等事情做出自己的选择，并有机会在影响公共政策中起到重要的作用。当社会有关正义的概念要求提供给一个人的自由应该平等地给予他人时，这种对自由的看法就与平等相关联。但是，为了保证这种意义上的平等的自由，有必要为每一个人提供足够数量的基本条件。其中包括的都是基本的权利，言论自由、道德自由、宗教自由、结社自由和参与政治的自由。另外也应该加进去的是享有教育和医疗保健等的基本机会。只有当人民有了这些，他们才可能做出个人的选择，并且完全地、有效地参与政治体制。拿教育作为例子，如果没有良好的教育，人们不可能意识到自己的潜力，从而无法自由地选择他们的职业。但是，支持教育的钱应该从哪里来？有些人会说，应该主要来自有钱人。而有钱人也许会说，这种态度威胁到他们的自由。具有讽刺意义的是，要求相等程度的自由，可能会强加于他人一些压抑的因素，限制了他们的自由。

对于这个例子里自由与平等之间的冲突，是否应该引起关注？有些人会说不应该，因为要达到平等的自由需要在社会中进行某种程度的财产再分配。当然，一个公正的社会会有一些财产再分配的政策，但什么是社会财产再分配的合理政策？到什么程度，这一政策就不再合理？有了这些问题，讨论现在就转向了合理问题，以及在考虑到自由与平等之间的关系上如何能够最好地达到合理。

这些悖论——只是本书中能够找到的许多悖论中的两个——表明，廷德如何使思考本身成为苏格拉底论证方式的一个翻版。如同苏格拉底一样，廷德不断地向他的读者提出挑战，让他们用坚持相反观点的人所提出的答案，来考验捍卫一种特定观念的人所提出的答案。在整本书中，廷德论证，关键的政治概念能够使人们参与政治争论和思考，参与者从而学会既要彻底理解，也要用理性的智慧辩驳其他人的看法和观点。在争论中，有一点会变得清晰起来，这就是，概念有助于人们对重要的政治问题进行有成果的、深思的讨论，尽管这些概念促成的讨论可能永远不会取得使所有理性的参与者都能接受的结果。

政治思考将使人们在一些问题上获得结论性的答案。理智的政治思想家将会得出结论,暴政总是错误的,并且必须阻止反对人类的罪行,而一旦发生必须遭到惩罚。但是对于其他许多问题,最多也就是能够取得一种合理的妥协,从而没有任何参与者对结果感到完全的满意。然而,对于思考本身来说,更大的威胁来自需要根据某种意识形态体系解决问题的要求。的确,思考本身总是对那些承诺用简单的方法解决复杂问题的人存有戒备和疑心,因为复杂的问题需要不断的思索和探讨。对于廷德来说,政治"思考没有提供必然和明确的答案,然而,它打开了通往理解的道路"。

本书还清楚地表明,个人与社会都会从政治思考中获得确定无疑和极其重要的好处。有了政治思考,人们不仅变成自主的思考者,要求自己和他人对任何见解持有令人信服的理由,而且,他们对公共领域中的一个层面作出贡献,这就是,重要的事要通过理性的争论来决定。这样一来,参与政治的人们将用理性的思想和论述代替在目前的政治生活中太常见的浮浅言辞。这是为那些寻求公正社会的人提供的唯一可行道路。

为了让他的读者了解思考本身,廷德帮助他的读者去理解,在使公正社会成为可能的过程中,政治的目的不仅是保证人们——根据苏格拉底的看法——生存,也是保证他们生活得美好。[①]为了达到这一目的,有必要提供满足人们对食物、住所和安全的基本需求。另外,一个社会必须提供使生活值得经历、有意义的东西:共同体、自由、民主、正义、艺术、科学、宗教。

隔阂及"人类的不确定性"

尽管政治思考很有好处,廷德抱怨说,美国公众对包含"哲

---

① Plato, "The Crito", in *Euthyphron, Apology, Crito, Plato: The Last Days of Socrates*, p.57.

学气息和严肃性"的思考极不重视。他将这个问题归咎于多方面的因素。他提及这个问题就是希望能够说服读者，思考本身所代表的生活方式对社会的重要性。在为这一见解辩护时，廷德决不给政治思考所从中生发的现实贴金。事实上，廷德为任何参与政治思考的人必须进入的舞台描绘了一幅令人清醒的图画：一个隔阂（estrangement）成为常态的世界。

对于廷德来说，"隔阂"意味着持续的"人类之间不统一"。隔阂来自于公民间缺乏持久的友谊和共通性，来自于非正义和战争的现实存在，也来自于极权政体的可怕经历。这些现实，以及许多其他相似的现实，使人们感受到自己遭到疏远的冷酷情感，例如愤恨和孤独。这些情感使人们不可能在自己的社会充分地感到无拘无束。面对这种经历的人，很自然地希望结束隔阂状况，以及这种状况给他们带来的痛苦。正是这种追求使政治思考成为必要。正如廷德所说，"如果人类没有遭遇隔阂，无论是静止的孤独，还是活跃的冲突，政治思考都不会出现"。

因此，政治思考必须正视笼罩人生的隔阂状况。在这方面，最严重的结果之一是伴随隔阂而来的不确定性。在隔阂状况明显的社会中存在一种强烈的意识，即人们受到许多造成痛苦的因素支配，这些因素不受任何人、甚至不受政府的控制。此外，人们也以不同的方式对付不确定性，有些是恐惧和愤恨，但在大多数情况下是一种强烈的想逃离到不确定性不复存在的地方的愿望。更糟糕的是，有些人因而相信最好的逃避方法是一种政府形式，即廷德以及所有珍视自由的人最害怕的一种政府形式：极权主义。

在这种情况下，一种为取消政治思考辩护的思想意识形态已成燎原之势。政治思考毕竟从来没有保证过，疑义和不确定性将从人类境遇中消失。正如廷德所说，"思考即不确定"，而且，通向"智慧的道路存在于不确定性之中"。政治思考接纳这些观点，就是承认，尽管不确定性会永远存在，但人们必须找到一种方法来获取一个公正社会。相反，极权的意识形态保证，只要社会抛弃政治思考以及任何获取一个以民主、权利为基础的社会的希望，不确定性就会结束。这就为极权国家对人类尊严的恶意攻击打开了大门。当这些情况出现时，政治谋杀——仅仅因为他人的文化和哲学观点就强行杀戮——就成了普遍现象。

针对这种意识形态，廷德提倡他所说的"人类的不确定性"。这一学说推动的道德观是，面对现代生活的模棱两可性，我们应该坚信自由、平等和共通性。当公民维持思考的反思性（reflective），通过自省反抗窒息独立思考和思想的铁板一块的统治——极权社会的精神特征，自由才能得到保证。当有不同才能与能力的人都认识到，很好地提出永久性的政治问题，而这些问题又没有权威的答案，每一个人必须仔细地考虑所有其他人的观点时，平等才存在。共同体有助于人们意识到他们的社会的创造性与有用的潜能，当人们共同确定要保持思考本身，而且特别要反对那些具有贬低或抹杀思考本身的意识形态倾向的人，共同体就会出现。

《政治思考：一些永久性的问题》是本经典著作，因为它有助于我们理解政治思考在寻求世界范围的公正社会中所具有的重大意义。

推荐书目

Berman, Paul. 2003. *Terror and Liberalism.*（保罗·伯尔曼：《恐怖与自由主义》）New York: Norton. 讨论现代极权主义的现实，它源于西方，传遍了世界其他地区，包括中东。

Buber, Martin. 1958. *I and Thou.*（马丁·布伯：《我与你》）New York: Scribner Library. 谈到如何可以在人们中间克服隔阂，这些人要参与探讨，该个探讨是以要求真正的人类关系为基础的。

DeLue, Steven M. 2002. *Political Thinking, Political Theory and Civil Society*, second edition.（史蒂文·M·德路：《政治思考、政治理论和公民社会》

第二版）New York: Longman. 通过想象许多过去的与现在的作家关于政治上永久性的问题的对话，寻求运用政治理论的传统作为政治思考的基础。

Ignatieff, Micheal. 2001. *Human Rights as Politics and Idolatry.*（迈克尔·伊格纳提尔夫：《作为政治策略和偶像崇拜的人权》）Edited and introduced by Amy Gutmann. Princeton: Princeton University Press. 讨论人权问题，在国际人权委员会和国家主权的特别需要之间，需要有一个平衡。

Kant, Immanuel. 1956. *Groundwork of the Metaphyisc of Morals.* Translated by H.J. Paton.（伊曼纽尔·康德：《道德形而上学原理》，H·J·佩顿译）New York: Harper. 讨论植根于道德中的悖论，以及如何面对它们重建道德。

Margalit, Avishai. 2002. *The Ethics of Memory.*（阿维莎依·玛格丽特：《记忆的伦理学》）Cambridge: Harvard University Press. 讨论对反人性罪行的回忆所产生的道德责任。

Plato. 1956. "The Euthyphron." "The Apology." "The Crito." in *Euthyphron, Apology, Crito, Plato: The Last Days of Socrates.* Translated by F.J. Church.（柏拉图：《游叙弗伦、申辩、克力同：苏格拉底最后的日子》，F·J·丘奇译）Indianapolis: Bobbs-Merrill. 这些苏格拉底和其他人的对话，是西方政治理论传统中描述政治思考本质的经典陈述。

Shklar, Judith N. 1990. *The Faces of Injustice.*（朱迪斯·史珂拉：《非正义的面相》）New Haven: Yale University Press. 讨论各种不同形式的非正义，以及这个难以解决的问题如何阻碍了取得公正社会的希望。

Walzer, Michael. 1997. *On Toleration.*（迈克尔·沃尔泽：《论宽容》）New Haven: Yale University Press. 讨论对忍耐的追求，这是公正社会的一个主要美德。

思考题：

1. 联系如积极区别对待政策（affirmative action）以及隐私权这类重要问题，讨论两个悖论——卢梭的人类必须被强迫才获得自由的观点，以及自由与平等既是矛盾的也是无法摆脱的观念的看法。

2. 你认为隔阂在今天的社会中是以什么方式继续的？或者你认为隔阂已不再是个问题？为你的见解提出一个合理的辩护。

3. 如果政治思考以共同的、源于西方政治理论的概念和观念这一传统为基础，当和你讨论的人与你没有共同概念或者甚至不懂得那些概念时，你如何参与政治思考？这个问题对政治思考和寻求一个公正社会意味着什么？

4. 参与政治思考值得吗？按照以上陈述的争论，提出你的看法。

史蒂文·M·德路
（Steven M. DeLue）
迈阿密大学，俄亥俄州

英文第六版自序

这一版的《政治思考》与前一版本没有实质上的不同。但我认为，这的确是一本更好的书。我进行了三种不同方式的修改。首先，我完全重写了与三个不同问题有关的争论。这样做，我不仅加强了对争论点的描述，而且引进了政治理论家们在近期争论中的辩论。此外，我重写了十五个段落，长短篇幅从一个小段落到两页半不等。有了这些新的段落，我想我在风格上和内容上都有了很大的改进。另外，我还得以去掉或重新整理了参考材料，使之适于时事。有些在早期版本中出现的事件，现已过时，因而会造成一种时代错误的氛围。最后，我从头到尾梳理了整个手稿，寻找我可以在细节上进行改进的地方。我找到了不少这样的地方，通常是每页二三处。这些改进不仅是在风格和明晰度上，而且在理论的精确度上也有改进。我也极大地改进了两个问题的措词。

我相信，这些改动累积下来的结果，就是一本比前一版本更容易阅读、更发人深省，以及为讨论和讲解打下了更坚固基础的书。我想教师们将会发现，目前的这个版本更有意思。

需要提到的是，有两个人为《政治思考》作出了重大贡献。一位是新泽西的鲁比·里莫（Ruby Riemer），她是一名女权主义作家和教师，也是一位好友。鲁比是出版社（在我的推荐下）聘用的，以防我在从事讨论女权主义问题（在准备前一版本时）这一冒险工作时，迈错了步。她陪我走完了每一步，从一开始推荐书目到检查最后的手稿。作为男人，我无疑有时会犯错误，但还没有糟糕到有很多痛恨的叫喊传到我的耳朵中。这最终归功于鲁比的批评和建议。

我还想提一下杰克·贝蒂（Jack Beatty），他是一位老朋友，现为《大西洋杂志》的高级主编。杰克在之前的二、三个版本中帮助过我,不仅对内容提供了有价值的建议,而且帮助我去掉了许多风格上的不当之处。杰克的影响(如同鲁比的一样)仍然留在书中。

格伦·廷德

导 言

这本书对某些读者来说，可能会比较难而且费劲，特别是对那些细心而且有探索精神的读者来说，更是如此。整本书由问题组成。我不仅没有暗示我接受的答案，而且通常我对它们也像读者一样没有把握。其结果是，《政治思考》没有给出任何像大多数政治理论书籍中给出的那些令人满意的最后答案。

这是个警示，不是道歉。缺乏最后的答案与本书的初衷有关。我的目的是提供一个对政治思考的介绍，而且我不是通过描述过去伟大的政治哲学，而是通过帮助每一个读者参与到政治思考的行动中来尽力做到这一点。这就需要提出问题，而且抑制任何提供答案的愿望。即使我可以回答这些问题，虽然这种情况并不常见，我也没有表现得泰然自若。

有人曾说过，任何让人们错误地认为他们在思考的人会得到人们的热爱，而那些真正敦促人们思考的人会遭到痛恨。如果真是如此，读者的一些恼怒（虽然我尽量不想引起更多的恼怒，而是想在智力上富有成效）将是这本书成功的标志。

也许在大学里，思考是多么令人兴奋这类话已经说得太多了。毫无疑问，思考有它的刺激和满足感，但这些感觉并没有揭开它的总体特征，而认为这些感觉应该揭开它的特征这种观念，就是非常错误的。我们不是为了自己的乐趣而去思考，我们思考是为了理解生活，生活中充满麻烦和问题。我们思考是因为我们不得不思考。虽然思考偶尔带来激动人心的发现，但这些发现与发现之间的阶段对思考者的精力和耐力都是极大的考验。思考时，我们没有必要告诉自己正在经历一种令人振奋的过程，而只要认识到，我们的行为是按照人类状况对我们的要求，认真的、理智的并且是自律的进行的,就已足够。

这种严肃性,特别适合于二十世纪这种悲剧性时代中的政治思考。在沉思那些使无数人丧失生命的问题时,我们应该感到愉快吗?以下几页不应该被认为是轻松的或令人振奋的,它们原本是为读者介绍,在混乱和疑惑的时代政治思考是如何的艰难。

然而,一旦驶上思想的公海,读者可能会感到这本书没有给以足够的指导,告诉读者如何航行和浮在水面上。一个人应该如何思考?我应该在导言中提供几个建议。但是这类帮助必定只有有限的价值。思考的艰难主要在于不可能按照教授的技巧去思考。虽然说了很多"教学生去思考"的话,一个教师最多也只能提供鼓励与批评。一个观念的出现是神秘的,很难说任何人了解或究竟能否了解它是如何出现的。

但是,一个学生可以学会思考。我说没有人能够被教会如何思考,是为了提醒学生在一开始就要注重整个过程需要依靠学生自己的努力。思考的荣耀和艰难,都是极端个人化的事情。初学者必须立即深入到成熟的思想家所具有的孤独中。成熟的思想家都是一个人思考,而初学者必须学会一个人思考。偶尔人们可能会收到一份礼物,或是鼓励,或是有用的批评,但是,这些礼物没有任何决定性的作用。所有的一切都依赖于单独努力的能力。

在思考的艺术中,除了类似以下的建议,几乎不可能提供任何其他的指导。

1. 不要尽力得出从来没有人思考过的观念。连最伟大的思想家都很少这样做。思考的目标是发现观念,这些观念型塑一个人的世界,从而型塑一个人,而不是要产生前所未有的概念。一个观念属于你自己,只要它是通过你自己的努力而产生的,是扎根于你自己的情感和经历之中的,即便你可能是从他人那里接受的思想萌芽,即便这一观念可能与许多其他人的观念非常相像,但它还是属于你。

2. 要坦率。观念不可能像工业产品那样蓄意地制造出来。它们是不经意间出现的；当我们意识到我们在说"我想到了……"的时候，它们就出现了。如果你认为你能够控制它们的出现，那么，你就将自己摆在了与观念之间一种根本错误的关系中。你只能与它们坦诚相待。

3. 不要着急。思考一个问题的最初阶段通常完全令人灰心丧气。这些努力最多也许可以看做是耕耘而已。在能够期待任何东西成长之前，需要时间。

4. 多做笔记。如果用手做一些相应的事，大脑的工作就会容易得多。在大张便笺簿上记笔记，并以草图画出观念的模式通常很有用。在纸卡上做笔记，然后将纸卡剪开，使得每个观念记在一小片纸卡上，这样也有帮助。你可以将这些纸片铺在桌子上，并将它们重新排列。通常来说，这一过程会在你的思想中启发新的概念。

5. 注意不要用阅读代替思考。阅读其他人的思想与有自己的思想不同。诚然，为了参与到思考中，你需要熟悉其他人的思想。伟大的思想家能通过激励、引发、证实以及其他方式帮助你自己去思考。但是，要思考，你必须在某个阶段放下书本，自己去做。

我还有一个最后的建议，没有像以上五点那样用数字标出来，因为它不是能够简单陈述的告诫，而是一种对政治思考结构做出的比较广义的评论。

大部分政治观念，也许所有的政治观念，都是以某些特殊的人性概念为基础的。保守的观念，如政治权威应该强有力而且极度集中，一般建立在认为人是自私的和相互竞争的这样一种概念的基础上的。而自由的观念——广泛的社会改革一般能够和平地实现——也许产生于这样一个前提之下，也就是，人类中的大多数是理性的。这些例子都非常简单，而在实际的政治哲学中，基础的人性概念和政治观念的上层建筑之间的关系远比这些复杂得多。但是，这些例子表述了几乎每一个政治理论中都或含蓄或明晰地存在着的总体逻辑。

对于你应该如何进行思考这个问题的观察结果是什么？很简单：你可能会发现，通过在你自己的思想中清晰地表达这一逻辑，你的头脑清楚了，并被激活了。在政治思考的过程中，你应该偶尔地暂停一下，问问自己如何看待人性，以及这种看法对你的政治观念意味着什么。

你也许觉得，用这种方式问及人性问题是要去面对一个更深邃的谜，这个谜比在政治思考层面上遇到的那些还要深奥。但是在这个领域，虽然人性问题的复杂性是无穷尽的，仍然有两个压倒一切的问题。你可以通过试图回答这两个问题来开始思考的旅程。一个问题关系到人类中的邪恶的程度和起源：我们根深蒂固地、无可救药地邪恶吗？或者，邪恶只是人性中表面的和能够去除的一个方面？第二个问题现在不像第一个那样被广泛认知，它关系到死亡的含义：一个个体是否被死亡完全消灭？永生这个词是否与我们可能实际上经历过的某种事情相一致？

你对第一个问题的回答将非常主要地决定你对某些事物的观念，譬如，人们可以有多少自由，历史能进步到何种程度，以及实现改革需要的暴力程度。你对第二个问题的回答一般地决定了你对生活目的的整个看法。如果你相信死亡即完全的火绝，你必定以某种方式呼吁人们（用尼采的话语）"忠实于大地"。如果你不相信死亡即灭绝，你必定认为，世俗的政治只是在它帮助或阻碍人们解决自己与永恒的关系的范围内才有意义。

也许应该在这里讲一下，这些道德和形而上学领域都包含许多陷阱和惊奇，而且，我们应该谨防随便的答案和轻率的结论。譬如，现在人们往往认为，断定人类是善的，即便是个错误，也是一个宽容的、无害的错误。因此，政治探讨时常特别得意地表示对人性的信赖。但是这种信任可能会产生某种自相矛盾的结果。如果人们从根本上是好的，那么，为什么在人类事务中碰巧有那么多邪恶？那么，就难以避免得出结论，认为有些人是人类一般规范之外的例外。因此，共产主义者趋于将世界上所有的邪恶归罪于资本主义，反之也如此。显然，这种思想是多么不幸，因为下一步便是决定，要将世界从邪恶中解救出来只需根除那些少数的邪恶的渊源。通过这种极其自然的逻辑，一个温和的、慷慨的判断就变得杀气腾腾。

从另一个角度看，我们不应该轻率地断定人们邪恶，因为如果我们相信人们是邪恶的，我们怎么能够避免被仇恨和绝望控制呢？

死亡的问题也有它的陷阱。人们通常提及，否定死亡的终结性会危害到自由。这仅仅是因为这种否定只能是以宗教信仰为基础的，而宗教信仰绝对会以教义的形式强加给每一个人。

但不能因此说，接受死亡的终结性就安全，并且在政治思想领域中没有危险的反响。譬如，很难相信，如果撇开每一个个人都永垂不朽这一观念，那么，每一个人都有一种独特的、无法衡量的尊严这一观念还会出现。个人不朽的观念将人类从自然现实中分离出来，将我们每一个人置于整个自然世界之上。这就是为什么一个人不能被看做只是一种手段，而要被看做是一个目的。但是，如果不相信不朽，生命就会陷于自然之中，并且在某些情况下，就会像其他任何自然现实一样被看做只是一种手段，而不是一个目的。

你也许感到，你不可能裁决如此艰深的问题。如果裁决它们意味着找出确切的与肯定的、确定不移与毫无疑问的答案，那么，你当然不可能做到。但是，这些艰深的问题并不涉及那些遥远的事务，而是涉及最直接、最密切的现实问题——人们自己。我们自己作为人，难道不能够至少冒险地提出一些有关人类本性与命运的建议吗？我们是否能够在不做出涉及这些事务的某些假定的情况下生活？如果我们要做出某些假定，将它们公开并用理智检验它们，难道不是最好的吗？

但是，我们将如何判断我们的观念的真实性？提出这个问题，不仅针对涉及人性的观念，也针对普遍的政治观念。我们怎样能够检验一个对我们有强烈吸引力的观念的正确性？

有一些标准的与著名的检验法：这个观念必须与我们在同一时期所持有的其他观念相连贯，并且，它应该能够解释所有确定的、相关的事实，并且与之兼容。但是，即便是最认真的和最不带偏见的判断标准也不会给予我们太多的帮助。在政治理论领域中，最终的证实从来不可能得到；也许连有用的和激动人心的——即便不能证实的——见识都得不到。一套观念也许有内在的连贯性，并且与所有已知事实相适，但仍然是死的、无用的。要想学会识别真理，眼光就必须超越这些规范的标准，但无需期待另一个标准，而是要悉心寻求属于规范标准内的、完整和综合的思想。

一个观念只有在将我们带入与我们自己的关系和与现实的关系中，只有将我们自己与世界联系在一起时，才是活生生的和重要的观念。逻辑连贯性以及事实准确性的标准所含之意就是，不压抑任何观念，不忽视任何观念。一个观念有将各种关系扩大和一体化的作用。因此，如果一个观念要我们忽视我们知道的或深信为真理的东西，那么这个观念一定是不正确的，或至少是不足的——它没有起到整合经验与实在的效果。一个正确的观念是有助于包容和统一的。

情感必定在寻找真理的过程中起到很大作用。必须被统一在一起的大部分情感对事实和信念没有确定的、有意识的形式。一个伟大的观念，不仅能够象征并统一清楚地被意识到的事实和信念，也可以象征并统一那些还没有注意到、没有确定形式的直觉和冲动。能做到这一点的观念是很令人激动的。这有点儿像是在吸引人们相信任何合意的或有趣的观念。因此，必须加一句，思考会考验人的深度和诚实。当我们承认所有从我们的经历和情感上衍生出来的东西，并将它们拢到一起形成一个单一的形式时，我们就在进行深度思考。我们的探究必须避免多愁善感、粗心大意或诚惶诚恐。

至于如何最好地运用这本书,适于大多数其他书本的阅读方法——也就是不停地思索、探讨和写作——也一定程度上适用于本书。虽然问题提了出来,没有得到解决,但它们仍然以某种方式联结起来,成为在政治思考领域中通幽的曲径。通过常规的阅读,你应该获得某种智慧,这就是政治思考的起源地。

这本书的设计,不只是为了有人读,而且是为了有人用,通过讨论、写作和长时间的思索来使用。问题的提出不是简单地为了让你了解其他人的窘境,而是为了让你陷入自己的窘境。要做到这一步,除了要将本书整体读完,还至少要对几个问题进行详细思考,并尽力找出答案。这些问题也是出于这个目的而被陈述和安排的。

我相信,对政治的思考本身就是一个目的,因此,这本书也对学习政治思想史提供了一些帮助。要了解伟大的思想家,就需要对他们的内心精神世界有所了解。而要做到这一点,便依赖于你对刺激他们进行思考的疑问和忧虑的感受了。只有带着一种珍贵的和深厚的同情感去分析一位独特的思想家,才能使之成为可能。我相信,《政治思考》能做的是帮助读者获得一个制高点,从那里,这种同情感,无论产生于自己的洞察,还是从一位教师或传记作者那里获得,将成为可能。

但是,我们在二十世纪思考的问题,真的与人们在过去的时代中所思考的那些问题一样吗?实际上真有"永久性的问题"吗?提出这个问题,就是提出了最严肃的疑问,也是政治理论家在阅读本书时对处理观念的方式最易产生的疑问。现在的大部分知识分子非常地富于历史感。这意味着,他们认为生活方式和思想方式是不断改变的,并且每一个历史阶段都不同。他们对世代和世纪的独特性极其敏感。因此,在探讨观念时,他们不仅仅喜欢说每一个时代系统地阐述了自己特别的答案,而且说每一个时代提出了自己特别的问题。如果真是如此,那么,认为我们的问题与柏拉图（Plato）的或甚至与洛克（Locke）的问题相同，就是一个错觉了，而《政治思考》则是以一个错误的前提为基础的了。

当然，没有任何人会否认，问题和答案随着时间会产生变化。每一代人都有某些特别的关注和看法，并且有某些特别的陈述和思考方法。每一代人提出前一代人没有提出过的一些问题，并用新的方式提出旧的问题。但是，这远不是说没有不朽的或经常发生的问题。仅仅是智力有变化的事实，根本不意味着完全否定永久性问题的存在，而且，出于一些原因，这种完全的否定是极其含糊其辞的。

如果真是那样，过去的观念就不会引发我们深刻而强烈的兴趣了，它们就不会回答我们提出的任何问题了。它们就只是遗物而已，就像前一个时代所用的工具和武器，我们只是在博物馆里好奇地对它们瞟上一眼。它们没有用处。但是真相是，文明的人不会以不屑一顾的态度思考过去的政治观念的。譬如，重新发掘亚里士多德（Aristotle），就是中世纪的重大事件之一。柏拉图在维多利亚时代的英国应该与他在后伯里克利时期（post-Periclean）的雅典——他自己的时代——同等重要。承认永久性问题存在的观念——在以前的时代就尽力解决的这些问题，今天对我们也极其重要——不仅是一个假定，这是活生生的经验。

我们可以进一步问道：如果没有永久性的问题，我们可能理解过去的观念吗？从某种形式来说，当然可能。我们复述它们的词语就行。但是，要理解一个观念，光去思考它是不够的，一定要被它感动，因为观念有情感力量，而这种力量正是它们本质的一部分。这就是为什么它们在历史中很重要的原因。然而，我们能够被一个回答了我们还没有提出的问题，而且没有要提问的意愿的观念所感动吗？如果没有永久性问题，那么，过去的观念就不只是像我们已经改进了的古老工具，它们还像是为做一些我们不再想做的事而设计的工具了。

也许，认为没有不朽的或经常发生的问题这一观念的最大弱点，就是它忽视了我们共同的人性，因此，悍然不顾一些常识。难道那些住在古希腊的人不像我们一样，局限于情感，同时也具有理性吗？难道那些中世纪的居民不也像我们一样，通常犯有智慧上的错误，在道德上出过毛病吗？难道文艺复兴和启蒙时期的人没有面临过混乱的威胁，以及组织一个政府权力的需要吗？我们难道不与每一个时代都共有一个深刻的、与我们共同人性有关的相似之处：我们生活在历史中吗？有限性、易犯错误性和短暂性这类状态引起一些我们提出的最紧迫的问题。如果这些状态是持续的，就很难避免得出一个结论：不朽的问题是存在的。

我相信有永久性的问题，但我肯定不认为我已经完善地将它们识别并系统地阐述出来了。最多，我可以说，《政治思考》提供了驱动力和方向感，帮助读者思索人类生存的政治困境（political dilemmas），因此，这是所有时代而不是只有我们这个时代的难题。这个为了防止误解而进行的说明有一个实用的暗示：读者应该能够自由提出新的问题。由于下面的一系列问题是不确定的，任何人都可以对它们作出适当的反应，不仅是尽力回答这些问题，而且是要进一步研究它们提出的任何相关问题。本书的目标是使读者参与到智力活动中来，提出问题是所有这类活动的起源。

第一章

为什么参与政治思考?

提出这个问题的一个原因是，思考是一个特别艰难、特别令人沮丧的事情。通常，思考被看做是个艰苦的工作。但是，当一个人完全进入了思考的进程——在后面的章节中将会有所阐明，他会发现，思考的困难远比那些仅是艰苦的工作要更微妙、更令人恼怒。譬如，你很可能会发现，首先，思考的努力毫无成果。承认不确定性的存在——为了思考你必须这样做——就像是把你留在了一种真空之中，远方见不到地平线，脚下没有坚实的地面。此外，你将发现，自己恼人地开始了空想，固执地去想一些其他事情，而不是手头上的问题。最后，你会发现，思考的成果难以捉摸并通常很脆弱。经过长时间思考形成的观念，可能会因为一个朋友的几句话就人间蒸发了。

一个思考的人极易受到伤害。这种人必须面对其他人，不是躲在读过的书本和他人提出的系统观念这些挡箭牌的后面，而是要直截了当地提出纯粹个人的想法和疑问。

这种大伤神经的努力所产生的长远结果也并非无可争辩地完美。很难说，思考就是通向道德升华、幸福或智慧的道路。两千多年的哲学疑问和争执证明，思考不是通向不可动摇和持久的知识之坦途。毫无疑问，我们许多人认为有意地抑制思考是卑鄙的。但是，并非每一个人都对此感到不安。连像卢梭这样伟大的作者都相信，通过思考，我们会使自己与现实疏离，与自身疏离。

现代美国文化加强了我们对思考的自然抵触。我承认，口头的恭维常常赞扬一些文章或讲话，说它们"为思考提供了食粮"，或"使人们停下并思考"。但是今天的美国人似乎并不觉得具有哲学气息和严肃性的思想很重要。哲学著作很少能上最佳销售榜这个事实就能说明这一点。广泛传播的政治书籍大多数是事实报道，通常是记者写的，涉及的都是国内和外交政策中时新的问题。有关个人问题的书，一般是为了提供鼓励和引导，而不是为了理解个人存在的普遍现实性。这个社会对严肃思考有偏见的征兆，居然在大学中也可以看到，而人们本期望大学是哲学思想活跃的地方。在大学有不同的智识（intellectual）潮流，如行为主义（behaviorism）和解构主义（deconstructionism）。这些潮流，如果不是明显地也是含蓄地具有反哲学倾向。但是，普遍厌恶思考的最终证据仅仅从美国人对每天几小时的电视娱乐节目的虔诚就看得出来。

任何社会大概对原创性的思想都有一种固有的偏见。社会秩序深深地依赖于传统和习惯，而真正的思考会削弱它们。苏格拉底在雅典被处死刑，就是这种对抗的例子。然而，今天在美国，有两股势力比它们在许多时期和许多地方都更强大，因而加剧了社会常规的反对哲学的倾向，加深了个人的抵触情绪，不愿意把自己置于思考的那种不自在状态和劳累之中。

这些势力之一是强烈的行动癖。美国人也许一直有这种嗜好，这是受我们的环境所迫并且是有回报的。今天，我们面临的问题的众多性和严重性使美国人的这种传统倾向得到了强化。这些问题包括城市的分崩瓦解、持续的对种族权利的侵犯等等。有政治觉悟的美国人紧张地忙于所有需要做的事，并且一般对我们的能力有信心，认为能够成功地做好这些事。这种生气勃勃的精神大体上是有利的，避免了沮丧，许多重要的任务完成了。但结果是，人们对思索没有耐心了，不愿意思考那些没有即刻的实际迫切性的问题。他们追求行动计划。

另一种反哲学的势力在现在的美国特别强大，这就是对事实的渴望。这种状况至少在一定程度上是由于对行动的偏好造成的。大多数美国人想知道在学校、在贫民窟、在非工业化的国家中实际上正在发生什么。譬如，如果问起来人类是否在本质上相互隔阁（在下面的章节中就会探讨的第一个问题），他们会奇怪这与市中心区的退化有什么关系，或者与非洲和亚洲的贫困有什么关系，并且会轻率地认为这个问题毫无意义。这种对事实的渴望与对行动的偏好相比，并非生来就应受到更多的指责。事实可以得到核实，并且通常很实用，大多数哲学理论不可能如此。也许，哲学理论在其他方面很重要，但那些渴求信息的人不可能对此有太多的兴趣。

总之，思考的道路不是非常吸引人的。沿着它们走下去，不可避免地会感到劳累和不安全，但不一定会得到确定的答案或内心的平静。而且，思考对我们的文化是一种反其道而行之，因为我们的文化不断地对我们施加压力，急于行动和需求可靠信息。

那么，请回顾这一章的题目，为什么参与政治思考？

首先，有些问题不可能用其他方式来回答。譬如，什么时候一个人有权不服从政府？如果国家利益需要，一个政府能够合法地违反道德法则吗？所有的社会和经济不平等都应该被消除吗？这类问题不可能不经思考便得到答案。相关的信息可能来自于社会科学、个人经历、历史或其他资源。但是只有思考可以决定哪些信息有用，并将它用于回答问题。

但是，许多美国人会问，这类问题一定要得到答案吗？我们将注意力放在手头的实际问题上不是更好吗？对这两个问题的回答是，对现实采取任何态度，甚至是将精力集中在实际问题上而摒弃哲学思考的这种态度，都是含蓄地选择了一种哲学立场。实际问题应该优先于哲学问题这一观念正是一种哲学观念——只有通过哲学思索才能系统地阐述这一观念——并为它辩护。美国人惯于不耐烦地挥之而去的问题却被我们的生活强加于我们。我们没有选择，只有回答它们。我们的唯一抉择是如何回答它们：经过思索认真地回答，还是不加思考不负责任地回答。

用另一种方法解释就是，只有通过观念我们才能辨别现实，完全进入与它的关系之中。一个观念就是一种光亮。如果不是因为伟大的政治观念,我们的集体生活会湮没在黑暗之中。

譬如,很明显,对于我们绝大多数人来说,纳粹主义从根本上是错误的。但是,如果不是因为诸如法律的尊严与独裁是邪恶的这样的观念,这一点就不是那么明显了。这些观念不是人的头脑中固有的,而是经由像亚里士多德、西塞罗(Cicero)和洛克这些哲学家形成的。再举一个例子,现在几乎对于每一个美国人都很清楚,美国黑人所蒙受的种族歧视是非正义的。但是为什么这很清楚呢?极端的不平等在大多数社会中已盛行上千年,并且这些社会中的大多数成员也认为这是理所当然的。比如,我们可以引证亚里士多德对奴隶制轻率的接受。帮助我们观察美国种族歧视状况的一线亮光,来自于平等的观念——如果不是像洛克、卢梭(Rousseau)和马克思(Marx)这样的思想家,我们可能不会拥有这种观念。也许有八或十个观念——这些不是人的头脑中固有的,而是思考的产物——是政治文明的明灯。它们使我们能够认清集体生活中的现实。

当今美国文化对行动和事实的褒奖必定以塑造它们的观念和思考为前提。为了理智地行动,我们必须有我们寻求达到的目的。然而,如果目的不是一种特定的观念——一种事态称心如意的概念,又能是什么呢?譬如,在过去二百年中,为了获得自治,人们经常进行抗议和造反。但是,在几千年中,大多数人都默许了极端的贵族统治。对自治的要求不是直接来自于人性,而是来自于一个观念。奉行行动主义的美国人对于思考没有耐心,却站在通过反思建立起来的观念的基础之上。如果没有了这个基础,他们以及他们所有的计划都将掉进一个真空之中,理智的行动将不再可能。

关于对事实的渴望,也可以有相似的说法。不加区别地将每一个得到注意的事实搜集起来,并不能使这种渴望得到满足。这种研究只会形成不重要和没有联系的信息元素的混合。如果没有观念告诉我们什么是真的,什么重要,难以料定是否会发现任何事实。因为，事实并不像石子儿一样躺在那里，它们的存在依赖于头脑的力量去辨别和联系。如果对事实的兴趣有哪点值得尊重，就是它对有组织的和重要的知识的兴趣。然而，没有观念，头脑中就不可能有这种兴趣的存在。譬如，想一下我们拥有的关于贫困的知识，如果马克思和其他社会改革者的观念不曾激励并指导这些知识的积累，我们会拥有这些知识吗？

当然，只有几个伟大的思想家创造出的观念照亮了现实，从而指引了行动和研究。但是，大多数有影响的思考是由几个思想家完成的这一事实，并不意味着我们剩下的人根本不需要思考了。一个原因是，伟大的思想家们意见不统一。他们提出了不同的、并且通常相互矛盾的观念。没有我们自己的一些思考，我们怎么决定接受哪些观念呢？

此外，即便我们愿意本能地、不加鉴别地接受一些观念，如果没有经历过创造它们的那些艰辛和怀疑，我们也许不能够理解它们。譬如，人类是平等的这一观念意味着什么？显然，他们在任何可衡量的品质上都是不平等的，如智力、健康或情感平衡。人们也许会说，他们只有在法律面前有平等的权利。如果他们实际上在各方面毫无平等可言，为什么在法律面前要给予他们平等权利？这个问题不需要去追究，很清楚，对于从来没有思索过这个问题的人来说，平等的概念几乎不可能有任何清楚的内容。

因此，尽管这本书的重点放在问题上，而不是答案上，我对"为什么参与政治思考"这一询问的第一个回答是，我们这样做是为了找到答案，没有其他方法能做到这一点。

但是，这个回答忽视了一种最有影响力、最古老的对哲学思想的异议——哲学思考得到的观念总是不可论证的和不确定的。它所遵循的是，参与思考便是持有怀疑，而这些怀疑是永远不可能通过思考完全消除的。

这种异议远远不是没有基础的。典型的美国人或欧洲人目前所持有的主要政治观念，几乎没有（即便有也极少）任何一个能够得到证实。其中大多数会遭到强烈的攻击。譬如，大量的争论可以用来反对诸如法律统治这种看起来是无懈可击的观念。正如柏拉图所说，法律统治抑制了智慧在社会问题中的充分发挥。另外，它可能限制治安人员的主动性和能量，从而会加大保护财产和人的难度。读者也许会思考如何对这些争论进行答复，但是，没有任何答复能够最终驳倒它们。每一个重要的观念都有不可分离的反相观念（counter-ideas）伴随。譬如，自由的观念提醒要留心权威的观念，并且从来不可能完全摧毁或屈服于权威的观念。要得出上面所说的"答案"，必定有几个反相观念多多少少受到抑制。但是它们对那些拒绝将他们的"答案"变成铁打教条的人来说，常常麻烦不断，难以驾驭。

政治思考的历史表明，疑问是如何不断地追随思想，并经常超越它的。当下在涉及政治真理方面，相同观点并不比在两千五百年以前——政治思考开始的时候——更多。甚至也许更少。见解的歧异使我们原有的问题更加尖锐。为什么要参与一种只能导致不确定和有争议的结论的探究呢？

这是一个非常重要的问题，因为它关涉到是否值得尽力对控制着我们共同生活的最终目的和基本假定进行追问。总之，这是政治思考的事。很显然，你在这个问题上的立场将与你对社会中的生活应该如何组织并运行的看法有很大的关系。与此同时，这也是个很大的难题。如同其他政治思考涉及的问题一样，这个问题与政治思考本身的价值有关，因此没有不容置疑的答案。我提出三个临时性的答案，这些问题会使我们沉思永久性的问题，并自信我们不是在浪费时间。

首先，虽然政治观念和政治哲学包含主观性的成分（像艺术作品一样，一种政治哲学肯定地、彻底地是一个特定的人的创造，缺乏像科学规律那样的客观的权威），它们并非完全是主观的。非常简单，我们不能随意相信我们选择的东西。我们必须要看证据并观察逻辑是否连贯。我承认，没有任何伟大的观念或哲学可以显而易见是正确的。但是，系统地阐述一种观念或哲学显而易见是错误的应该是容易的，这或者是因为它与不可置疑的事实背道而驰，或者因为它是自相矛盾的。政治观念的不确定性不应该被言过其实。

其次，无论思考的结果可能有多少争议，没有它们，我们不可能像人一样地生活。观念使我们通过理解，而不是通过本能来生活。当然，它们也可能使我们生活在错觉中，但它们不会迫使我们这样做。而且，即便是一个错误的观念，也可以是向真理迈出的一步。虽然我们的观念很容易遭到怀疑这一点可能令人很不满意，但是，持有带疑问的观念，比根本没有观念好得多。前一种状态是不舒服的，但是文明的，而后一种状态则是野蛮的。

最后一个"为什么值得进行政治思考"的理由是最重要，也是最费解的。因此，需要进行比已经提及的两个理由更多的探讨。无论已经得出何种结论，思考本身有助于我们获得一种人性，这是任何其他方法都无法做到的。我们是有思想的动物，即便是无结果的思考，也能令我们接近我们的人性。我们对行动和事实的渴求，虽然通常表达了一种强烈的公民意识，但也以其无思想性中固有的野蛮威胁着我们。

人性是如何通过思考获得的？

首先，提问和思索能使人在自由和独特性中认识到自己的存在。"所有深刻、认真的思考，"赫尔曼·梅尔维尔（Herman Melville）写道，"都只是灵魂在她的大海上坚韧不拔地保持自由独立的努力。"当再一次谈到灵魂或本性时，他又说，"天地间最狂野的暴风图谋将她（灵魂）抛到变化莫测的盲从之岸。"① 今天，我们也许会认为，"天地间最狂野的暴风"就是恐惧、偏执和狂热，我们会把"变化莫测的盲从之岸"看做是意识形态、官僚主义以及独裁国家，这在二十世纪比比皆是。进行思考就是站在一边，

---

① Herman Melville, *Moby Dick, or The Whale* (New York: Modern Library, 1930), p.153

证实自己的、不可缩小的现实。那些认为政治思考无益的人应该记住,我们这个时代的独裁政权同意这个观点。它们尽一切可能压抑这种思考。其中部分原因是,他们希望窒息个性。

思考不仅是通过否定和疑问认识自我,而且是一种聚合自我,尝试性地确定自我的方法。思索一个哲学性问题是要你将最强烈的印象和信念置入意识之中,将它们告知其他人,并对它们进行检验。并且,它唤醒所有你已经读过和经历过的一切,尽力揣摩它们的意义。思考是一种对自我的召唤,因此哲学思想的主观性特征——使之不能得到证实——就并不完全是一种缺点。它也许会使哲学丧失科学规律那种普遍有效的力量,但是它反映了个人的本质。无论对疑问不断地思索或容忍疑问的存在,都在个人特性的形成中起到了作用。

另外,思考不仅是对自我的召唤,也促使我们与他人接触。如果所有严肃的、坦率的反思都承认自己也许会错,那么,由于同样原因,就是承认其他人也许是对的。就这种意义而言,思考是一种公共的状态。这意味着要推倒自信满满的教条的围墙,尝试进入他人的头脑中。深信不疑的信念(strong convictions)无疑在政治哲学的发展中起到过作用,而且某些信念也许对个人的稳定性很有必要。但是,没有遭到怀疑的信念会使人们相互之间产生隔阂。那些持有这种信念的人变得不易妥协,并且自我封闭。为了思考,我们必须对我们的信念提出疑问,以克服我们对他人的蔑视,因为我们经常对持不同信念的人抱有这种态度。总之,如果思考会把个人从尊奉和盲从的人群中分离开,那么,思考也会将个人置入对生存抱有疑惑和神秘感的一些人的陪伴之中。

最后,有些哲学家认为思考是通向认识超验事物或认识上帝的途径。当然,对于无神论者和不可知论者来说,这将使思考成为通往幻觉,而不是通向人性的道路。甚至那些相信上帝的人也会吃惊,也许还会被这个观念触怒,因为他们难以相信,一个对必然性有摧毁性并导致无确定结论的行为,能够使我们与上帝接触。宗教信仰难道不是一种绝对确定的状态,将所有疑问和问题都明确地抛开了吗?伟大的思想家认为不是。[1]我们肯定的事物通常只是偶像:上帝不能够被包含在一种教义中。

我们可以争论说,鼓励对宗教的坦诚与认识是思考对人性作出贡献的主要方法之一。上帝和那种由思考磨炼出来的独立的个人之间的关系并不紧张,而是有一种神秘的统一性。伟大的德国哲学家卡尔·雅斯贝尔斯(1883—1969年)是现代存在主义(modern existentialism)的发起人之一,他曾毅然地断言,"自由和上帝不可分离"。他还以他那种典型的有点费解,但是有挑逗性的言词说,"在我是真正的我自己的地方,我肯定我不是荡然无存的。最高的自由境界是从世界中解脱时所体验到的。这种自由与超验性有深刻的联系"。[2]

那么,通过思考,一个人可以进入生命——自我的生命、他人的生命甚至是超验事物的生命——的神秘之处。如果真是如此,固定的和确定的结论就不仅没有必要,而且是不受欢迎的。当人们思考——保持灵魂在海上的自由独立——而不是安全地躲在"变化莫测的盲从之岸"上建立起来的结论之屋中时,人们就与真理更接近了。

由于思想家是在寻求一种真理,而真理是不能用语言表达的,那么,如同在为本书挑选的格言中所述,"悖论是思想家的激情之源"。一个悖论是一种陈述,无论实际上如何,它看上去是自相矛盾的。譬如,卢梭断言人类能够受到强迫地获取自由,就是一个悖论,因为我们通常认为受到逼迫和获取自由是相反的状态。

当然,并非每一个悖论都有价值。断言尤里乌斯·恺撒(Julius

---

[1] 持有这种观点的主要思想家有:马丁·布伯(Martin Buber),加夫列尔·马塞尔(Gabriel Marcel)和卡尔·雅斯贝尔斯(Karl Jaspers),所有这些人都是在二十世纪生活并写作的。

[2] Karl Jaspers, *Way to Wisdom: An Introduction to Philosophy*, trans. Ralph Manheim (New Haven: Yale University Press, 1951), p. 45.

Caesar）在公元前44年和公元1865年被刺杀,在形式上是个悖论。但是,它没有一点价值,因为这根本不可能是真的,完全没有意义。一个值得思想家热爱的悖论必须包括一个可能的真理,如同"受到强迫获得自由"的观念一样。强迫和自由的性质以及它们之间的关系都极其不确定。因此,虽然刚一接触时很令人吃惊,但受到强迫获得自由的观念并不是一个明显的谬论。

除了要含有一个可能的真理,悖论的价值还在于它是不可接受的这一事实。这迫使我们不断思考,保持对生命的神秘性抱有开放的态度。一个人不可能安下心来并安然地接受悖论。虽然卢梭的断言让我们意识到,强迫和自由也许并不像它们初看起来那样矛盾,但它不是我们可以坦然接受的,可以被归在记忆深处,从来不过问。一次一次地,它迫使我们去思考。

恰当地处理悖论是个困难并令人迷惑的任务。这也是有些危险的工作,因为悖论可能受到不负责任的利用。它们可以被当作修辞的工具,缺少严肃的内涵,只是想用来在听众面前哗众取宠,并且避免有意义的交流。但是,这仅仅是说,理解现实——自我、他人以及周围的生命——是一件艰难、令人迷惑而且危险的工作。而且,没有必要不懈地、过分地寻求悖论的公式,譬如,没有必要走得像近期的一位法国思想家,西蒙娜·薇依(Simone Weil)极力主张的那么远。她宣称,当思考什么事时,我们应该立即去看看,在什么样的情况下,相反的情况是真的,这应该作为一种常规的调查方法。虽然这种方法可能在一个天才——如西蒙娜·薇依本人——运用时有效,对我们大多数人来说,这种方法将会使我们感到决然的混乱。我们需要的只是对现实的一种温柔,愿意从容地应用观念,不拒绝那些用问题向我们的观念进行挑战的人,并且决意继续思考。

本书的读者必须做好准备,每当他们遇到一个问题,赞成和反对的意见就会蜂拥而至,它们会索求一方或另一方的支持,并且不会很快散开,回归安宁。重大的政治理论问题是持久的,这正是因为世世代代的智者还没有发现自己能够完全支持肯定的一方或否定的一方。要探讨最根本的现实（ultimate realities）——所有问题都指向这里，我们必须准备容忍各种混杂的情感和分裂的见解，与各种矛盾斗争，正如格言中所说的，"一切思想都是尽力发现思想不能够思考的事情"，并记住，理解将不会以明确答案的形式出现。一定要认清，我们能够问的最重要的问题，不可能一劳永逸的解决掉。一定要愿意考虑悖论，这就是说，愿意容忍不确定性。有了这种准备，就可能意外地发现，不确定性很有启发性。

也就是说，一位读者在要弄清后面篇幅中的任何一个问题时，如果发现不可能得出一个答案的话，不应该丧失信心。如果两个相互排斥的答案在某种意义上都是对的，那么，思考已经获得了一定的成功。思考找到了一个悖论。与其丧失信心，不如考虑一下，看看真理是否就在不远的地方。

现在，我们拥有可畏的行动能力，这在我们对核能源的运用能力、我们对太空的探索以及我们的工业生产力中能很明显地看出来。我们在积累和阐释事实方面也有许多高度成熟的技能，自然科学的范围和精致程度以及社会科学所积累的大量的数据引人注目地证实着这一点。但是很难说我们拥有智慧。因此，我们的生活存在于不可抹杀的问题中：我们的行动能力和研究技巧能否有效地用于解决终极问题？弥漫在我们时代的恐惧——战争的恐惧、贫困的恐惧、专制主义的恐惧和其他无数的邪恶——说明了我们距离能够自信地用肯定的词语来回答这个简单的问题还有多么遥远。

我认为，我们的行动能力和研究能力所需要的智慧，并不在于知道确定无疑的事情——虽然当我们不动摇地追随一套鲜明的、完全始终如一的原则时，我们感到可以知道一切；而在于一种不知道，在于一种不确定性，表达出独立的自我和对他人的坦率。在涉及什么是真的与正确的这个问题上，我们都渴望绝对的自信。

我们感到，当我们缺乏自信的时候，我们的个性和我们的关系都受到危害。但是会如此受到危害的个性和关系必定是假的。它们必定依赖于一种虚幻的确信，而不是思考。本书的前提是，我们人类是思维的存在者（thinking beings）。只有通过思考，我们才能证实我们的合理性、我们的自由以及我们对生命的忠实。因此，如果我们学会清晰地、决绝地、思想开阔地考虑问题，我们就学到了一些不能规约为客观答案的东西——人类不确定性的智慧和姿态。

第二章

隔阂与统一

这里用隔阂（estrangement）一词，是要表明人类中的每一种非统一现象。国家之间的战争、阶级之间的冲突以及个人的异化（alienation）都是隔阂的表现。而仇恨、冷漠以及孤独则是隔阂的感受。

没有隔阂，就不会有政治。根据韦氏大词典（*Webster's Dictionary*）的解释，隔阂的反义词是和解（reconcile）。从这里延伸下去，也许可以说，政治就是和解的艺术，并且，对这种艺术的需要来自于某种隔阂。当一个国家的领导人觊觎另一个国家的领土，或当一个阶级对另一个阶级的特权不满时，就会对政治领导权提出要求。当然，并非每一种隔阂都必定引起政治诉求。譬如，在当今先进的工业化社会中，人们敏锐地感觉到个人的异化，这是否构成政治问题还不是很清楚。然而关键问题是，虽然并非每一种隔阂的境遇（situation）都产生政治问题，但所有的政治问题都根源于隔阂的局面。

如果隔阂是政治的基本条件，也会是政治思考的基本条件。如果人类没有遭到隔阂，无论是静止的孤独，还是活跃的冲突，政治思考都不会出现。只有在人类的关系紧张起来或遭到摧毁，我们才被迫询问控制人类关系的基本力量和标准。就绝大部分而言，政治思考最伟大的成就是对社会的瓦解所做出的反应。柏拉图（公元前427？—前347年）的《理想国》（*Republic*）可以被看做是对伯罗奔尼撒战争（Peloponnesian War）的沉思。在这场战争中，希腊的城邦不仅在几十年中相互攻打，而且由于各自内部激烈的派系冲突而四分五裂。圣奥古斯丁（Saint Augustine）的《上帝之城》（*City of God*）是对罗马帝国衰败的详细评论。托马斯·霍布斯（Thomas Hobbes）的《利维坦》(Leviathan）是针对十七世纪英国的内战而写的。而卢梭的文章是受到旧政制(l'ancien régime)堕落的激发，这种堕落在巴黎知识分子生活的矫揉造作和孤独上表现出来，同时也表现在皇家官员的专制上。

因此，我们必须从探索隔阂的本质开始提出我们的问题，隔阂是人性中固有的，还是它能够被抵制或战胜。

关于隔阂的最主要的问题涉及它的渊源。隔阂是像孤独和冲突这些状态从人类的本性中衍生出来的一样，只要有人种的延续，就会永远存在吗？或者，隔阂是由环境造成的，而环境可以改变，或者，隔阂是由人类的特性引起的，而这些特性可以在不摧毁任何人类固有的本质下得以消除？

1. 人类在本质上受到隔阂吗？

现在，这个问题从各个方面向我们压过来，尽管我们通常意识不到。譬如，我们能否希望，有朝一日世界上所有国家之间取得和谐与理解呢？如果人类不是在本质上受到隔阂，也许我们可以做到。但是，如果我们因为这样的原因而遭到隔阂——譬如，如果我们有根深蒂固的侵略性的冲动——聪明的领袖就不会以任何类似全球性的理解和统一这样意义深远的目的为目标。如果人性让我们在战争和冲突中能获得最大的满足感的话，那么，幻想普遍和谐就几乎没有任何用处。如果我们能够缓和仇恨，将战争限制在局部地区，并只使用摧毁力更小一些的武器，那么，很多都将能够完成。

这个问题的重要性不仅在国家的冲突中，也在种族的矛盾中看得出来。我们能够在某一天获得完全的种族和谐与消除隔离吗？从某种程度上说，只要人类本质上倾向于和谐与统一，就有可能。但是，也许人们本质上心神不安，生性多疑，即便是其他人表面上的不同（如肤色），也会冒犯他们，并且在他们的内心最深处，倾向于挑衅和战斗。如果是这样，幻想种族和谐与消除隔离就没有意义了。充其量，我们可能理性地希望有统一的正义，所有种族有不错的生活条件，以及没有暴力冲突。

然而，正如纳粹主义所显示出来的一样，可以设想人性在某种程度上竟会使类似缓和矛盾这种目标都无法达到。在这种情况下，人们认为人类的生存境遇完全就是种族战争与种族帝国主义。毫无疑问，这种看法与理智相反，对于现在的大多数人来说，看上去很奇怪。但是，我们这个世纪（指二十世纪——译者）的欧洲历史展现出，有很高教育水平的人都有可能抛弃理性，断定——更多的是通过暴力而不是争论——种族差异从本质上将人们分开。纳粹主义的例子明确证明了，我们与他人之间的关系的本质这个问题不仅仅只是无用的好奇。

问题还通过渗透在现代中产阶级生活中的异化向我们压过来。现在的许多人感到，虽然他们的生活表面上看很和谐，但他们缺乏实质性的和有意义的联系。像家庭破裂和频繁更换工作这类状况造成的流动性，易于使个人之间的联系变得脆弱和短暂。但是，也许我们关系的脆弱和暂时性是我们本性中固有的？许多悲叹缺乏共同性的人，一旦进入某个共同体，是否将会发现共同性没有多少价值，或甚至很压抑？也许，目中无人的个性比共同性有更大的价值，而且我们应该珍爱孤独，而不是仅仅忍受它？那些喜欢共同性的人也喜欢公共生活，因为那里应该是共同性得到实现的地方。然而，私人生活对我们来说，是否可能远比公共生活珍贵得多？这些问题只能在确定人类是否在本质上受到隔阂之后，才能做出回答。

对两个构成这个问题的主要词汇——"隔阂"（estrange）和"本质"（essence）——的意思做一个大概的研究，也许有助于我们思考这个问题。正如前面的评论所指出的，隔阂可以通过多种不同形式表现出来。一起枪杀案、一场愤怒的争执与一种没有朋友的安静无碍的生活，都是隔阂的例子。通常，隔阂表现在认为其他人都是陌生人这种情感上。然而,将这一概念简单地说成是情感很危险,因为,我们最深的态度可能藏了起来,而我们对此几乎意识不到;因此,对他人漠不关心的人可能会表现得愉快,并且暂时地会在与他人的相互关系中表现出真挚的友谊。也许,描述隔阂特征的最佳词汇是一个涉及现实的词,无论它是否与情感有关。这个词就是"距离"。当涉及人们心中最深沉、最持久的东西时,如果他们相互之间是疏远的,人们在本质上就受到隔阂。说明相同观点的另一种方式是,如果人们能够在分开单独生活的状态下,比他们能够在一起生活时享有更多的欢乐并有更多真正的成就感,那么,他们就有隔阂。

现在让我们看一下"本质"这个词。举个例子也许会有帮助。通常,一个人喝酒过多他的行为就会很愚蠢、很不体面。第二天早晨,他会很懊恼、很尴尬。那个行为愚蠢和不体面的人就会尽力向他的朋友解释,他们没有看到前一天晚上真正的他。这个人是指他的本质,请求他的朋友不要认为他就是他碰巧的那样,那只是一时的行为,而要看到他更深的一层。一个人的本质就是一个人"最内在"或"最根本"的自我。你的本质与我的相同吗?这是一个很大的问题,无法在这里讨论。但是简单地说,如果有人的本质存在,如果我们都是人,那么,在某种意义上说,你和我的本质是相同的。这里指出了一个事实,人的本质是普遍的。如果说,某些人在本质上受到隔阂,而其他人没有,就是没有意义的。问到我们本质上是什么,就是为了尽力看透暂时的和使人误解的表面现象,是为了寻找是什么将我们与狗和马,并且与树和山区别开来的。

将"隔阂"和"本质"放在一起思考,也许会使我们看到,为什么在进行政治思考的一开始,询问我们是否在本质上受到隔阂这个问题是有意义的了。这是在询问我们相互之间的关系的主要特征。这是一个很实际的问题,因为我们的本质决定了我们的可能性。如果我们在本质上受到隔阂,那么,认为我们能够创建一个地球上的天堂——梦想一个共和国,其中所有的国家和种族以及阶层生活在一起,处在一个完全相互理解的状态中——的想法就是愚昧的。另一方面,如果我们本质上亲密无间,那就很难说出我们的前景究竟会如何。

对于像我们刚刚讨论的问题一样的基本问题,总是有两种相反的答案。但是,为了确切地和简明地勾画出这些问题中的争论点,有时为了方便,就只讨论两个极端的观点。下面我们就采取这种方法。

还没有人能像尖锐、诙谐的英国哲学家托马斯·霍布斯(1588—1679年)那样巧妙地论证道,人们在本质上是受到隔阂的。霍布斯坚持道,人类的自然状态是"一切人反对一切人"的战争状态。在没有强有力的中央政府"威慑他们的情况下,人们在一起时没有欢乐,只有痛苦"。霍布斯用在政治理论书籍中最著名的警句之一断言道,这样的生活,"是孤独、贫穷、污秽、野蛮和短寿的"。①

可以说,霍布斯的哲学思想中有两层意义的隔阂。表面的一层是心理上的。人们受到隔阂,因为他们本质上是自私的。一个人首先关心的是如何保护好自己的生命,他们也寻求像财富和威望这类利益。如果没有权力,就无法取得这些利益。因此,霍布斯认为人类具有这种属性:对"一个又一个权力的那种重复不停的、无休止的欲望,这种欲望直至死亡为止"②。我们对他人毫不关心,除非他们在我们达到个人目的的道路上有利或有碍于我们。这种自我中心感既不是堕落的,也是不可避免的。这是我们真正的品质。作为人,就意味着只关心个人的利益和个人的权力。

在心理层面的隔阂的下面,是我们可以称之为本体论层面的

---

① Thomas Hobbes, *Leviathan, or the Matter, Forme and Power of a Commonwealth Ecclesiastical and Civil*, ed. with an introduction by Michael Oakeshott (Oxford: Basil Blackwell, n.d.), pp.81–82.

② *Leviathan*, p. 64.

隔阂。本体论（Ontology）是对存在的研究。本体论的（ontological）是指霍布斯的有关事物本性（nature of being）的概念。霍布斯是个唯物主义者，也就是说，他认为每一个实体是完全可以用空间、时间和因果律来限定的。宇宙是由运动的物体构成的。一个人只是构成宇宙的一个物体，比像岩石和树木这类物体更复杂，但并没有本质上的区别。我们现在关心的只是这种观点的一个推断：人类的统一按照我们通常的理解是不可能的。物体在本质上是各自外在的，不可能用诸如同情、同理心或共同目标的纽带将它们结合起来。它们只能在某种意义上被统一起来，就是把他们放在同一个地方，或迫使他们联结在一起，像砌墙时的那些石头一样。由于霍布斯认为人类是物体，因此，他的结论是，人类只能通过君主专制统治的权力来统一。

许多思想家持有相反的观点：人类在本质上是统一的。这些思想家中最有影响力的大概是亚里士多德（公元前384—前322年），他是政治科学的创始者。亚里士多德来自古希腊城邦制度（Greek city-states）之外（他是马其顿人）的世界，亲眼看到了古希腊城邦制度的崩溃。但是，他站在高处，深刻地洞察着这种占主导地位的政治精神气质，并有力地表达了古希腊对城邦制的重要性和普遍性的情感。对于亚里士多德来说，就像一片叶子在它最内在的本质上是一棵树的一部分一样，一个人出于他的本质就是城邦中的一员。"一个孤独的人——不能够分享政治交往的利益，或因为自足而没有分享的需要的人——不属于城邦（polis），因而必定是野兽或是神。"[①]

亚里士多德并没有在逻辑上把统一的概念发展到它的极端——一个全球的、完全平等的政体。亚里士多德相信，人们不可能有任何比城邦规模更大的统一。此外，即便在城邦内，只有极少的人可以获得在公民身份上的统一，大多数人只适合做手工

---

① Aristotle, *Politics*, trans. Ernest Barker (Oxford: Clarendon Press, 1946), p.6.

艺者、劳动力或奴隶。尽管有这些限定条件，亚里士多德的政治思想还是清醒地、有力地否定了人在本质上是受到隔阂的。也许他最著名的话就是"人是政治动物"，也就是说，我们不可能孤单地、私下里认识到我们的本质，只有与其他公民在一起，才能做到这一点。

面对选择霍布斯还是亚里士多德——决定人类是否在本质上是受到隔阂的，读者们会感到非常犹豫不决，这是可以谅解的。如何能够解决这种问题呢？甚至于，如何能够探讨这种问题呢？也许最好的方法是窥视自我，检查自己的行为和动机。作为一个人，终归应该对一个人根本上是什么有一些重要的见解。然而，深刻地、诚实地窥视自己不是件易事。检查反思结论的方法是必需的。这些方法中最简单的一个就是观察你周围的人。朋友和熟人可能能揭示许多人性，你读到过的人物也可能提供涉及人性的教诲。人性的最深刻的学生，俄国小说家费奥多尔·陀思妥耶夫斯基（Fyodor Dostoevsky）显然从报纸上获得了，或至少进一步证实了他的许多见解。美国最精明的总统之一，哈里·杜鲁门（Harry Truman），用大量的时间阅读历史。研究人性的最丰富的资源之一是文学著作。一本好的小说包含了某个人提炼过的观察，这种人一般都是精于观察艺术的人。

在最后的分析中，对人在本质上是否受到隔阂的问题，不可能有科学的答案。这只是因为，人不是一个像石头或星球一样的物体，对那些物体可以进行客观地研究和理解。因而，选择霍布斯或亚里士多德最终就依赖于信仰。这并不意味着人们的选择是盲目的。这可能受到每日的报纸和其他经验证据的影响和指引，也可能受到伟大的文学作品、圣经或所有这些的影响和指引。但是最终，总结性地说就是：你必须做出选择。你必须挑选你感到能够接受的人性观。在接踵而来的相关问题中，还要谈到这些内容。

同时，让我们转移到下一个问题，它也许对我们是否在本质上受到隔阂的争论有所帮助。如果像亚里士多德所争论的一样，由于本性人没有受到隔阂,为什么和平与和谐总是如此短暂和难以捉摸?

2. 如果人类在本质上没有受到隔阂,为什么他们中间有那么多分隔和冲突?

这个问题提出了一个简单(但不容易解决)的议题:如果人类在本质上没有受到隔阂,他们之间的分隔和冲突必定出自人类本身,或出自他们外界的环境。让我们先考虑前者——尽管人在本质上没有受到隔阂,但隔阂是由人类引起的。

这可能意味着什么?这个答案在圣奥古斯丁(354—430年)的著作中清楚地描述过了。圣奥古斯丁是一位才华横溢的教士和思想家,是基督教思想经典著作《上帝之城》一书的作者。奥古斯丁认为,上帝没有打算让我们居住在分隔和冲突的状态中,因此,这些状态不能归咎于上帝创造的人的本质。这种隔阂的存在是由于我们背叛了人的本质。这种背叛,广义地说,就是奥古斯丁和其他许多基督教徒所说的"原罪"(original sin)。我们展开了一场悲剧性的反抗,反对上帝创建的秩序。这样做,我们就遗弃了从上帝那里得到的本性,在现实中变得与我们的本质有差异了。神圣的造物的统一被遗弃了。无论是上帝或是上帝创造的人的本质都不能因为这种可怕的混乱而遭到指责,只有人的普遍堕落应该受到指责。

在奥古斯丁的设想中,罪过并非仅仅是一种意志的倾向(tendency),它是一种固定的、人类不可改变的意志的结构。我们不仅仅是犯下了个别的错误,我们这样做是出于一种根深蒂固的、灵魂上的迷惑。但是,我们仍然要负责任,不仅要为我们犯下的个别的错误负责,还要为意志的状态负责,因为这是错误的根源。这种根本的责任的象征,就是原罪的概念。我们每一个人都是天地万物中的异物,与造物主和其他造物相隔离。就人的能力来说，是无法挽救这种状态的。同时，这也是我们自己的错误。只有上帝的恩典，才有希望改变一切。

这种灰暗苛刻的神学使当今许多人感到反感。但是，奥古斯丁的观点并非仅仅是个教条，它符合一种奇怪但普遍的经验。我们有时感到无法抗拒地要去做一些我们终归要怪罪自己的事。我们无助地感到受到隔阂（假定令我们自责的行为在某种程度上将我们与他人分开），同时，我们对我们造成的隔阂感到内疚。

奥古斯丁的观点是一个使人敬畏、令人印象深刻的哲学观点。它将人类描述为一个腐坏了的种族，在一个除了上帝怜悯的微光外，几乎没有亮光的世界里辛劳。但是，也有具有同等影响力的哲学思想是建立在人类无辜的观念上的。这是个旧观念，因为它不仅可能是真的，而且令人愉快。奥古斯丁用了大量的时间和精力攻击贝拉基（Pelagius），他是一个修道士，认为我们有能力避免罪恶。但是，认为人类无辜的最有说服力的主张可以在让-雅克·卢梭（1712—1778年）的著作中找到。卢梭是一位饱受痛苦的天才，蒙受了几乎不可忍受的孤独，敏锐地意识到现代社会的失序。

那么，让我们问一下卢梭，如果人在本质上是统一的，并且从来没有背叛过他们的本质，历史怎么会充满了那么多仇恨和骚乱呢？唯一可能的答案是，他们在某种程度上是意外地（不是来自于严重的、固有的缺陷）卷入到这类境况中，使他们相互间受到隔阂。卢梭坚信，这种不幸出现于遥远的过去。在地球上的人类早期阶段，财产和权力就已经集中在少数人手中。这种现象的出现，不是因为人们极端邪恶，但是，这的确败坏了人类自然的高尚（decency），以及人类关系的自然和谐。卢梭对人类的信心并没有导致他掩饰社会的邪恶。相反，他是现代最尖刻的社会批评家之一。但是，他没有将社会的混乱归罪于人类，至少没有责怪人的本质或人类不可逆转的对那种本质的抛弃。

奥古斯丁派和卢梭派对隔阂的看法，在政治思考的其他领域中有过非常强烈的反响。譬如，有关既定体制的价值的概念很大程度上就取决于他们的看法。根据奥古斯丁的哲学，人是危险的造物。现有的社会和政治体制可能不健全，但是，只要它们保证某种秩序，即便只是通过习惯和恐惧这类压力来进行，它们也是有价值的。但是，从卢梭的观点看，单独的秩序本身几乎没有什么价值，因为人们可以做更伟大的事情，他们可以获得正义和幸福。

这并不是说，奥古斯丁总是赞成，而卢梭从不赞成既定体制。对于奥古斯丁来说，这些体制是由负有罪过的人性建立的，因而其中肯定有很多邪恶。卢梭则认为，人类意志中的原始美德，像在古罗马共和国时期一样，有时会避免腐败，获得主权。但是对于奥古斯丁来说，地球上的天堂是不可能的，任何能够预防人性中内在混乱的生活秩序都值得赞赏。另一方面，对卢梭来说，由于人的纯朴不是无法挽回地丢失了，因此有希望建立起地上的天堂，或至少建立起地上的正义。但是，几乎没有任何真正的社会可以达到这个标准，更多的是堕落和自私。

另一种陈述奥古斯丁和卢梭之间的争论的方法，是追问邪恶的主要来源是人性还是人类的体制。对于奥古斯丁来说，体制中的邪恶是人性中的邪恶的结果。卢梭则坚持相反的观点，认为人性中的邪恶来源于体制中的的邪恶。因此，对于奥古斯丁派来说，人可以避免体制的影响并重新创建文明的观念是不可想象的，而对卢梭的追随者来说，这种可能性是存在的。

这种两极对立（polarity）还表现在其他方面。奥古斯丁派趋于保守——不是尊崇主导的秩序，而是害怕对它进行任何改变。削弱深嵌在个人习惯和长期以来的习俗中的约束力，会放纵邪恶人性中固有的骚动。反之，卢梭的追随者可以轻易地走上革命的道路。我们原有的纯朴提供了重建历史的可能性。当然，为了这种重建的出现，人类的原始的高尚促使他必定以某种方式抛弃压迫的、腐败的体制的影响。但是，卢梭的思想中没有禁止任何假定，包括通过革命的摧毁行动来实现解放这一假定。然而，卢梭自己对革命并不是那么无忧无虑的,事实上,他自己没有假设任何摧毁体制的行为都是一种解放行为。他的思想在历史上起到的具有爆炸性的效果主要来源于他的心理学的革命含义。卢梭小心地引出这些含义,但是他的后人却以极度的热忱相随。

在美国,学生们有时采用了革命的态度,或至少使用一种革命性修辞。已建立的秩序也许包含足够的邪恶,譬如贫困和种族歧视,使人们有理由具有这种态度。但是,人性中是否有足够的善使人们有理由具有这种态度呢?如果奥古斯丁比卢梭更接近真理,那么,这种通常充满偏执和自以为是的激进主义,会导致比那些遭到攻击的邪恶更严重的邪恶。

我们现在在已经讨论了隔阂的起源——无论起源于我们的本质,源于对我们的本质的一种悲剧性的遗弃,还是仅仅源于偶然的历史境况。这个讨论使我们能够提出问题,应该如何消除隔阂,或者,如果人在本质上是受到隔阂的,他们之间的冲突怎样才能减轻?讨论这个问题,会有利于我们注意到人的一种才能(faculty),这种才能被有史以来的政治哲学家们视为统一与秩序的主要来源,它就是理智(reason)。

3. 理智能够克服隔阂吗?

西方在这个问题上的一致性是毫无疑问的:强有力的肯定。确实,古老的以色列——西方文化的两个主要根源之一,相对来说不重视理智,而是认为我们最主要的责任就是服从上帝的旨意。但是,上帝和人有时进行理智的争论,希伯来人的上帝(Hebraic God)就是聆听和述说的上帝。在古希腊——我们文化的另一个来源,最有力量和最普遍的政治思考主题大概是一个观念,就是人能够通过理智来解决冲突。希腊的观点胜利了,就连基督教在中世纪都显然变得有理性了。近代世界因此继承了一个强有力的理性传统,它在科学和技术中的发挥是最惊人的。虽然对占优势的理性主义有过一些强烈的反抗，到目前为止还没有一个成功过。西方社会也许仍然会把圣经的训诫作为它的座右铭："你们来，我们彼此辩论"（以塞亚书1：18）。

但是，这种一致性取决于一种假定，即人在本质上是统一的，或者至少他们的利益在某一点上是一致的。如果他们本质上是受到隔阂的，而且他们所有的利益都相互冲突，那么，理智就几乎没有用，它根本无法将人们聚合在一起，反而将使最狡猾、最无情的人胜过其他人。没有任何一个伟大的政治思想家（即便是马基雅维里赞成这样运用理智。但是据柏拉图说，至少两个与他同时代的著名智者，特拉西马库斯（Thrasymachus）和卡里克勒斯（Callicles）就这样运用理智。柏拉图说，对于这两个人来说，理智能够克服非理性的习俗和没有基础的顾忌，它们有时会诱惑强者将自己的利益服从于他人的利益。

如果在某一点上，所有人的利益一致，即便人在本质上受到隔阂，并且除了作为达到个人满足的手段之外对他人漠不关心，理智仍然会通过揭示他们利益的一致而使他们走到一起。有一种观念是西方政治思想最持久的观念之一，这就是，政府是建立在一个"社会契约（social contract）"之上的。这个概念由霍布斯的观点阐明。正如我们已经看到的，霍布斯认为人在本质上是受到隔阂的。但是，他相信每一个人都希望和平因而希望有一个有效的政府。他认为，理智能够使个人利益的一致变得无可置疑地清晰，因此，能够避免人们进入"一切人反对一切人的战争"，否则，他们会参与进去，因为他们在本质上是受到隔阂的。对于霍布斯来说，每一个人只关心个人的安全，但是，理智告诉他们，为了每一个人的安全必须服从一个能够保证所有人安全的政府。

西方对理智的信仰通过否定本质上的隔阂达到了顶峰。我们传统中最古老、最持久的信条之一，就是认为通过理智我们能够辨别我们共有的本质，并且，从中能够得出联合我们的法则。在柏拉图的哲学中，这是贵族政治哲学的首要原则，这一哲学是建立在城邦制的基础上的。在斯多噶哲学（Stoicism）中，它成为一种平等主义（egalitarian）和普遍主义（universalist）观点的基础。在中世纪，它和正统基督教的原则结合，获得了权威性。在近代，它已经是国际法（限制国家权力在境外的应用）和立宪政府（限制国家权力在国内的应用）的理论基础。根据这个观点，通过使用我们的理智，我们会成为一个共同体的成员，这个共同体不会被国家之间和阶级之间的冲突所摧毁。有了我们在这个理智的普遍社会中共有的会员资格，即便权力有不停地变得野蛮和无限扩张的趋势，我们也能使它服从于理性上肯定、道德上无可挑剔的标准。这些标准构成了通常说的"自然法"。如果说在我们的过去有过一个必不可少的观念，那么就是这个观念。

然而，有几个思想家对这个观念或是有保留意见，或是怀有敌意。但是，表现出自然法观念的力量之迹象可能是还没有任何伟大的思想家否定过它。埃德蒙·伯克（Edmund Burke，1729—1797年）几乎要这样做，因此，他很自然地成为了反理性主义的典型。他是一位在爱尔兰出生的哲学家和政治家。他的《法国革命论》（Reflections on French Revolution）一书是现代保守主义的宣言。伯克坦率地为偏见辩护，而不是为理智。他的著作显现出的对人在本质上是统一的这种信仰，如同亚里士多德的著作一样断然和绝对。但是伯克不相信理智可以揭示人的本质。他认为，已建立起来的习俗和传统远比抽象的理智的结论更能准确地反映人性。这些习俗和传统在人的头脑中占有最高地位，他称之为"偏见（prejudice）"。

按照伯克的说法，我们不仅过于深奥和复杂，因此不能够充分地受到理智的引导，而且我们也非常危险。伯克与奥古斯丁对人性的看法相同。秩序需要习惯和情感的支持，因此，要依靠体制和传统，这些都是古老的、神圣的，而且无可置疑的。偏见不仅比理智明智，而且更有力量。对于伯克来说，只有忠诚于历史悠久和令人敬畏的体制，隔阂才能消失。要求理解人性会危害到相互理解和尊重,而人们之间的相互理解和尊重,只能建立在谦卑地服从于传统、习俗和从过去继承过来的体制。

本书的目标是指出政治思考的主要通道,不是所有的通道。我不是要说只有少数可供选择的道路能使一个思考的人符合逻辑地追随下去。思考是(也应该是)独创性地寻找没有人走过的路。但是,在思想的领域,基于相同原则进行思考的人确实易于形成共同的思想倾向。从而,理性主义者和伯克派的立场将哲学家分为两个大派别,这些派别尽管在他们内部有分歧,却反映了看待社会和政治世界的两种不同方法。以下的不同思想倾向以它们典型的形式衍生于这种区别。

1. 道德绝对主义(moral absolutism)与道德相对主义(moral relativism)。道德绝对主义是一种认为道德标准独立于个人和社会的利益,也独立于碰巧在某一特定时期和地方盛行的标准的理论。西方历史中,道德绝对主义的主要形式是自然法的观念,这是一种建立在人的本质基础之上,可以通过理智来辨识的普遍与永恒的法。简单地说,这个观念确信,理智能够聚合人类。道德相对主义有不同的形式,形式的变化是根据用什么来决定道德观,因而道德是相对于什么来决定的。主要的形式之一是认为善良和邪恶是由每一个社会给予定义的。伯克不是极端的相对主义者,因为他相信有些标准是依附于人性的标准的,而不管在他们的社会普遍流行的标准是什么。但是他对习俗和传统的看法很自然地致使他接受道德在不同时代和地点的变化,而这一点会遭到理性主义者的谴责。

2. 均质性(uniformity)与有机统一(organic unity)。理智仅仅可以发现普遍性——就是许多特殊性的相同点,其结果是,理性主义轻易地引出统一的概念,这个概念与均质性难以区分。相反,像伯克这样的思想家会特别开放,不仅愿意接受得到道德相对主义认可的社会差异,而且愿意接受在群体的有机统一中得到协调的个人的差异——譬如,性格、才干和职业的差异。这种思想倾向在亚里士多德对柏拉图的抗议中就清楚地表述出来了。他认为柏拉图为了使人类统一,抹杀了他们之间关键的差异。亚里士多德抱怨说,"这就像是,将和谐变得只剩下一致了,或者是,将一个主旋律削减到只剩下一个节拍了"[①]。

3. 激进主义(radicalism)与保守主义(conservatism)。相信我们能够理性地了解人性会导致一种看法,认为我们能够也应该摧毁所有仅仅建立在偏见上的旧体制,并且按照理性的设计重新将它们建造起来。这样一来,理性主义就引发了激进主义。这种在威严的、高深莫测的过去面前显示出的自豪感,激怒了伯克。他用保守主义与之相对立,保守主义遵照人的本质只能通过习俗和传统来揭示这一原则。伯克认为,这种通过一代又一代地谨慎的管理国家事务的本领和自发的生活所建立起来的秩序,不可能按照理智的计划深思熟虑地、迅速地建立起来。如果你有足够的运气生活在这种秩序中,你所能做的——这是你压倒一切的责任——就是尊重和保护这种秩序。

然而,为了不过于简单化,似乎有必要注意一下一条"没有人走过的路"。正如我前面提到的,人的思想在寻找道路时具有独创性。现代的女权主义者,趋向于既避开贯穿于西方政治传统的理性主义,也避开拒绝对已建立的习俗和古老的传统进行批评性的评价中所固有的非理性主义。很容易看出为什么女权主义者不倾向于后者,不倾向于崇敬旧习俗和传统。这些习俗和传统如果不是赞成对妇女彻底的压迫,至少在实际上总是赞成妇女的从属地位。对过去和现在社会的秩序运用批判性的评价,对女权主义者寻求的社会改革是至关重要的。当然,批判性的评价是建立在理智的基础上的。那么,有人会问,既然女权主义者也注重理性,

---

① *Politics*, p. 51.

为什么他们要避开理性主义?

答案似乎很明显。这种才能——理智,从亚里士多德时代到今天,似乎都很乐意去界定和辩护那些在女权主义者看来是极端不公正的事情,因而几乎必定受到质疑。男性的概括和准则所声称的普遍性,在许多情况下让女权主义者感到似是而非。传统的理性主义显露出它的片面性,在其片面性中存在着非人性和非正义。

但是,女权主义者将用什么来代替理性主义呢?一般来说,不会是非理性主义。并不是理智本身受到女权主义作家们的摒弃,而是他们认为过于依赖于理智的东西。对理智的过度依赖是一种不平衡,他们中的许多人认为这种不平衡是男性主导文化的特征,因此,他们设想采取一种更广阔的洞察模式,这种模式不仅对许多情形共有的特点——用理智的功能去抓住的特点——敏感,而且对独特的、因而超越了理智范畴的特点也敏感。

女权主义对理性主义的批评得到了心理学研究的支持。这一研究指出,女性对现实的感知与男性的有非常大的差异。任何年龄的女性都趋于和各种情境中内在的可能性协调,而不管那些情境与其他情境有什么共同点,而男性则倾向于诉诸常规。面对一个道德问题,女性典型地会对问题的独特的、具体的特性做出反应,而男性则寻求可以使问题得到解决的普遍标准。女性显现出同情,男性显现出逻辑性;女性尽力寻找和谐,男性则要寻求公平。

也许没有一个单一的词汇足以指明女权主义者要为理智补充的特性,但是像"直觉"、"敏感性"这样的词汇似乎暗示了她们想到的特性。无论如何,关键是女权主义者通常认为,女性能够洞察到时间、地点和人的性格上的特殊性,有能力富于想象力地进入情境,抱有同情心地进入个人的生活。而男性则或者没有这些能力,或者已经放任这些能力衰退了。他们相信,这种洞察力一旦全部地用于公共领域,可能会帮助我们纠正传统理性主义中的不平衡。那么,要回答我们面前的问题——理智能够战胜隔阂吗？——女权主义者通常回答，仅有理智是不可能的，它必须与其他方法融合，或用其他方法补充，也就是另一种辨别方法，一种在妇女中而不是在男性中——至少在当今社会——更完整地发展了的方法。

在涉及隔阂的问题上，思考理智的力量会将我们引向一个更广泛的问题。人是否有某种力量能够战胜隔阂，或者，我们是否依赖于超越人性的一些东西？提出这个问题会将我们带到现在的人们通常忽视的一个议题。我们的时代氛围似乎是以人的自信对宗教进行质疑。人们普遍认为，我们既不需要，也不可能求助于超越我们才能的任何力量来消除我们的紧张状态和分歧。但是，这个设想难道是如此显而易见地正确以致不能对它提出疑问吗？在过去，最持久的并且最广泛的信仰之一是，一个稳定的、公正的社会必定是建立在某种宗教基础之上的。世界各地无数世代的人假定过，人们只有恰当地与神和睦相处，才能彼此和睦相处。

我们必须问一下，这是否是真的。

4．是否需要某种形式的宗教来克服隔阂？

与这个问题相关的三个通常的立场可以很容易地区别开来。第一个是近代的、自信的人文主义，以无神论或不可知论为基础，一般不喜欢组织性的宗教。人文主义这个词汇在这里特地表明一种信仰，即人的力量足以实现所有合理的人的目的。宗教即便有任何作用，也只起到极小的作用。当接受民意测验者的询问时，美国人基本上承认相信宗教。然而看起来，大多数美国知识分子——大学教授、记者、作家——好像都是人文主义者。还有很多人，无论是不是知识分子，都对组织性的宗教抱有怀疑。看起来，没有任何历史教训能比从欧洲的宗教战争和马萨诸塞州清教徒的神权政治中获取的教训在美国人头脑中更根深蒂固的了：宗教信仰能够造成分裂并且是专横暴虐的。马克思和其他社会批评家和改革者的世俗主义又在许多人的头脑中深深地加强了这个信念。对于马克思来说，宗教是"人民的鸦片"，社会主义者传统地将对重生的期望轻率地称为"天上的馅饼"。在这种言辞背后的严肃指责是，宗教使人们对世间的痛苦——其他人的痛苦，甚至他们自己的痛苦——冷漠无情，而且，这样一来，就抑制了社会改革以及在地球上对隔阂的征服。

现在的人文主义者通常相信，曾经奉献给宗教崇拜的精力现在应该奉献给受到压迫和贫困的人，使他们的需要得到满足。上千年来，人类的大多数生活在贫穷和无知中。但是最终，我们有了工业生产和人群组织的能力，这是满足每个人物质需求和教育需求所必需的。因此，贫困和没文化成为不可容忍的了。有这种看法的大多数人做出了重要的假设，不能阻碍让每一个人达到以往只有少数人才享有的物质丰富的水平，并且通过削弱宗教信仰——这已经在近几个世纪中发生了，大有助益。归根到底，当人们感到紧紧地与神结合的时候，他们相互之间的统一就极不完善。现在，我们可以将我们曾经对上帝倾注的爱和忠诚奉献给我们的人类同伴了。也许在另一个世界希望得到的天堂，在这个世界上就可以趋近了。

人文主义的观点非常动人。在它的照耀下，我们看到自己栖居在一个广袤无垠、冷漠的宇宙中，在一个纯粹的人类共同体中战胜了无边的孤独感。我们摆脱了在宗教视野下人的软弱与罪恶，并且确证了内在于解放了的人性中的无边力量和至善。甚至许多那些仍然相信上帝的人也许都会感到，在没有共同的宗教信仰时，这样的看法是无可非议的，并且足以巩固我们的共同生活。

考虑到人文主义的这种观点，使人感到惊讶的是，古代的和中世纪的政治思想家大多都相信人类的统一依赖于与神的统一。西方阐述的第一个伟大的政治哲学，就代表了这种观点。柏拉图的《理想国》一书确切地说明了这种政治哲学。柏拉图是世界精神史上最伟大的人物之一，与孔夫子、释迦牟尼这类宗师齐名，而且他的哲学具有一种强烈的意识，认为我们依赖于超验的现实。如果大多数二十世纪的社会评论中内含的训诫是"忘记超验的事物，将注意力放在我们相互之间"，那么，内含在《理想国》一书中的训诫就是"先了解超验的事物，然后再考虑其他"。

柏拉图相信，超越我们可以看到和摸到的一切之外有一个渊源，所有事物都从那里汲取他们的现实和价值。他简单地称之为"至善"。他将至善比作太阳，太阳能使生物成长并被看到，因此他认为，至善能使所有构成宇宙的现实存在并得到了解。人类也以相似的形式得到认识。只有在至善发出的亮光下，人类才可以得到完全的理解，他们最深的需求才得到确认。因此，《理想国》中的一个重要主题是，只有通过那种人类（或者他们中间的少数人）领悟了至善而得来的至上的知识，才有可能组织一个真正人性的社会。因此，政治是以超验的事物为中心的。那些与这个生命、价值和真理的基本原理相分离的人，不可能获得真正的统一。柏拉图大概会发现，二十世纪认为我们应该忽视终极的现实、集中精力建设一个美好的社会的观念的荒谬性，不会亚于我们发现为了加速对空间的探索而不理会物理定律的建议的荒谬性。

柏拉图时代过后没有多久，斯多噶派的哲学家们开始发展一种远比柏拉图更普世的、更平等的统一性的概念，认为所有的人，不论国家或阶级，都应被看做在本质上是统一的。后面的章节还会更多地谈到这个概念。在这里我们需要关注的是，这个统一性的新概念仍然建立在宗教基础上。对于斯多噶派的哲学家们来说，整个宇宙都是神圣的（这种观点一般被称为"泛神论"）。使人类相互联结的责任是由他们在神圣秩序（divine order）中所处的位置所规定的。也许可以说，人类的统一是内在于神性的无所不在之中的。

柏拉图—斯多噶关于社会依赖于宗教的观念，是与我们讨论的问题有关的第二个普遍立场（第一个是人文主义的观点）。它与第三个立场的区别在于它对人的主动性的信赖。神被认为是完全不动的、安宁的并且自足的。人类可以接触到神，但神不会去有意寻找人类。应该由人去寻找神。对于第三个立场——正统基督教——的追随者来说，人过于深陷在了像自私和贪婪这样的品性中，因此不能够发现上帝。上帝必须行动，并且的确有行动。

这两种立场在有关人类的统一问题上是一致的，认为人的统一依赖于人与神的统一。在基督教的观点中，由于一种来自上帝的整体性和光辉，人是一种值得爱的对象。每个人都是按上帝的形象造出来的，那个形象被罪过所毁坏并变得暗淡，但是通过耶稣的生、死和复活，原有的形象得到修复，恢复了所有原始的光辉。因此，人能够也应该相互爱戴，因为，爱就是我们在相互之间认出自己原有的光辉。显然，上帝处在整幅画面的中心。如果没有上帝，人的隔阂就无法被克服，并永远持续下去——内在于人的境况之中。保罗和柏拉图一样会很难以想象，人应该相互爱戴或相互尊重仅仅是因为他们本身，而不是因为他们反射的神的光辉。借用奥古斯丁的话，唯一真正的统一是"上帝之城"的统一。

虽然第二和第三个立场都同意某种形式的宗教对战胜隔阂是必需的，但是，在神和人之间的关系这个问题上，他们的观点有根本的不同。对于异教思想家来说，一个人——至少是一个非常明智，并受到过高等教育的人——可以升华为神，这是理智中固有的力量。但是，对于基督教思想家来说，人可以升华为神这个观念是愚蠢的、有罪的、不现实的——对人的力量的虚幻自信通常被表述为"傲慢"。人类与上帝之间的距离太远，人类自己很难跨越这个距离。他们的罪过已将自己与上帝分开，也削弱了自己作为精神存在物的可能。只有上帝能够跨过神和人之间这块无人之境。上帝是通过耶稣的生和死来完成这一壮举的。

总之，在基督教徒看来人类的升华被上帝的降临所代替。结果，对克服人类的分歧的看法与希腊哲学极为不同。对于柏拉图和斯多噶派来说，神是足够真实的，而且，人通过理智能够领悟神。

凭借这个力量,他们可以找到通向神圣现实高原的道路,在那里建立自己的城市。即便那些希腊人强调人的和谐依赖于神的和谐,他们还是认为,从根本上,所有的城市是彻头彻尾地属人的。基督徒必定不同意这一观点。他们认为没有任何真正的一致,没有任何人与人之间真正的统一可以由人类单独完成。只有上帝能够打断人的邪恶锻造的锁链,使我们能够在相互之间重新发现上帝原始宇宙的光辉与和谐。因此,真正的统一不仅起源于神的易接近性,也起源于神的仁慈的行为。这就是为什么任何值得人居住的城市必须是"上帝之城"。

现在,许多人发现,难以严肃地接受诸如罪过、救赎这类概念。但是,许多世纪以来,人们确实很严肃认真地对待这些概念。是什么起了变化?是不是我们变得更深刻,因此能够看透那些迷惑了过去时代的幻觉?或者我们变得更肤浅,因而无法领悟比我们这个时代更有灵性的世纪的洞察力?为了有利于公平的探究,我们必须在做出更讨人喜欢的抉择之前,犹豫一下。

我们是否比我们意识到的更依赖宗教?譬如,我们讲到个人的尊严时,意味着什么?这也许是描述现代理想共同体的关键词语。按照这个理想,每一个人都有一种神秘的和无法衡量的价值。因此,无论是什么种族、性别或阶级的人,都值得尊敬和公平对待,将任何人由于某种原因从这个受到尊重和公平对待的共同体中排除,将是对尊严的否定。现在几乎没有人拒绝这种推理。或许是因为它根本的、不言而喻的真理性,或是因为文化环境,这种推理具有巨大的权威性。然而,它在人文主义的基础上还有意义吗?不管圣经信仰是否有根据,这种推理在圣经信仰的基础上是有意义的。据《圣经》所言,"上帝照他自己的形象创造了人"[1]。此外,人不是被创造然后又被遗弃了。上帝关心每一个人永恒的命运。人们也许会觉得这类信仰无法领悟或难以置信,但是这些

---

[1]《创世记》1:27。除非另有标出,圣经引语均采用和合本译文。

信仰对个人尊严的概念的确是有意义的。

但是，如果在这幅画面中没有上帝的位置，又有什么品质能使每个人有资格得到我们谈论尊严时所需要的特别的尊重呢？如果没有柏拉图式的存在物的太阳，没有上帝，每个人心中仍然能有荣耀（glory）吗？现在的人会很快地说能。这不是一种用观察和理智的不带偏见的眼睛能够辨别出来的荣耀吗？我们能够像观察颜色和人的头发一样观察人，不是一个简单的事实吗？那么，为什么柏拉图、亚里士多德、修昔底德（Thucydides）或任何伟大的古希腊思想家，在他们最辉煌的顶峰时，没有看到这些？打个比喻，有人断言能够用肉眼——没有得到任何宗教臆测帮助的眼睛——看到那些构成美国流浪人口的每一个肮脏和堕落的人身上的尊严（也就是荣耀，而不是可能引起怜悯的品质）吗？如果每一个人的尊严并非来自任何超验原则，并且不是能够感觉到的世俗事实，那么，它归根到底是什么呢？那还是真实的吗？

也许在二十世纪，我们面前没有任何问题比这些问题更重要了，因为个人受到来自各个方面的威胁。"组织人（the organization man）"、"孤独的人群（the lonely crowd）"、"大众的反叛（the revolt of the masses）"以及类似的词语，都是有名的警示。通过这些警示，作家们表达了个人被社会吞没，丧失了自我的普遍感觉。从令人震惊的流浪人群和城市脏乱的场景中，从种族与种族之间的仇恨中，从无法控制的暴力使现在美国许多儿童在上学之前先要武装自己的事实中，我们看到了证据，个人已经变成了一个废品，可以被随便扔掉或轻易地摧毁。但是，如果我们在谈到"个人的尊严"时，真的不明白我们指的是什么，我们怎么能够挽救个人呢？

没有什么能比费奥多尔·陀思妥耶夫斯基（1821—1881年）的小说更鲜明地提出了这个问题。陀思妥耶夫斯基是俄国十九世纪伟大的小说家，他是预见到了我们时代问题成堆的少数几人之一。对于陀思妥耶夫斯基来说，这个问题处于两个激进的敌对观点之间，这两个观点就是"人神"和"神人"。前一种观点认为，男人和女人已经摆脱掉宗教信仰的奴役，通过他们自己在艺术、政治、战争、商业、科学等方面的努力，呈现了上帝的辉煌。陀思妥耶夫斯基坚持，"人神"的形象是无神论符合逻辑的、不可避免的发展结果。人类渴望无限性并拒绝向上帝叩头，必定尽力使自己变成上帝。然而，其结果是远离普遍的爱和同情心，而这些情感正是二十世纪人道主义的无神论者和不可知论者吁求的。陀思妥耶夫斯基坚信，实际上，否定上帝也是对个人尊严的否定，对所有道德法则的否定。"人神"结果将变成一个罪犯、一个暴君或是一个虚无主义的革命者。

陀思妥耶夫斯基不仅仅拒绝现在如此普遍的无神论和不可知论，他还拒绝一种流传甚广的观点，这种观点许多信教的人也具有，也就是认为无论一个人是无神论者还是教徒都纯粹是私人的事。在人们"秘密的心"中发生的事，必然将在公共世界中寻找表达方式，个人私下里丧失了信仰会威胁到文明。"人神"早晚会从安静的家里——他可能是在那里出生的——走出来，开始在地球上造成大破坏。

在陀思妥耶夫斯基看来，"神人"完全是另外一回事。耶稣是原始的"神人"。耶稣勾画的理想是，男人和女人通过上帝的仁慈，而不是自己的力量和行为，提高到神的地位。理想只能通过基督教来实现。耶稣实际上是神圣的伴行的邀请，谁接受了这个邀请，就进入了神的光辉的照耀中，但是，谁要是拒绝这份邀请，就进入了永久的黑暗。在那里，所有的尊严都丧失了。因此，在他看来，基督教的衰微——这在二十世纪要比陀思妥耶夫斯基时代更明显——是一个吞噬一切的大灾难。

到目前为止讨论的四个问题，使我们能够从最基本的特征来考虑人的关系。我们问到了隔阂的来源：它是从人的最深的、不可改变的特性中衍生出来的吗？如果不是，为什么它能如此持久地折磨人类的关系？我们还问到治愈隔阂的可能性：理智能否使我们统一，或者，需要什么超出理智的，也就是宗教来进行？

也许应该停下来，回忆一下，我们不能够不思考人的本质而思考这类问题——我们究竟是什么，这与我们碰巧是什么是有区别的。也许也应该回忆一下，思考人的本质时，我们涉及了一些不可能完全地、最终能用任何文字陈述总结出来的东西。一个人从根本上而且永远是个谜。更简单地说，正如卡尔·雅斯贝尔斯写道，我们总是比我们可能对自己的了解更丰富。①这对我们思考的努力意味着什么？

这主要意味着，我们一定要思虑再三。如果人总是比他们可能对自己的了解更丰富，那么，可以加诸人性任何相关的陈述。因此，谈到个人和社会，我们必须避免任何说我们所讲的包含事物的整全的、不可改变的真理的倾向。虽然我们在日常生活中习惯于表达对他人的强烈看法，而当我们开始对他们进行哲学探讨时，就必须谨慎运用结论性的"是"或"不是"。总之，我们必须记住，正如格言中所说，在试图理解什么构成我们人性的本质时，我们力求"发现思想不能够思考的事情"——至少，不是全面的和无可置疑的事情。

要做到思虑再三是不容易的，因为我们喜欢用下结论和绝对自信的口气做出陈述。即便如此，仅仅做到思虑再三也不够。我们必须要锻炼能够容忍相反的意见。这暗指一些我们已经讨论过的问题——悖论在我们思考中的作用。如果我们总是比我们可能对自己的了解更丰富，便可以增加任何有关人性的陈述。但是，增加上去的不一定会完全适合。当这种情况发生时，如果我们对我们所说的感到比较肯定，而且如果增加上去的（但不是完全适合的）似乎有一些基础，那么，我们就会面对一个悖论——一个明显的矛盾。如果克尔凯郭尔——如题记里引用的那样——是对

---

① Karl Jaspers, *The Perennial Scope of Philosophy*, trans. Ralph Manheim (New York: Philosophical Library, 1949), p. 60.

的，悖论也许在某种神秘的意义上表达了真理。这看上去肯定是混乱的。但是，它的一个含义是，如果在你的思考过程中产生了看上去不能解决的内在矛盾，你不应该感到过度的沮丧。这些矛盾也许标志着接近了真理。譬如，很可能人在本质上不是那么绝对地受到隔阂，或是统一。我们用于讨论和思考这类问题的词汇似乎更适用于论述那些像石头和砖头一类的东西，而不适用于人类，而且，它们可能不适用于清楚地表达真理。（要做到真正的统一，人们必须自由地统一起来，这个说法讲得通。但是，如果自由意味着个人之间的分离，那么，这岂不是必然要向任何自由创建的共同体的中心引入一种隔阂的成分？）

这并不是说，你不用对你的思考中显然的矛盾感到担忧。一个悖论不会产生出真理，除非它受到强劲的攻击，并且如果可能，得到解决。打个比方，它必须被打得鼻青脸肿，被震得心慌意乱。大部分哲学家在面对人类思考的重大问题时做出了选择，而且，做出选择的有力和理智使他们令人印象深刻。一个初阶的思想家应该追随这样的榜样。在试图选择一方而不是另一方时，你是在对悖论进行冲击，并且尽力看到隐藏在它背后的真理。

但是，这与所有我曾说过的一样，选择一方从来不应该意味着你对另一方置之不理。时刻准备重新考虑你不同意的论点，是向悖论敞开的一个方法，真理往往隐藏在悖论中。愿意接受另一方，至少是柏拉图为什么一般用对话或谈话的形式对一些永久性的问题作出回应、为什么他从不允许这些谈话得出任何确定的结论的原因之一。

这一章在这里结束不是不合逻辑的。但是，如果我们看到一些讨论过的观念如何在人类最严肃的分歧之间得到应用，它们会更加生动。数世纪以来，两个最严重的、最不可通约的分歧是人之间的（城邦之间、帝国之间和国家之间）和阶级之间的分歧。这将是这一章最后两个问题的主题。

5. 所有的人都应该团结在一个单一的、全球性的社会中吗？

思想史揭示了对这个问题的两个极端的、相反的答案。两个答案都很古老且持久，都在古代和近代出现过。

苏格拉底和柏拉图时代的希腊人相信，像现代的民族国家（nation-state）一样大的政治秩序与完整的人类生活互不相容。亚里士多德的断言"人是政治动物"表达了一种广泛接受的信念。但是，一般都假设只有在小国家人才可以根据他们的政治本性生活。生活在一个大国家或者一个帝国，要受到遥远中心的管理，因此，是作为一个臣民，而不是作为一个公民生活的。亚里士多德认为，人是由普遍的本质统一起来的，但是，只有一个较小的地方性的国家，城邦（polis），能够使他们意识到那种本质和它意味的统一。

这显然是一种认为全球性的社会危险且反人类的观念。当近代的人们寻求逃避工业文明的没人情味的和非人性的标准时，这种观点就越来越频繁地重现。卢梭重申了古代民主的基本标准——一个国家应该小到足以使公民们能够定期地在一个单一的集会上见面。自从他的时代以来，一些最理想主义的思想家感到，只有通过使近代世界的巨大国家和组织解体，共同体才能够得到拯救。在当今的美国，大多数激进分子似乎相信，通向新人性的唯一道路是进行激烈的去中心化。的确，共同体和面对面交往的观念，在许多人的头脑中已经实际上画上了等号。从这个观点出发，所有的人聚在一个单一的社会之中，并生活在一个单一的政府之下，将是一场大灾难。

但是，另一种理想主义受到了非常不同的观点的激励：人类中的每一个人，不排除任何人和种族，依靠共同的人性生活在一个全球性政体中。这个概念和它的相反概念——面对面的民主——一样，源于古老时代。它是斯多噶派在城邦被容纳到帝国中后，发展出来的。在斯多噶派的思想中，城邦（polis）已被世界都市

(cosmopolis)——宇宙的城邦——所取代。像我们所知道的一样,斯多噶派认为宇宙是一种神圣秩序,这一秩序显现在法中,可以通过理智来领悟,因此我们都是宇宙城市的公民。在这里,存在人类普遍本质之原则采用了一种逻辑性非常强的政治形式,即一种普遍的人类共同性的观念。毫不奇怪,斯多噶哲学是世界上最有效率的普遍秩序的战略家拥护的主要哲学。这些战略家就是管理罗马帝国和建立罗马法律的人。

古代和中世纪的基督教思想家比斯多噶派更信奉普遍主义。最典型的例子是,他们视人类不仅仅通过自然法,而且通过神的拯救计划获得统一。他们认为,这两种统一形式都应该得到承认,并通过某种普遍性的政治秩序和大公(Catholic,普世的)教会来实现。

罗马人有关普遍和永久和平的理想以及基督教的全球性信仰的理想,像一种苦涩的渴望在二十世纪徘徊。这些理想在国际法和联合国中微弱地发出光亮。它们加深了我们的恐惧,这种恐惧是我们在面对充满了我们时代历史中的民族主义、狂热盲信和战争时所感受到的。

对普遍主义观点最有力的一种重述,可以在马克思的哲学中找到。马克思主义者认为,国家是一个终将没落的阶级的组织。工人们将建立起持久并且包含一切的统一体,这种统一体既避免了罗马帝国,也避免了罗马教会的形式。但是,我们离实现这个古老的梦想还有多远,在马克思主义本身为挑起国家间相互斗争的激情做出的贡献中,已有预示。

我们究竟想要什么?是如同亚里士多德相信的那样,可以由友谊联结起来的小范围的、个人之间的交往,还是铸成了包容且正义的和平的涵括全人类的一个共同体?我们的理想是雅典还是罗马?理想主义的辩护者们已经给这两种幻想都加上了如此光辉的色彩,以至于当我们意识到,许多人更喜欢我们现在的形式,也就是民族国家时,会感到失望。这是一种在五百年前的近代早期就早已定型了的社会形式。有人可能会说，民族国家是近代世界提供的另一种选择，它替代了古代面对面的政治形态，以及由罗马和中世纪理想化的全球社会。

有人竟然喜欢民族国家，这看起来似乎有些令人困惑。它的规模不是不对吗？对个人交往来讲太大，而对全球性的和谐来说又太小？许多人在十六世纪欧洲的宗教改革运动（Reformation）之前会这样说，而且今天的许多人也会同意。民族国家很大并且没有人情味，个人和人们之间密切、自发的关系，与巨大笨重的国家——它需要资金、士兵、技工和听话的工人——相比，几乎算不上什么。一些学生对"建制（the Establishment）"、强迫性征兵制、五角大楼等等感到的厌恶，大概部分是因为他们感到在面对国家这种有压倒之势、无所不在的权力时，个人的生命太脆弱了。然而同时，没有任何一个国家可以保证全球性的和平，因此，国家的力量首先奉献于战争。国家带来的是全球性国家（global state）的非人格性，而不是安全与和平。教授和学生们似乎尖锐地感到了这些缺陷。在今天的大学中，民族国家几乎没有支持者。

然而，在过去的两个世纪中，这是人们专心致力的主要目标之一，并且不仅仅限于那些最坏的人。部分智慧的和有高远理想的人曾经也是民族主义者，其中有伟大的德国哲学家黑格尔（Georg W.F. Hegel, 1770—1831年），他的观念对马克思主义、自由主义以及几乎每一个其他近代政治思想的主要体系都有所影响。

黑格尔相信，一个共同体要想具有任何真正的生命，必须在历史上有某种重要性，必须在人类的事务中起到过作用。的确，在过去，一个小的联盟可以做到这一点，雅典就是一个卓越的榜样。但是，黑格尔相信，现在的生命必须在更大的规模上进行活动。民族国家可以获得的力量和内在的多样性，其程度是那些小联盟无法达到的。同时，一个共同体不应该与我们称为"人类"的那个巨大杂乱的人群有着同样的范围（coextensive），那样一来，就没有了作为一个特定共同体的特性。为了拥有这个特性，一个共同体必须与其他共同体有所区别，这样它可以通过辨认自己与后者的不同之处，为自己定性，并在反对其他共同体的战争中检验自己。基于这些，黑格尔认为雅典和罗马——分别为小型和普遍的形式——这两种政体的发展阶段，在人类进步发展的过程中已被抛在后面。他认为，历史的顶点将在民族国家时期出现。

在黑格尔的思想中，这些政治体具有宗教的庄严性。他坚持说，一个国家比任何个人都更真实，更重要。在政治思想文献最出名的主张之一中，他将民族国家说成是"神圣理念在地球上的显现"[1]。黑格尔因为这个论点遭到了谴责和嘲笑，但是，他只是公开地从哲学角度说出了许多近代国家主义者的感受。

然而，黑格尔的思想比为了维护民族国家而必须坚持的思想更加极端。人们有可能感到，不比古代城邦制国家更大的政体在多数情况下会太小，因而不能在经济上有活力，在军事上可防御，或在文化上更深刻及多样化。但是，人们也会感到，将整个地球放在一套体制之下，将是太专横、太压抑了。这些极端性的态度可能会导致人们偏爱类似现在的民族国家这种体制，虽然大，但小于全球性体制。

从这个观点看，国家即便有它的缺陷，看上去还是不可缺少的工具，可以将个人与其他人统一起来。只有作为国家的一个成员，人才能进入完整的人际关系之中，这包括家庭、职业、军事职责和其他等等。你可以坚持这个观点，同时承认你的国家并不完善，你的同胞公民（并假定你是其中之一）有许多需要原谅的地方。总之，一种清醒的、会悔悟的国家主义，不仅反对一个单一的、全球性的社会，而且反对黑格尔表达过的民族性的自命不凡。

谁最接近于正确？——雅典的公民、罗马基督教的普遍主义者、还是近代的国家主义者？每一种人都为统一和生活的必要条

---

[1] Georg Wilhelm Friedrich Hegel, *The Philosophy of History*, rev. ed., trans. J. Sibree (New York: Wiley 1900), p.39.

件而辩护,每一种人都有合理的论证。

现在让我们思考最后一个问题,阶级之间的统一问题。

6. 所有阶级差异都应该被废除吗?

如果我们假设统一是好的,而且,我们的目的是克服隔阂,这个问题便向我们提出了两个附属问题。第一个问题是,是否阶级差异必然阻碍了统一。毕竟,可以争论说统一依赖于对差异的调和。如果真是这样,一整套严格分类的阶级差异就可能是统一的前提,而不是统一的障碍。

我们面对的第二个附属问题是,是否有可能废除所有的阶级差异。这里有一个难题。如果不废除阶级就无法达到统一,并且,如果统一是好的,那么,不仅应该废除阶级,而且,必须通过暴力来实行,因为不可能被统一的阶级不会和平地同意对自己的废除。但是,运用暴力本身就促进了阶级的差异,那些运用暴力的人将提高到一个独立的统治阶级地位。也许这个难题是个矛盾,如同马克思在资本主义中所看到的任何矛盾一样致命,毁灭了俄国革命的承诺。

那么,我们在讨论废除阶级的问题时,必须既要考虑移向统一的过程中阶级差异之间的关系,也要考虑到这种废除阶级的规划弄巧成拙的可能性。

废除阶级的要求包含在卡尔·马克思(1818—1883年)的研究和思想中,这是社会主义和共产主义的主要知识来源,是自十六世纪欧洲的宗教改革运动以来比任何言论都更深刻地动摇了西方体制的理论。马克思的关键看法是经济条件非常重要。马克思认为,我们的观念和感觉——实际上我们的整个本质——是由我们的经济状况型塑的。人们所想的和感受到的,绝对地受到他们的谋生手段的影响。一个人必须工作才能生存,但为了工作,就必须在经济体系中接受一个位置。那个位置将会决定一个人生活的整个状况。历史和人类学及社会学的研究表明,人性不是一成不变的,而是可塑的。我们可以推断,人的特性将由他们的工作中固有的环境塑造。

这个看法可能一眼看去是无关痛痒的并合理的。但是,它暗示各个阶级必定是由完全不同的人构成的,而且,他们根本不可能统一在一个共同体之中。马克思用经济术语鉴别阶级,是由于他对经济环境塑造力的强调使得其他差异不再那么重要。主要的阶级划分是在不拥有财产和拥有财产的人之间。前者因而必须工作,而后者却控制了其他人赖以生活的资源。在这两个群体之间,不只是简单的利益或生活方式的分歧。有人会说,这是物种的分歧,因为他们不同的经济状况使他们在特性上也完全不同。

回到我们在本章讨论过的概念,这种分歧就是一种否定:1)否定人类有一种能够统一他们的共同的本质,2)否定有可以识别出这种本质的共同的能力,如理性。

关于第一点,马克思认为,人类不能用任何抽象的、不变的人性概念来识别。更确切地说,我行故我在(we are what we do),因此,我们的本质是由我们的工作决定的。那些做不同工作的人,如雇佣劳动者和资本家,在本质上必然有根本的不同,并且几乎没有什么共同之处。关于第二点,即便由于劳动者和资本家都是人,因此有普遍的人类本质,那也没有普遍的不偏不移的才智能够准确地确定这个本质,并使每一个人都尊重它。这是因为我们对整个生活的观念和情感都是我们经济状况的产物,所以我们关于自己的本质的观念和情感也必定如此。因此,不仅老板和工人在本质上有基本差异,他们对自己的概念也是不同的。

很清楚,对于马克思来说,即便没有严重的利益冲突使阶级分离,各阶级也不可能统一。但是实际上,马克思相信这种冲突的存在。生产工具的拥有者(在工业化时期,主要是工厂)在生产制度的迫使下压迫工人。也就是说,所有生产制度,除了共产主义制度,实质上都带有剥削性质。因此,受压迫者不可能满足于温和的改革,一定会被迫攻击他们生活和工作的整个经济秩序。当然,有产者是已建立的经济秩序的看守人和受益人。因此,两个阶级不仅有差异,而且是你死我活的斗争中的敌对者。

所以,任何宣称统一所有阶级的社会秩序,基本上都是带有欺骗性的。统治阶级总是宣称,大众接受他们的统治以及在这个制度背后的意识形态,但是,这并不比努力掩盖他们强制实行的专制更好。在马克思看来,自由民主是资本家控制下的隐蔽的专政。他们不可能像他们自称地那样建立人民政权,因为被统治者的利益与他们的统治者的利益之间有着根本的和无法取消的对抗性。

因此,马克思为阶级的差异是不是阻碍了统一这个问题提供了一个答案。那么,有关废除这些差异的问题呢?使用暴力消除旧的阶级差异总会引起新的阶级差异,如何避免这种情况?

这里,马克思诉诸事件的自然进程。他相信,历史无可阻挡地向一个废除了私有制和无阶级的社会前进。这个运动主要不是依靠人类深思熟虑的规划,而是来自于资本主义制度中固有的紧张关系。因此,当时机成熟时,一个运用武力废除阶级的群体只是帮助必然出现的共同体出生的助产婆,不需要进行那种可能由之产生新的阶级的持久的、成体系的暴力活动。由于马克思认为经济状况塑造人,生产工具的公有制会促生合作的人类类型,从而妨止了新统治阶级的产生。

在有关阶级关系问题上反对马克思主义的哲学主要可以分为两种:保守主义的和自由主义的。

在埃德豪·伯克的保守主义中,阶级区分被认为是合理的、必需的。社会需要统治阶级,并且,由于天生的能力、教育和其他优势(由于事物的天性不是所有人都能够享受到的条件),有些人特别适于成为统治阶级的成员。不仅阶级区分得到辩护,而且底层阶级也认为这些辩护是正当的。因此,保守主义的观念是通过阶级的差异而统一,这种可能性在这个讨论的一开始就已提到过:阶级差异是统一的前提,而不是障碍。所有阶级共有的正义感所需要的阶级界线不是隔阂的界线，而是为整体提供统一的结构的联结点。

用本章的主要概念来说，就是通过对共有的传统和习俗的忠诚，所有阶级参与到"偏见"之中，从而得到统一。这种偏见揭示人类的本质，这就是统一的基础。在这里，对人类本质的认识，不是通过某些激进分子所设想的绝对同一与平等，而是通过同时存在的阶级多样性与统一来完成的。

这个观点认为，问如何废除这些阶级是没有意义的，因为它们不应该遭到废除，而是需要保留。保守主义者指出，废除一个阶级体系而不去创建一个新的阶级体系，显然是不可能的，这就证明了阶级的差异是自然的和不可避免的。而且，用意志和暴力来反对这种必然性是徒劳的。

对马克思主义最有效的对抗，也许来自于持有这种观点的人们：他们认为，正义不支持社会被分裂为分割的、不平等的阶级，所有阶级都可以领悟到对正义的这种要求，因而可以一起合作根除或至少缓和阶级的差异。这是由富兰克林·罗斯福（Franklin D. Roosevelt）与约翰·肯尼迪（John F. Kennedy）所代表的一种自由主义的中心思想。在回答阶级差异是否一定阻碍统一的问题时，自由主义者一般更同意马克思的观点，而不是伯克的观点。确实，许多自由主义者会满足于缓和阶级差异，而不是将它全部消除。但是，自由主义总的说来站在平等一边，不易与伯克的观念调和，伯克认为阶级差异可以为社会的统一作出贡献。

至于取得这一目标的可能性——废除阶级差异的可能性，自由主义者一般与马克思和伯克的观点都不相同。他们感到，阶级差异不能够用武力废除（或缓和），但是无论如何必须要废除（或极大的缓和）。其手段是建立超越阶级分歧的理智共同体。阶级不应该在接受社会中而应该在改革社会中得到统一。所有的阶级应该走到一起，成为一个单一的共同体，正如保守主义者要求的，但不是依然如故，而是应该成为一个改革的共同体，一个还不完善但是正在逐步完善自己的共同体。

我们讨论过的两个观念是自由主义观点的核心：人们在本质上是一致的，而且，理性能够使他们和平地实现统一。共同的本质和共同的理性比经济制度更有力量。有产者可能不会很高兴地放弃不合理的特权，但理性和法律压力能使他们和平地做到这一点。马克思的基本假定——人们是由他们的经济状况所决定的，以及阶级处于致命的冲突中——排除了任何有产者和工人之间和解的可能性。这就是为什么马克思是位革命家而不是改革家，认为必须通过暴力摧毁有产者才能创建统一。相反，自由主义认为，经济的隔阂不是完全的隔阂，尽管有阶级分歧存在，一种共同的人类本质规定着和谐，共同的理性力量使人们能够获取这种和谐。

这种信仰有着巨大的历史重要性。本世纪（二十世纪——译者）中，西方民主的大多数执政党都用这种或那种方法表白信奉这一信仰，而且这一信仰提供了反对法西斯和共产主义专制极权的主要基础。但是，它是否成立？

对于我们中间那些不是处于饥寒交迫之中的人来说，自由主义是比马克思主义更有吸引力的信仰。它没有告诉我们，我们生活在一个注定要灭亡的社会，或者我们有责任承担革命行动的重任和危险。它对所有的人抱有慈爱和希望。

但是，自由主义信仰比马克思主义信仰更正确吗？要想毫不踌躇地说"是"，真需要有一些自满情绪。我们越来越清楚地看到，自从1933年新政（the New Deal）的开始，通过几十年的社会改革，有产阶级维护了他们的财富和特权。此外，我们现在看到，在这些阶级的统治下，我们的城市已经衰败，大自然遭到破坏，国家的财富在一场无益的、野蛮的战争（越南）中和致命的的核竞赛中被挥霍。和平改革，或者对所有人类抱有自由的慈爱和希望，已不再是一件容易的事。

但是我们中的大多数不能站在马克思主义一边，至少不是在没有严重疑虑的情况下。我们的疑虑也许部分来自苏联的失败结果这一事实,苏联在将马克思主义运用到实践中,曾经做出过显著的、决定性的努力。但是,简单地从苏联的解体来推断马克思主义从根本上是不正确的,这也许是个错误。可以争论说,这是一种误用。因此,有必要注意到,对马克思的疑虑也许有其他原因,这大概主要在马克思的阶级斗争观点中。清醒地想一下,如果资本家和工人是势不两立的敌人,我们面前除了专制主义和恐怖之外,还有任何指望吗?归根结底,马克思呈现出人类状态中一个黯淡的景象。但是,他没有绝望,因为他抱有十九世纪典型的对人民大众和历史进步的信心。然而今天,我们对人民大众的信心遭到像粗糙肤浅的电视节目的流行这类现象的动摇;我们对进步的信心,遭到我们这一时代发生的灾祸性事件的蹂躏。在这些情况下,马克思能够激发起绝望感。

这些思考影响了二十世纪许多马克思主义者的观点。工人不再是迎接一个新世界的依靠对象。在某些情况下,希望被寄托在像第三世界农民这样受压迫的、革命的组织上;在另一种情况下,寄托在知识分子对资本主义文化的批判上。历史的进步不再受到自然经济演变的保障,而是依赖于大众意识的改变,这种改变至少在某种程度上受到作家、教授以及学生的影响。引起这种修正的因素是,现代马克思主义者意识到,工人和资本家之间不像马克思所想的那样严格地区别和敌对,并且承认绝大多数工人就像资本主义企业的所有者和管理人员一样,乐于接受资本主义及其文化。

在马克思的追随者看来,尽管苏联共产主义垮台了,但这种现实主义和灵活性已经为马克思赢得了持久的生命力。即使对它与原始观点中产生的期望是否一致有争执,它也带着一种颇为可疑的乐观主义表现为一种对自由主义的替代。但是,在马克思的追随者早已失去了他那激进的隔阂观和工人阶级的世界重任观的情况下,马克思还真的活在他们心中吗?难道马克思激发了一种对事物的看法,无论多值得考虑,他既不承认是他自己的,也不给予同情?的确,人们可以质疑,马克思是否会将他富有创造力的追随者们以他的名义创造出来的东西,视为一种新形式的自由主义。归根结底,这些追随者像自由主义者一样,对理智极其重视;也像自由主义者一样,他们重视通过理智,特别是通过文化批评,引导每一个人——工人和有产者一起——走向无阶级社会。

在结束这一章时,应该指出,所有从这个问题以及前一个问题中产生出来的疑问,是要表达在第 组四个问题中提出的议题。让我们再重新陈述一下。我们这个时代猖獗的仇恨和暴力,是我们能从中看到自己本来的以及不可逃脱的面目的一面镜子吗?如果不是,什么引起了这样的混乱?我们又如何能够在这种混乱之后,辨识出我们的人生所依托的和平的人性本质?人类的才能,如理智,能够满足这种需求吗?我们能够有把握地设想,上帝已经死了——不再被需要了吗?

推荐书目

(这些书,与本书中列在其他章节末尾的推荐书目一样,只是为了提个建议——帮助教师们创造性地思考适当的读物。只要粗粗浏览就会发现,这些书还远远不够全面。题目按年代顺序排列,大多数有简装本或其他不是很贵的版本。)

Plato. *The Symposium*
柏拉图:《会饮》
——. *The Republic*, Books I-IV
《理想国》,1—4卷
Aristotle. *Politics*, Books I-III, VII-VIII
亚里士多德:《政治学》,1—3、7—8卷
Saint Augustine. *The City of God*, Chapters 11-14
圣奥古斯丁:《上帝之城》,11—14章
Saint Thomas Aquinas on Politics and Ethics. Ed. and trans. Paul E. Sigmund

《圣托马斯·阿奎那政治与伦理著作选》，保罗·E·西格蒙德编译

Dante Alighieri. *On World-Government* (De Monarchia)
但丁·阿利吉耶里：《论世界政府》

Hobbes, Thomas. *Leviathan*, First Part
托马斯·霍布斯：《利维坦》，第一部分

Rousseau, Jean-Jacques. *The Social Contract*
让-雅克·卢梭：《社会契约论》

Kant, Immanuel. *The Fundamental Principles of the Metaphysic of Ethics*
伊曼纽尔·康德：《道德形而上学原理》

Burke, Edmund. *Reflections on the French Revolution*
埃德蒙·伯克：《法国革命论》

Paine, Thomas. *The Rights of Man*
托马斯·潘恩：《人权论》

Marx, Karl. *Economic and Philosophical Manuscripts*
卡尔·马克思：《1844年经济学哲学手稿》

Dostoevsky, Fyodor. *The Brothers Karamazov*
费奥多尔·陀思妥耶夫斯基：《卡拉马佐夫兄弟》

Durkheim, Emile. *Suicide*
埃米尔·迪尔凯姆：《自杀论》

Buber, Martin. *I and Thou*
马丁·布伯：《我与你》

Freud, Sigmund. *Civilization and Its Discontents*
西格蒙德·弗洛伊德：《文明及其不满》

Bergson, Henri. *The Two Sources of Morality and Religion*
亨利·柏格森：《道德与宗教的两个来源》

Silone, Ignazio. *Bread and Wine*
伊尼亚齐奥·西洛内：《面包和酒》

Berdyaev, Nicolas. *Slavery and Freedom*
尼古拉·别尔嘉耶夫：《论人的奴役与自由》

Fromm, Erich. *Escape from Freedom*
埃里希·弗洛姆:《逃避自由》
Niebuhr, Reinhold. *The Nature and Destiny of Man*, Vol. I
莱茵霍尔德·尼布尔:《人的本性与命运》,卷一
Weil, Simone. *The Need for Roots*
西蒙娜·薇依:《扎根》
Arendt, Hannah. *The Human Condition*
汉娜·阿伦特:《人的境况》
Marcuse, Herbert. *Eros and Civilization*
赫伯特·马尔库塞:《爱欲与文明》

第三章

不平等和平等

有关不平等的问题将我们带进现代政治冲突的中心。近代史可以根据对特权和权力的反抗来书写,这种反抗开始于1789年的法国大革命。社会主义和共产主义都对不平等进行了深思熟虑的、持续不断的攻击。二十世纪在亚洲和非洲的动乱,受到了认为财富和权力不应该由白人垄断这样一种决心的激励。在美国,黑人对白种人优越论的反抗,也许是第二次世界大战以来最重要的事件。渗透西方国家的女权主义运动,不仅攻击了那些上千年来将妇女限制在从属地位、限制她们在社会中所起的作用的体制,而且攻击了支撑那些体制的哲学思想原则。

确实,前两个世纪(十九和二十世纪——译者)发生了种种变革。不平等在生活中不像过去那样明目张胆。传统的贵族大部分已经消失。在工业化国家中,大多数人的物质生活比以往的年代变得更加舒适、安全。大多数西方国家中的政府已经依靠普遍的民众选举来获得他们的权力。许多社会中普通民众的时尚和价值已经成为占统治地位的时尚和价值了。甚至在最近的几十年中,基于人种和性别的歧视实际上已经减少了,并且在理论上几乎是站不住脚的了。

虽然我们还不了解这些变革的全部意义,但说它们没有意义是不可能的。它们可能会把我们引导到——或者已经将我们引导到——一个新的历史时期。无论如何,每一个国家仍然存在着明显的财富、权力以及地位的不平等。人们的生活彻头彻尾地受到他们在已建立起来的经济、政治和社会等级制度中的地位的决定。而他们的地位又极大地受到诸如他们出生时的人种(白人或黑人)和性别(男性或女性)这类偶然因素的影响,并通常由这些因素所决定。

因此，即便人们情愿不去思考，不平等与平等也不仅仅是抽象的概念，可以安全地、毫无顾忌地加以忽视。它们与我们时代的历史有很大关系，并且，由于我们的生活环境，我们会被迫思考它们。

这个任务的逻辑起点是一个与第一个问题——它询问人类受到隔阂是事物的基本性质，还是历史的偶然结果——相平行的问题。在这里，必须要问，在社会和政治秩序中，在所有不平等现象的下面，人类是否真是在本质上而不只是在习俗和传统上不平等。

7．人类在本质上是不平等的吗？

可以肯定地说，人类在大部分生理和心理特征上是不平等的。他们在健康和智力以及情绪稳定性和其他诸多方面都不平等，如果一一列举，就太繁琐了。但是，很容易看出来，这些不可置疑的事实远不能解决这个问题。

首先，我们必须问到，这类看起来自然的不平等，是否实际上只是社会不平等的结果。譬如，身体的不健康可能来自于营养不足，这通常与贫穷有关，而低智商是不是只反映出贫困家庭的文化水平低？在某些情况下，答案很清楚，正是如此。但是，并非所有不平等都可以追溯到社会的原因。毕竟，在相同条件下生活的人群也表现出不平等。在那些生长在最优越的物质环境中的人里，有些比其他人更健康，在那些具有最好的教育条件的人中间，有些人比其他人表现出更高的智商。似乎没有办法逃出自然不平等的事实。

然而，疑虑的阴影仍然存在。没有任何两个人是在完完全全相同的环境下长大的，对于外人貌似不重要的差异，可能对受到这些差异影响的人来说就有决定性的意义。

关于这个问题的另一方面，疑虑更重。我们可以衡量的不平等是否与被测量者的本质有关？譬如，在测量智商时，我们是测量整个意识的能力，还是只测量碰巧是我们的文化所强调的进行智力活动的能力？我们对不平等的评判标准可以有更多疑虑。让我们假设，一个测量智商的绝对标准已经被发现，因此，当我们测量智商时，我们确实在衡量整个意识的能力。这种标准与被测量者的本质有关吗？智力，或任何其他特殊的品质，是人类本质的一部分吗？

也许可以用这种方法提出问题：一个人是否可能在健康、智慧、情绪稳定性和其他品质上都明显地、可得以证实地低于他人，而在本质上与其他每一个人平等？这个观念听起来有点奇怪。但是，当我们说每个人都有内在的尊严，或每一个人应该被当作目的而不只是一种手段来对待时，我们似乎就是在阐述这种观念。

在我们这个时代，理想看起来是站在平等一边的，因此，人类在本质上是不平等的这一观念带有愤世嫉俗的态度，因为，说人们本质上不平等就是在说他们是不平等的人。诚然，在西方知识分子的历史中，一些有最高荣誉的人物确实曾经这样说。亚里士多德就是一个很好的例子。他认为人类之间存在一个庞大的自然等级秩序；决定一个人的地位的主要因素，是他具有的理智的程度和种类。等级秩序的最顶端是那些有卓越的普遍理解力的人，如科学家和哲学家。在他们之下，是天然的公民，他们有足够的理性与他们的同伴共同处理政治事务，而再往下，则是天生的手工艺者和劳动者，他们应该被排除在政治事务之外。在等级秩序的最下层，是那些只有足够的智慧为他人服务的人，这些人生性就是奴隶。亚里士多德是按照理性来确定人性的，因此，只有足够的理性成为手工艺者或劳动者的人，在人性上是有缺陷的。而从本性上就是奴隶的人，就几乎根本不是人了。亚里士多德也许会认为，基督教有关人的观点是危险的谬论，因为基督教认为，一个人即便不适于从事科学、哲学或政治活动，在人的本质上与最伟大的科学家、思想家和政治领袖也是平等的。

亚里士多德还会认为，近代对他所设想的那种等级秩序实际上是否存在的怀疑也是一种危险的谬论。近代的观念认为，一个出色的物理学家并不比一个能干的木匠天生地高贵，而哲学家的生活可能具有无能的方面，譬如他们对抽象性的习惯和依赖，这些方面让我们无法明确说他的生活优于一个农民或劳动者的生活。另一个观点肯定会使他感到心烦意乱，因为这个观点认为，许多科学家也能从手工艺活动中得到相同的成就感，而许多手工艺者可能具有科学家的聪明才智和癖好，一个人是成为一个科学家还是手工艺者、哲学家或农民，更主要是靠生活中的机会（特别是像肤色和性别这种机会），而不是一个人的自然等级。亚里士多德还会对一个观念感到特别地生气，这就是，妇女无论在智力方面还是实际能力方面，根本不比男人差。亚里士多德认为，妇女与奴隶和儿童同属于一个基本范畴。

但是，如果说亚里士多德过于简单地、夸张地、并且在某些情况下明显地误解了区分人类的不平等，这并不是说，他在原则上是错误的。也不是说，人类就是平等的，或者，对他们平等相待的社会能够成功。因此，需要进一步探讨这个问题。为此，让我们先注意到，肯定本质的不平等性的观点通常采用两个主要形式之一。对某些人来说，少数人的优越性在于他们与神圣的、超验的现实——至善或上帝——的关系中。这种关系型塑他们的思想和特征。因此也许可以说，少数人的优越是神圣性方面的优越。这个观点最著名的支持者之一是柏拉图。在柏拉图看来，少数人在哲学理解能力上超过所有其他人（这些人可能是妇女也可能是男人。亚里士多德虽然从柏拉图那里学到了大多数其他思想，但他不是从柏拉图那里学到对妇女的蔑视的）。但是，哲学家的卓越性不在于哲学能力本身，而在于哲学能力使他们能够获得的东西：神圣的知识。换句话说，哲学家的荣耀不是内在于卓越的头脑本身之中的荣耀，而是所有现实的神圣中心——至善——反射出来的荣耀。

对于其他思想家来说,优越人物的杰出性纯粹是世俗的,存在于像政治才华、艺术技能和军事才干这类品质之中。杰出性不取决于任何超验的关系,而是完全在于人本身。至少对于某些思想家来说,不在于与神有关系,而是在于就是神。

弗里德里希·尼采(Friedrich Nietzsche,1844—1900年)的著作对这一信仰做出了极端的、感人的阐述。尼采是个具有杰出能力的作家和思想家,因为一个预言性的见解而遭受折磨,因为在他那个时代,几乎没有任何人注意到这一见解。尼采坚信,仅仅这一个事件,一个发生在人的意识中的事件,决定了他那个时代的精神氛围以及严肃的人的责任:醒悟到上帝的不真实性。他对这一事件做出了轰动性的宣告——"上帝死了"——现在这已经是个熟悉的语句。上帝之死迫使我们抛弃自我摧毁性的谦卑,这种谦卑是基督教对我们的诱惑,并且迫使我们肯定我们完全的世俗性。这意味着什么?我们的世俗性的本质是什么?根据尼采的说法,就是"权力(power)意志"。存在(being)就是权力,权力就是掌控——掌控我们周围所有的事物,最终,掌控我们自己。我们受到激励去无休止地超越已建立的秩序,也要超越已经形成的自我,力求获得更大更多的权力。从而,如果我们现在要肯定自己,打个比方,要占据曾经由上帝充满的宇宙空间,那么,我们必须毫无歉意地全力强化我们的掌控力和崇高性。对于尼采来说,这并不意味着政治活动或战争。尼采认为,一个伟大的艺术家,可能比一个罗马国王更有权力,因为他能更好地掌控手头要用的材料。但这的确意味着不平等。

尼采反复地、带着最辛辣的尖刻攻击平等观念,他认为这是民众以他们的狭隘和怨恨摧毁人类崇高性的工具之一。庸人是软弱的,因此,人类的伟大靠那些有勇气并有力量将自己提高到远离庸人群体、高高在上的位置的人。既然上帝死了,人类存在的光辉和意义就靠少数人支撑了。这些人自己变成了上帝,而不是崇拜超验的上帝。这些少数人不一定是白人或种族上纯洁的。人的优越体现在文化和精神方面，不在人种的差异。但是，有必要注意到，优越的少数人总是男性。尼采毫无歉意地、甚至刺耳地呼吁男性的控制权和女性的从属性。在许多方面，尼采令人振奋地脱离了古老的偏见，但在对妇女的看法上，他无疑将自己置于受谴责的地位，因为他在自己首先要做的事情——重估一切价值——上失败了。无论如何，尼采的哲学从整体上是对平等观念的否定。长期以来作为西方思想一个基本原则（如果基本上没有得到观察的话）的概念，被丢在了一边。人的关系必须像在古代一样，再一次受到支配和等级的影响。

柏拉图和尼采是西方精神史上最重要的人物，他们都坚持人类本质上是不平等的这个观点。然而，尽管他们具有权威性，有史以来最难以征服和最强有力的观念就是所有不平等性都没有意义。在本质上，人类是平等的。如果没有这个观念，近代对不平等的抨击就不会出现了。就可能不会有法国革命了，社会主义和共产主义就不会崛起了，俄国和中国革命也不会发生了。美国和非洲的黑人、亚洲和菲律宾以及拉丁美洲无土地农民可能不会开始去转变他们的处境。如果没有平等观念，就可能没有反对建制性的社会机构对女性造成歧视的女权主义运动了，它认为这种歧视对妇女极为不利。当然，历史上可能会发生但没有发生的，就永远无法确定地得知了。但是，可以相当肯定地说，如果人类（不管所有的外表特征）平等的观念从来没有在任何人的头脑中出现过，文明的地球表面看上去就会与今天的样子大相径庭。这个观念的基础是什么呢？

在把信奉平等与信奉上帝联系在一起这方面，尼采是正确的。第一个为平等辩护的哲学思想似乎来自于后期的斯多噶派，他们对宇宙秩序带有宗教性的崇敬。他们认为人类平等是因为每一个人都能懂得包含在宇宙神圣和谐中的道德律的要求。这样一来，每个人在与神的关系上就是平等的。另外，如果平等观念是由斯多噶派植入西方思想中的，那么，这个观念深深地扎下了根，并在基督徒的关照下成长了起来。这里，平等也是以他们与超验事物的关系为基础的，而不是以人类在品性或智慧或其他世俗品质上有相似之处的主张为基础的。对于基督教教徒来说，超验事物意味着上帝，上帝对所有的人都宽大仁慈，而不管他有多少世俗的卓越与荣誉。每一个人都由上帝所造，而且，每个人都背弃了他的神圣起源，都要赎罪。面对围绕上帝下降人世间的荣耀和希望，所有自然的和社会的区别——健康、智慧、美貌，还有地位、权力、性别以及财富——都是无关紧要的。

超验主义继续存在于平等观念中，这一观念有助于激发近代自由主义和民主的出现。譬如，约翰·洛克（1632—1704年）这位为英国立宪政府（也就是，遵守法律或有限制性的）的成立作辩护，而且对美国宪法的制定者有影响的人，显然不相信人在他们可观察到的品质上是平等的。对于洛克来说，他们只是在从上帝那里接受到的权利上是平等的。以相似的方式，托马斯·杰弗逊（Thomas Jefferson, 1743—1826年）断言，人生而平等（human beings were created equal），而且他们的创造者赋予他们不可剥夺的权利。因此，从与神的关系那里得到神圣的观念，不仅是像柏拉图的有本质的等级与不平等这种观念的基础，而且也是人在本质上是平等的这种传统观念的基础。

在伟大的政治思想家中，只有一位——托马斯·霍布斯——坚持认为，人们在纯粹的世俗品质上是平等的。但是，他的论点不会吸引那些不相信上帝就相信有个人尊严的人，因为，在霍布斯的观点中，人们不配有平等的尊敬，却更应得到平等的蔑视。我们的平等在于我们有共同的局限性和欲望，最主要的是，我们都会死亡。霍布斯讥讽地指出了死亡使一切变的平等的力量，他观察到，任何人都能杀死其他任何人（肯尼迪总统遇刺的事件悲哀地表现出了这一观点，显然这是一个极度异化的年轻人试图强制性地使自己跳出不引人注意和不重要的状态）。而且，我们不仅都会死亡,还被自私的欲望控制,尽我们可能的力量使死亡推迟。尽管人们在本质上是隔阂的,这却是人类利益相一致的地方,使人们有可能组织一个对每一个人都有利的社会。霍布斯的平等观并没有完全以死亡为基础,他以怀疑的眼光观察过所有人们引以为豪的所谓美德和优点,并且巧妙地戳破了人类的虚荣。但是,他传播了一种印象,死亡是至高无上的均衡器。虽然在基督教教徒看来,所有世俗的地位和卓越性在上帝面前、在神的仁慈和无所不在的荣耀面前都没有意义,但在霍布斯看来,这些都发生在不可避免的死亡面前。

除了霍布斯不同寻常的观点,传统的平等主义的基础是宗教。那么如何解释当代的人道观点呢?当代的人道观点怀疑上帝和灵魂的存在,但确信个人的尊严。现在的许多人赞成尼采的宣言,认为我们依靠我们自己的智慧和勇气,而不是依靠上帝的时候到了。但是那些人中的大多数拒绝严肃地考虑尼采坚持的观点,也就是谈到智慧、勇气和其他我们为了替代上帝而应该需要的品质时,我们极其地不平等。相反,他们继续与基督徒为伍,提高普通人的地位。

这个能说得通吗?人们是否能以经验为基础,不依赖任何宗教的先决条件,说所有的人是平等的吗?所有人,必定包括罪犯和醉鬼,智力迟钝和精神不正常的人,病人和老人,也包括那些肮脏并很令人讨厌的人,还有那些没有能力或不愿意起到任何有用的社会作用的人。把所有这样的人都算上,并冷静地、无宗教信仰地观察简单的事实,仍然能够争论说所有的人都是平等的吗?这个问题很重要,部分是因为在今天支持平等观念的古老的宗教基础大部分已经被抛弃。譬如,社会主义和共产主义很典型地、多多少少地不信仰宗教(解放神学是个例外),农民起义普遍是在马克思主义者的领导下进行的,马克思主义者都是无神论者。女权主义的作家,在大部分情况下不求助于宗教原则。这么多种类的反抗者在这上面滑冰,这层冰还剩多薄?

但是，建议用非此即彼的方法——或者在上帝面前人人平等，或者在没有上帝的宇宙中只有不平等——也许是不公平的。一系列权威的西方思想认为，人类由于他们都是理性的存在物这个事实而是平等的。那些赞成这个观点的人通常认为理智是一种道德的才能，而不是一种实用的才能。它使我们能够制定控制我们行为的法律。譬如，就是理智引导我们坚持所有在相同环境中的人必须受到同等对待。因此，承认人们在一些运用理智的地方——譬如，写书或下棋——不平等，就可以争论说，他们在判断他们和其他人是否受到公平对待的能力上是平等的。如果这是真的，就没有必要在宗教平等主义和不可知论、无神论或精英主义之间进行挑选了。不管上帝是否存在，所有的人都能够以同等的明晰度和深度分辨正义的要求，因此，能够同等地要求参与政治事务，分享共同的生活。

但是我们又会面对屡次提出的问题：这是真的吗？可以肯定地说，这可能是真的。无数的著名哲学家，其中包括伊曼纽尔·康德（Immanuel Kant），都接受这种说法。然而，如果理智是道德才能，人们会认为所有能够推理的人都有道德。但是，正如我们所知，并非如此。而且，如果在能推理的人中间出现道德的不平等（虽然按照原有的假设，不应该出现），人们会认为邪恶的人在推理能力上有缺陷，而好人异常地理性。但是，我们都知道，有些罪犯非常有理智，而且独裁者可以非常狡猾和诡计多端。从另一方面讲，我们并不假定圣人会表现出智慧的才华，或异常的理智，尽管他们中的有些人具有这种才能。因此看上去，道德观念依赖于比理智（如果不是其他）更多的东西——也许是一种情感或性格方面的品质。但是，那个"更多的东西"能够加进去而不破坏平等的原则吗？

因此，问题仍然存在：平等的观念必定以超验事物为先决条件吗？我们能够宣称所有的人都是平等的，而不求助于我们能够看到和衡量的现实之外的东西吗？

关于平等的争论，包括了一些我们这个时代最紧迫的问题。尽管有数个世纪的平等运动，不平等仍然是个顽固的现实。这个问题表现在严重的贫困现象上，这种现象一直持续发生在像美国这样富裕的国家中，也表现在巨额的私人财富的集中，表现在控制着工业国家经济生活的庞大等级组织，并且表现在巨大权力集中在政府行政人员手中——美国的总统制就是一个惊人的例证。尽管近来有很多的进步，这个问题还表现在美国的黑人和拉美裔人的经济和教育权利仍然遭受剥夺上。最后，妇女仍然在遭受的不平等也是明显的。问题在于，在这种情况下，平等的事业是否注定毁于平等捍卫者具有明显的局限性和缺陷的世俗主义，也就是说，毁于他们无法求助于任何超越普通人单纯经验主义特性的尊严。

　　无论你如何回答这个问题，你采取的立场将影响你对社会应该如何进行组织的看法。让我们看一下问题的这一方面。

8. 如果有些人本质上高于所有其他人，如何能够识别他们，通过谁来识别他们？

　　首先必须问，如果有最好的人，最好的人是否终归可以被识别出来。我们强烈地倾向于不假思索地说，他们会被认出来，因为，认为在人性和命运的深处有卓越性的等级之分，而我们无法将它拿到桌面上来，这种想法是谦卑和令人恼怒的。那些我最尊重的人可能在这个等级制中排在很下面，而那些我不予理睬或者谴责的人，在某种意义上说，可能本质上是王子。我本人可能处在比我意识到的更远的底层，而且是更可鄙的（当然，也可能是更可敬的）。这种对事物的看法可能看上去很奇怪，但是——假定卓越性存在于一种超验的关系中——许多人都有这样的看法，他们中的大多数是基督教教徒，接受宿命论的教义。他们相信，只有上帝能够决定一个人的真正价值，而且上帝的判断只有在末日之时才能传达下来。面对如此令人沮丧的不确定性，生活的艰难可以从虔诚的人的焦虑中显示出来。他们焦虑的是，他们自己或他们所爱的人——丈夫、妻子、朋友——会永远地遭到谴责和迷失方向。除了个人的焦虑可能来自于无形的卓越性等级观念，还有政治上的惊恐：如果我们不能够区分好与坏，我们如何能够理性地安排权力的分配？

柏拉图、亚里士多德和尼采都提供了确认的方法。的确，我们随意的判断可能有错误，并且，可能会出现严重的错误，特别是在民主制中，广大的普通人得到信任，而他们没有时间、训练、信息以及所有其他做出准确判断所需要的一切。然而，人的真正地位可以在人力所及的范围内得到确认，而社会秩序可以相应地得到管理。

但是，人必定疑惑不定。即便卓越性完全是世俗的，存在于能看到的品质中，如政治洞察力和艺术天才，但人类通常看不到这一点。亚伯拉罕·林肯（Abraham Lincoln）被大多数当今历史学家视为美国最伟大的总统，但被他同时代许多见多识广的人看做是蠢人和小丑。那些当下在许多人看来令人着迷的印象派画家的作品，当它们还架在巴黎街头的画架上时，遭到过过路人憎恶的唾弃。

如果卓越性不存在于能看到的、世俗的品质中，而是存在于与超验事物的关系中，那么，我们易犯错误的特性不是就被夸大了吗？我们怎么能够得到有关这种关系的任何可靠知识？人们是否能够确定自己与上帝或至善（the Good）的关系？对于那些像正统基督教徒一样相信我们与上帝的关系不取决于我们自己的意愿和力量，而取决于上帝的意愿和力量的人来说，这些问题是特别的持久和尖锐。我们中间有谁能够预见并宣布上帝的决定呢？"你们不要论断人，免得你们被论断。"[①] 上帝废除人类等级之最戏

[①]《马太福音》7:1。

剧性的象征就是耶稣的殉难：在基督教的信仰中，不光彩地和两个小偷一起死去的是人类的上帝。

但是，为了继续我们的探讨，让我们先把这些疑问搁置一边，假设卓越性是可以被识别出来的。谁来识别？有一种看法可以说得通。这种看法认为，如果有绝对的上等人，唯一可以认出他们的就是那些和他们同等优越的人。否则，就是认为上等人中有异常的缺陷——他们没有认出优越性的能力，而在低于他们的人中有异常的美德——他们具有这种能力。因此，在柏拉图的哲人（那些上升到至善的人）从事行政管理的计划中，哲人统治者（philosopher-rulers）必须由哲人统治者选出。部分原因是，柏拉图设想的哲人不仅优越，而且实质上完好无缺。因此，那些由在哲学方面不卓越的人组成的选民团不可能向哲人的判断提出挑战。但是，一个相似的逻辑在贵族政体中也行得通，但不是那么不可抗拒。在贵族政体中，领导阶层仅仅被想象为比其他阶层更高等，但并非完美无缺。贵族的优越性就使其他每一个竞争的选民不合格。总之，以杰出人物统治论为前提，自选精英(self-chosen elite）的思想就很自然和有逻辑性了。

悖论式的思想则是下等人选出高贵者的思想，而在思想史中，一个惊人的事实是，这种思想得到相当一些卓越思想家的支持。这一思想的主要形式是这样的一个原则，即政府只是在它所管理的人的同意之下才合法。这一原则在古代和中世纪都很普遍，远比近代民主的出现早得多。的确，这一原则不是来源于对人们的判断有信心，而是出于一种道德观念，它认为如果没有人民的赞同，人民不可能公正地接受权力的支配。但是如果对人民的判断力没有信心的话，这种观念不可能有实际效果。因此，一些相信由少数上等人进行行政管理的思想家对大多数人会给予他们的赞同权有足够的信心。卓越的少数人会得到认可，至少会得到普通的大多数人的自愿接受。

无论是给予少数人还是给予多数人选举权力，都有一个问题，两者都不可靠,或不够可靠。这一事实容易使人们明白非人格化程序的好处。譬如,"自由放任(laissez-faire)"学说中最吸引人的特征之一就是,那些在自由市场经济中成功的人,是那些具有应该获得财富、地位和权力的个人品质的人(这一思想并非是这一学说老练的辩护者所坚持的,而是自发地、不可避免地出现了),竞争自动地筛选出优越的人。当然,可以反对说,财务上的成功不是人的总体卓越性的可靠标准,也许,连经济上的敏锐都谈不上(因为这可能是运气或诡计带来的结果)。然而,不可怀疑的是,自由市场的观念已经得到了支持,部分是因为对某些人来说,它似乎是一个比较准确的方式——一条不受人的判断失误伤害的方式——来选择出最好、最有智慧的人,并给予他们力量。

反对市场经济的人设计出他们自己的制度以避免人类的错误,这就证明了非人格化程序的吸引力。这种用来任命和提升文职公务人员的制度被称为考绩制。替代自由市场制度的主要办法是政府的介入,自由放任学说的反对派一般都喜欢更大、更有效的政府。人们通常认为,通过仅在对所有愿意在政府部门服务的人进行公开考试的基础上任命官员,并仅在工作表现的基础上提升官员,而不考虑党派所属,就能够得到更大、更有效的政府。造成无能的官僚作风的主要因素是党派的偏好和偏见,设计完好的考绩制会基本上将此消除。

非人格化的程序能提升杰出人物的信念受到了严重的打击,这个打击来自于经济危机,来自于在商业领袖中(就自由放任来说)缺乏清楚的文化和精神追求或政治远见,并且来自于庞大、无效率并难以控制的官僚体系的形成(就考绩制来说)。这让我们如何处理?盛行的民主社会精神风气告诉我们要相信人民的判断。但是几乎没有人能做到这一点,对借助人民的判断爬上去的那些人——政客——的广为不满就证实了这一点。因此,当代的不确定性促使我们再一次问道:如果有上等人,我们如何能够发现他们?

为了全面地思考这一问题,我们必须不仅要问是谁,或什么程序来做决定，而且要问用什么标准。什么是人的优越性最确切的表现形式和最可靠的征兆？

过去最普遍的答案难以让现在的大多数人认真地接受：最好的要在出身高贵的人中寻找。这种信念在古代和中世纪广为流传。即便是近代自由主义的主要理论家约翰·洛克显然也认为，行政管理一般由世袭的贵族延续下去。人们能够如此长久地接受出身为道德和行政能力的可靠标准，原因是他们相信"教养"。这个概念的含义既是生物性的，也是文化性的。一个有教养的人应该继承了优越的心理和生理潜能，并且据推测受到过一定的训练和教育，使那些潜能得以充分的发挥。一个有传统贵族头衔的成员，因此会被看做是几个世纪以来生物选择和文化发展的化身。

贵族理念并不荒谬。这种理念通过它的可行性在许多世代的人中以及许多文明社会中展现了出来。它还得到我们这个时代像尼采这种非常有智慧并持怀疑态度的人的接受。然而，如今很少有人愿意接受这种理念。我们对它在种族和特权方面的暗示太敏感，从民主角度看，我们对头衔不感兴趣，对继承来的财富和权力抱有怀疑。

但是，什么是比出身更能体现优越性的标记呢？

现代世界对这个问题有自己的答案。这个答案得到了非常普遍的接受，但是对于不同的人其意义不同。这就是业绩（performance）。可以说，优越性是由行为（action）而不是由存在（being）决定：一个人的所作所为才有价值。业绩有许多种类：譬如，政治的、军事的和学术的。在最近的几个世纪中最受到尊重的也许是商业业绩。早期加尔文派（Calvinists）认为，这是上帝都珍视的一种卓越性的表现。美国人有时把军事上的成功看做卓越的表现，艾森豪威尔将军（General Eisenhower）的两届总统任期就是一个例子。但是必须提到，虽然几乎每个人都认为优越性必须由业绩表现出来，但在什么样的业绩是最有决定性的这个问题上，却没有多少统一的意见。一种对于现代文明的分裂和不稳定性的评论会认为人类的行为不具有卓越性。这一事实削弱了我们对业绩尊重的实际力量和政治力量。

尽管我们具有不确定性，一个流行的观念尖锐地注视到了一些信念，如少数人的优越性和授权予他们的重要性。这就是能人统治论（meritocracy）。卓越性的等级制被假定存在，并被认为是构成社会组织的唯一合理基础。能人统治的概念不包括精确的规范，这些规范涉及决定卓越性的业绩类型或判断卓越性的最佳方法。但是，能人统治论一般是技术和行政效率的思想。卓越性被认为是科学、工业和管理方面的，而不是艺术、宗教或英雄式的。能力比灵感更重要。这一概念在意识形态上趋于中性。保守派和改革派都可能相信功绩的等级制。但是，能人统治论易于受到保守分子而不是改革派的青睐，因为这个论点的前提是公正的概念，而在这一概念中，平等仅仅意味着机会的均等。因此，能人统治论的标准通常反对公正处理种族问题的方案，因为这会危害到严格以能力为基础的权力和地位的分配。

能人统治的思想为思考提供了一个及时的关注点。通过对它的思考，我们可以抓到前面提到的所有主要问题的实质：优越的人是否可以得到认证？通过什么程序？有什么标准？

但是，这些是很难对付的问题，而且读者也许对找到它们的答案开始感到绝望。因此，让我们回到一开始，试一试另一个途径。这个途径一开始就抛弃构成整个讨论基础的前提——一些人在实质上比所有其他人都优越。相反，人类在本质上是平等的。这一假定要求我们考虑一整套不同的问题。首先，如果人类在本质上是平等的，他们是否必须在社会、经济和政治上平等？

9. 如果人类在本质上平等，那么，所有习俗的不平等都错了吗？

习俗的这个词在这里是作为自然的一词的反义词用的。所有来源于社会秩序的法律和习惯的不平等都是习俗的,这些不平等包括社会地位、权力、财富和荣誉的不平等。当然,有可能争辩说,在一个好的社会,习俗的不平等应该也是自然的,也就是说,是以自然不平等为基础的。从另一方面讲,如果人类在本质上平等,或自然地平等,那么,所有的不平等都纯粹是习俗性的。

奇怪的是,人类在本质上是平等的这一思想在西方思想中已有上千年历史,之后才激发了一场对习俗的不平等(conventional inequalities)的重大攻击。斯多噶派和基督徒都没有试图废除奴隶制,更不要说其他已建立起来的等级。他们的局限性来自于他们的信仰,认为除了个人的灵魂状态其他都不重要。而灵魂不一定受到社会中的等级的影响。它还来源于另一个信仰,认为社会秩序是上帝认可的,因此不能受到人类的攻击,由此产生的社会态度是不敬但顺从的。在已建立起来的秩序中固有的不平等同时既得到谴责,也得到容忍——谴责是因为它们与平等原则相冲突,容忍是因为它们在根本上不重要,以及它们得自于神的许可。

但是,一旦人们开始感到,社会条件确实影响个人的道德和最终的幸福,并感到这些条件并非得到上帝的认可,那么,平等的思想就开始动摇已建立起来的秩序中的等级制了。这一思想像一座火山,沉睡的时间如此长久,致使人们已经忘记地下的火和岩浆,在旁边盖起了村庄。但是它突然开始爆发,喷发出的熔岩摧毁了周围的所有住宅。

让我重新陈述一下这一剧变的逻辑。如果人类在本质上是平等的,如果对他们本质的平等进行否认将不会在另一处得到补偿,却造成严重的、不可弥补的伤害,而且如果社会秩序是人类意愿的结果而不是神的造物,那么,不能用公众利益这个词为之辩护的特权和权力就是不可容忍的。近两百年前,人们已经开始看到所有这些情况都存在,平等思想不再沉睡不醒了。

在这一思想爆发之后,两个主要的思想家——近代思想的火山式人物——是卢梭和马克思。二者都表达了一个新的观念,即个人的整个生命和性格都是社会造就的。对于那些没有超验灵魂和超验生命的人来说，社会秩序是包含一切的命运。此外，两个思想家都反映出已经失去对社会由上帝操纵的信念，并越来越相信天堂的秩序无法补偿世间的非正义，或者可以减轻我们纠正它的责任。这些态度与平等思想相结合，使两个思想家都开始向牧师、贵族、国王以及所有其他的"主宰与权力"（借用桑塔亚纳 [Santayana] 的语言）进行挑战。我们今天生活在卢梭和马克思遗留下的体制废墟之中，我们能听到周围仍然回荡着他们对既成体制的攻击。

很难不与他们有共同的义愤。人类在本质上不平等决非定论。至少看起来并非能够足以清楚地证实，已经并且仍然在每一个社会盛行的财产、权力和特权上的不平等是公正的。我们也不十分清楚，宗教信仰是否迫使我们默许非正义行为。从信仰角度看，对非正义行为的矫正，无疑没有从纯粹的世俗角度看来得更重要。但是，宗教不需要，或许甚至不允许勾销世间之事。已得到承认的非正义行为总是得到神的赞许这一思想，是一个特别的宗教文化的产物，并非是宗教本身的一个必然推断。

因此，无论你基本的态度是宗教性的还是世俗性的，都能很自然地看到，民众有史以来所遭受的镇压和剥削，是控制社会秩序的"高尚"阶级所实施的一种持续不断的暴行。

同时，无论是由于本质上的不平等，或是社会条件的不平等，人们似乎在重要的特征上是不平等的，如，智商和情绪稳定性。此外，社会的运转似乎取决于权力和等级的不平等。只有少数人可以制订计划并诉诸行动。由于这些原因，即便感受到卢梭和马克思对有史以来严酷地强加于人民的不平等的愤怒，我们可能还是要收回实现完全平等的规划。

卢梭和马克思的主要追随者们已经表明这种矛盾心理。卢梭和马克思一样，坚持激进的民主化的总原则，政府或是直接由人民掌管，或是由与人民休戚与共的代表掌管。但是，在制定实际的政府计划时,正如他曾经为波兰政府所做的一样,卢梭情愿赞同财富、等级和权力的不平等。一些马克思的追随者感到有必要做出甚至更为深远的让步,包括建立一种新的阶级专政并为其辩护。

对平等化的踌躇在我们这个时代的女性中是非常明显的。相当多的妇女经历揭示了自然和习俗之间严重的不协调。她们已经意识到了自己的潜能被那些习俗规范所窒息,这些规范告诉她们,家庭才是妇女的范围,照顾孩子才是她们的职业。许多妇女因此奋起反抗。但是,在这个例子中有一种不是所有习俗都有的根据:特殊的生物能力和社会便利。许多妇女有很强的生育愿望。但是在大多数社会目前的组织状况下,母亲通常难以安排除了她们自己以外的任何其他人来照看她们生下的孩子。另外,一些儿童照管专家怀疑除了母亲之外,其他任何人是否可以提供儿童需要的关注和爱。因此,或是由于现有的社会结构,或是出于良心,许多妇女感到不得不在某种程度上适应一系列事务,虽然她们认为这些事务如果不是公然的不公正,至少也是个人的沉重负担。

我们会在这一章的后面回到这个进退两难的问题上,在下一章中,我们会从权力的高度再全面地看一下有关平等这个难以对付的问题。同时,我们可以进一步思考平等的理想,考虑它与其他两个理想的关系。这两个理想是在法国大革命时的战斗口号中与平等连在一起的:"自由,平等,博爱。"让我们从自由开始。

10. 如果所有习俗的不平等都废除了,自由能够生存下来吗?

我们中的大多数人会立即回答"可以",因为自由与平等一起已经成为近代的主要政治目标。美国独立战争时莱克星顿(Lexington)和康科德城(Concord)的民兵是第一批努力达到这一目标的英雄象征。1789年,美国革命结束几年之后,法国大革命开始了。尽管出现了恐怖统治（Reign of Terror），尽管以拿破仑统治为结局（之后又恢复君主制），这场革命还是成为人类追求自由与平等的传奇。有些人当然也谴责过这一追求，但这些人是少数，只是站在一边——偶尔也会走上这条道路——观望近代思想和希望的重要运动。作为这一运动的一部分，我们大多数人假设自由与平等是完全和谐的。

然而，假设我们的政治理想之间没有任何摩擦是切合实际的吗？我们中间很少有人在个人目标上是完全和谐的。在我们的私人生活中，我们通常不得不为了得到一些而放弃另外一些。为什么我们会认为公共生活就不一样呢？我们是有限的存在物这一事实本身就说明，我们不可能获得我们寻求的一切。我们也许要在自由与平等之间做出选择，或者，如果我们选择两者，我们可能必须满足于受到极大限制的自由与平等。

这些疑问不只是来自于推测，也是由经验激起的。对平等的追求，至少在某些方面，似乎已经对自由产生了危害。在法国大革命期间，对贵族特权和权力的攻击，在短短的几年中就导致了罗伯斯庇尔（Robespierre）领导的公共安全委员会（Committee of Public Safety）上升到恐怖的支配地位，在罗伯斯庇尔倒台后的短短几年中，又形成其他形式的独裁主义。

应该承认，法国的经验并不能结论性地说明自由与平等有矛盾。在对平等的追求导致了对自由的压抑时，这种追求没有成功。他们没有取得平等。当然，旧的不平等遭到了摧毁，但是新的不平等又很快地建立了起来。

现代历史中的另一种经验也说明自由与平等不能共存。这种经验在一些社会中存在，这些社会比从法国大革命中崛起的社会更接近平等。一些最仔细、最有知识的社会观察家确信，像美国和英国这样的地方，向平等方向的进步已经严重地危害了自由。这被看做是社会发展多于政治发展。一位逻辑学家、经济学家和政治理论家，以及维多利亚时期的英国最受尊重的思想家之一，约翰·斯图尔特·密尔（John Stuart Mill，1806—1873年）警觉地看到，平等主义似乎将愈益专横的权力置于多数人手中——一种更多地通过公众意见而不是政府实施的权力——并且缩小了个人自由的限度。一部伟大的美国民主制度研究著作的作者，亚历克西·德·托克维尔（Alexis de Tocqueville，1805—1859年）通过他对美国社会和政治的观察，得出了与密尔极其相似的观点。总体来说，托克维尔同情平等思想，而且，他相信渐进的平等制从历史的角度讲是不可避免的。他研究了美国，因为他认为美国比任何其他国家都更接近平等，因此能使他认识平等的实际结果。根据观察的结果，托克维尔认为不是政府的干预，而是民众那吹毛求疵的、永在的眼睛削弱了自由。托克维尔和密尔是最早注意到一种现象出现的人，这种现象在二十世纪被许多作家看做是我们这个时代占主导地位的现实，这就是多数人的暴政（the despotism of the masses）。自由丧失在社会一致性的状态中。

在有些人提出自由与平等是否可以共存的问题时，另外一些人则认为两者不可分离。他们坚持道，哪里有不平等，哪里就有损害一些人的自由的情况存在。密尔和托克维尔不是十九世纪唯一的两个感到在他们的时代，自由并非像许多人想象的那样充裕和得到保障的人。另一个人是卡尔·马克思。对于马克思来说，在工业化国家享有的个人自由不比一场骗局好多少。人们从法律上讲可以自由地为自己愿意为之工作的人工作，住在自己喜欢住的地方。但是，大多数人如果能找到工作，为一点仅仅能维持他们生活的薪水在肮脏、危险的制造场所工作，就是很幸运的了。他们的住处几乎总是窄小脏脏的。他们在法律上是自由的，但实际上却遭受到奴役。但是，马克思认为，他们遭受奴役，不是因为平等恰好与自由是对立的，而是因为缺乏真正的平等。法国大革命推翻了封建统治者——国王、贵族和主教们——但是替代他们的统治者的专制主义更为冷酷、更为无情。然而这些却隐藏在表面上保证自由的行政和法律形式的背后。这些新的统治者就是工业资产阶级。只有推翻制造和财政方面新的暴君，法国大革命的诺言——自由与平等——才能一起实现。

因此，马克思设想自由与平等是相互依靠的。他的许多最坚决的对手否认这一点。在这一争论中的主要焦点是资本主义。马克思相信，资本主义创建了一种高度发展的工业秩序，这会使自由与平等都成为可能，但是资本主义必须被社会主义取代，人类才可能获得这些利益。资本主义可以引导我们来到真正的自由与平等社会的大门口，但是只有社会主义才能够使我们进入大门。马克思的反对派中的许多人断定，自由与平等是相互冲突的，但是资本主义提供了两者实际上可能达到的最大范围。

你站在哪一边——马克思一边还是资本主义一边——在某种程度上取决于你对世界的期望有多大。人类的潜力能够完全得到发挥吗？马克思的追随者们通常设想，有了先进的工业化所提供的丰富物质，它们可以得到发挥。这将意味着同时享受自由与平等。马克思的反对派则设想，即便在最好的情况下，世界也只能为人类理想的实现提供有限的机会。我们只能获得部分的自由与平等，并且只是一种很艰难的平衡。

总的问题不仅仅与资本主义和马克思的论点有关，也与托克维尔和密尔担心的一致性问题有关，这不是社会学家和经济学家就可以回答的。这是每一个人都能思考的问题。人们可以根据个人日常经历来判断，人们想当然拥有的自由是否名副其实并且完整。人们还可以判断，是什么威胁或侵犯了自由。做这些判断不亚于试图弄懂自己生活的特性和形成这种生活的力量。

有些人说，自由与平等已经美国的机会均等中实现和谐统一了。他们承认，那里仍然存在许多不平等——财富、权力和社会地位的不平等，但是他们宣称，上升的路是向每一个人敞开的。在不造成不公正制度（这在对不平等的业绩给予同等奖励的状况中是固有的），不建立专制政府（这对于获得"平等的结果"——财富、权力和社会地位的实际平等——是必需的）的情况下，美国社会为每一个人提供了机会，以便完全发挥个人的潜力。他们争辩道，这是唯一一种至关紧要的自由与平等。但是，这种成就在原则上是可能的吗？自由与平等能够在机会均等方面真正和谐一致吗？

很难用一个肯定的"是"来回答这些问题。机会均等是一个有吸引力的目标。这部分是因为，乍看上去，它似乎是说任何没有抓住与其他人平等机会的人，都不值得拥有其他种类的平等。机会均等有吸引力也是因为它似乎除去了平衡自由与平等的过程中固有的紧张。每一个人将得到最初的自由，但如果谁把自由挥霍掉，那么，政府或其他任何人都没有责任来解决问题。问题是，结果的不平等必然产生出机会的不平等。譬如，商人在一开始不比其他人的条件优越，积累了一大笔财富之后，不仅会给予他的子女巨大的优势，并且随着他们财富的增加，自己也享受着程度愈益增高的更多机会。为了保证完全的机会均等，就似乎必须保证每一种生活条件的完全平等。因此，机会均等是一种诱人的言辞，但是这并不能清楚地解决任何问题。美国也许产生出了人类可能接受的自由与平等的混合体，但是，它是否产生出了没有失去任何一个因素的混合体？

法国大革命不仅赞美了自由与平等，而且还有"博爱"。在探讨了平等与自由的关系后，让我们转向平等与"博爱"的关系。这样做，我们会用现代理念思考平等的基本位置，我们也会将本章中涉及的问题与前一章的问题联系起来，因为，这样也许可以方便地从隔阂的角度来考虑"博爱"。"博爱"有共同性，是对隔阂的征服。

我们不会像在前一个问题中一样问道，平等与共同性是否和谐。最近的一些著作提出了一个更好的问题。有些思想家说，不平等是隔阂的最初形式。根据他们的说法，人类大多数剧烈的分裂肇始于某些人对其他人有控制权，某些人富裕其他人贫穷，某些人继续受到尊重和吹捧而其他人永远生活在被忽视和鄙弃的阴影中。这些观点说明，隔阂也许能够通过废除不平等而得到征服。这可能吗？

11. 如果所有习俗的不平等都废除了，隔阂会消失吗？

这是当今最重要的问题之一，因为它与工业社会人性化——使一个机械的文明关心脆弱、非机械的人——的问题有很近的关系。

激进人士和改革派，如英国社会主义者和美国自由主义者，传统上认为平等思想是工业非人性化问题的解决方法。阶级之间明显的界限似乎是工业化最没有人性的方面。阶级界限比封建和君主统治更极端地将人们分开。阶级界限似乎还勾画出允许实业家迫使工人工作如此长时间，拿如此少的工资的基本状况，这种状况使工人们的生活可能比之前的农奴和奴隶更为悲惨痛苦。人们很容易地得出结论说，实际上，废除不平等将是对隔阂的征服。

但是，工业化的进步使这一结论出现了疑点。在高度工业化的社会中最厉害、最持久的抱怨之一，是人的异化，而不是阶级界限和不平等。据说，无论富人还是穷人，都组成孤独的群体，富人和穷人一样孤独。这就容易使人这样回答说，孤独对于富人来说比穷人要容易承受得多。也许真是如此。但事实仍然是，工业化生活的主要不满从表面上看不涉及不平等问题，激进人士和改革派却总认为，这是没有改革过的社会主要的混乱。这一不满涉及隔阂的问题，它似乎甚至影响到那些在经济、社会和政治上平等的人之间的关系。因此，美国的中产阶级郊区居民显然不是感到与下层阶级或上层阶级有隔阂，而是相互之间（譬如，亲眼看一下典型的郊区就知道，住宅都是分开的，自足的，缺乏公共空间）的隔阂。

这些状况解释了为什么我们必须提出这样一个问题，当今人们遭遇的隔阂是否可以追溯到激进主义一贯攻击的不平等性。正像前面的话题所提到的,对这个问题有两种相当不同的看法。这些需要通过检验,因为工业文明的前景取决于我们在两者中间做出正确的判断。

卢梭和马克思代表传统的激进主义。两者都尖锐地意识到,现代生活中的某种东西在削弱,影响了人们之间以及人与物质世界之间的关系。卢梭在他的《忏悔录》(*Confessions*)一书中对终身的个人异化问题做了生动透彻的描述。马克思的《资本论》(*Capital*)可以被看做是对受资本主义影响的生活片段的详细剖析。但是,对于两位思想家来说,问题的根源是不平等———一种仅仅是习俗性的不平等,这与人类的本质不是一回事。在人类遭受的许多隔阂的背后是一种超乎寻常的隔阂,所有其他隔阂都从这里衍生出来。这就是少数人与多数人之间的隔阂:少数人占有大部分财产并控制着政府,而多数人只占有很少一点财产或根本不占有财产,并且成为一个异化的政治权力之下的无助庶民。这一分裂的结果就是,共同的、创造性的生活实际上已不可能存在— 不仅对于悲惨的大众来说如此,即便对那些富裕、有特权的人来说,也被迫躲进一种恬适的、枯燥无味的防御中。人类可以获得生命的完整性的唯一方法是,废除少数人和多数人之间的隔阂。

总之,习俗的不平等和根本的人类隔阂不是一回事。不平等是对人性的触犯,并对真诚的关系有危害。因此,废除这些不平等,是克服隔阂的关键。

但是,在上个世纪(指十九世纪——译者),一些高度个人化的并且是深刻的、有影响力的思想家提出了相反的观点:通过使人们平等,我们也许加深了隔阂。这些思想家中最早的、最伟大的人物之一是丹麦宗教哲学家索伦·克尔凯郭尔(Søen Kierkegaard,1813—1855年)。他在将像承担义务和"信仰之跃"这类观念置入现代意识这一方面,大概比任何人的贡献都大。对于克尔凯郭尔来说,最重要的一种隔阂,就是与上帝的隔阂。他认为，平等很可能加强了这种隔阂。他的论点反对现在被称为大众社会的概念。他认为，在这种社会中，人的个性并非只是遭到政府的审查和压制，而且遭到一个固执己见、爱嚼舌根的民众，也就是"大众"的审查和压制。

克尔凯郭尔为他看到的一种现象感到不安，这就是名副其实的个人、能够有情感和决断能力的个人的消失。他相信，只有个人才可能成为基督徒，因为真正的基督教取决于能否决定将个人的全部生活放在基督徒对永恒幸福的希望的基础上。这就是基督徒与其他所有人的区别。如果成为一个基督徒只是因为其他人都是基督徒的话，事实上还不如根本不是基督徒。对于克尔凯郭尔来说，似乎在他周围到处发生的平等化证明了人类在向一种状态转变，这就是每一个人只是其他人的被动反应。这肯定是背叛基督教的运动。

从这种意义上讲，平等意味着与上帝的隔阂。但无论如何，平等是否会团结人类呢？对于克尔凯郭尔和任何严肃地跟随一种宗教教义的人来说都不是。一个人与超验事物的关系必须决定所有其他关系。这种关系的中断会推动一个人走向完全的孤立，当然，因此产生的极度苦恼，也许会通过像其他人一样地行动和思想来局部地缓和一下。在克尔凯郭尔看来，真正的个性依靠宗教的信仰。如果缺少信仰，个性也会缺少，自身的统一便一定会受到妨碍。克尔凯郭尔憎恨的一致性不是统一的标志，而是深深的隔阂的标志。

习俗性不平等的削弱也激发了其他思想家的疑问或恐惧，而不是对重新统一的期待。这些思想家与克尔凯郭尔有相当的差异，相互之间也各有不同。譬如，托克维尔，我们已经讨论过他对美国的观察，他主要对平等的社会和政治后果有兴趣。他的兴趣偏重于历史性的后果而不是宗教性的后果。他的文风与克尔凯郭尔的热情和讥讽相反，他是冷静而富洞察力的。但是，托克维尔在美国观察的结果，克尔凯郭尔如果访问过美国也可能会得到：

缺乏勇敢而且与众不同的个人以及人际关系的减弱。尼采也属于这一群体。正像我们已经提到的，他是个无神论者，在这一点上他与克尔凯郭尔和托克维尔非常不同，然而他在平等潮流出现的面前所感到的恐惧一点不亚于他们。最后，在二十世纪，一位有素养的西班牙哲学家，何塞·奥尔特加·加塞特（José Ortega y Gasset，1883—1955年），他虽然与克尔凯郭尔专心致志的信仰论、托克维尔对社会和政治体制的迷恋或尼采对基督教的憎恨都没有太多共识，但在他痛斥"大众的反叛"之时，表达了三者的精神。奥尔特加争论道，平等化威胁到我们的人性。这些思想家，虽然各有其特性，但都认为平等会逼迫个人与大众相一致，因此引起与自身真正本性的离异。一个与自身离异的人不得不与他人离异，即使他看起来与别人没什么区别。那么，自相矛盾地说，平等的获得就意味着失去了真正的统一。

这一观点并不一定是保守的。大众社会的批评者并没有坚持维护传统体制或贵族等级。但是他们都拒绝接受常见的激进的信念，也就是取消习俗性的不平等将结束或缓和隔阂状态。

那么，我们今天应该向哪个方向迈进？激进派虽然主要注重阶级的冲突，但他们不否认，随着工业化的发展，隔阂已经成为更深刻的问题。然而他们确实否认，任何真正的平等化都来自于这一发展的过程。在这一点上，他们将自己与大众社会的批评者分开了。在事物平等的表面下，他们看到马克思一个世纪之前怒气冲冲地描述的同样的阶级斗争。因此，当代的激进派站在卢梭和马克思一边，认为我们应该向真正的平等迈进。

那些站在另一边的人，在他们之间无法得到对隔阂问题的任何统一答案，而他们提出的各种答案也没有激进派的答案那样简单、清楚。这是在公共辩论中对他们不利的一点。许多人建议，虽然大众社会的批评者，正像前面提到过的，并非全都保守，我们在对待继承下来的传统和体制上也要加倍小心，要尊重。其他人则希望出现一些新的权威和领袖。总之，他们的情绪中带有强烈的顺从历史的意思。他们看不到一个完全可靠的解决隔阂问题的方法，他们也不假装能为我们提供什么方法。他们打算做的则是阐明我们的境况。因此，为了既挽救人类自身的人性，也坦率地面对将来，他们准备继续一种反抗的孤独生活。将来可能比现在更好，但这是我们无法预见到或控制的，这是神或上帝的礼物。

在结束之时，让我提出一些其他思路，供那些愿意探索更多的可能性，又不愿意按照通常的思路——或是激进主义，或是保守主义——走的人参考。这些思路的其中一个可能主要会吸引那些具有激进性情的人。这个思路始于这样的观念，即我们克服隔阂所需要的不是纯粹、简单的平等，而是一种特别的平等。什么样的平等便是个问题。马克思本人这样的权威就曾经指出这个问题，他警告有一种共产主义，其中"工人的角色没有被消除，却延伸到所有的人"①。从这方面看，我们可以看到一个比过去其他激进派更缓和的激进主义可能会出现。这种激进主义得以解放它的追随者，使他们不必令人厌倦地进行强行性地宣传：每一个不受欢迎的形势背后，都是一个阶级对另一个阶级的剥削。这也可能导致激进派比他们通常准备得更不充分，因此难以假设，任何平等的措施都会使生活变得更好。

另一种思路开始于这样的观念，即我们需要一种特别的不平等来克服隔阂。以这种观念开路，你也许能掌握住一个方针，既不保守，也不顺从，像激进派那样不妥协地肯定未来。但是，你会用新贵族政体的思想方法思考未来。什么样的贵族政体？像前面的一个问题——什么样的平等？——一样，这个问题要求人们进行思考。科学家有资格组成一个新贵族阶层吗？一些特别有说服力的哲学家？教授和学生？技术的进步也许正产生出一批技术贵

---

① Karl Marx, *Economic and Philosophical Manuscripts*, trans. T.B. Bottomore, in Erich Fromm, *Marx's Concept of Man* (New York: Frederick Ungar, 1961), pp. 124—125. 黑体字是马克思所加。

族？这些可能性都在暗示我们的任务不是建立平等，而是建立新的主宰和权力。

我们本性的神秘性——如雅斯贝尔斯所说，我们总是比我们对自己的了解更丰富——从没有像我们讨论平等观念时那样更加明显。这个观念本身也许被看做是个悖论。很少有人声称它在字面上是对的；用几乎所有的比较标准来看，人类都显然是不平等的。在不借助某些人性中不可比较的因素之下，几乎不可能宣称他们是平等的。换一种说法就是，平等主义很可能承认在我们对自己的了解范围内，我们是不平等的，但是会像雅斯贝尔斯一样断言，我们总是比我们可能对自己的了解更丰富。在这个"更丰富"的范围中，我们是平等的。这意味着一种悖论，即虽然在每一种可观察到、可衡量的品质方面我们不平等，但在我们最终存在的状态中，我们却是平等的。相反，那些反对平等的人一般更"现实"，坚持说，忽视人们表现出来的不平等，既不公正，也不实际。

当然，这些只是各种倾向。说平等主义全然践踏客观现实，或者说不平等主义忽略了存在的神秘性，都过于简单化。人们对平等问题有过现实的争论，如刻板的等级社会对下层社会中的才能的浪费，或者傲慢与一致性能够摧毁牢固建立起来的贵族精神。从另一方面看，对平等抱怀疑态度的学者有时认为，人类的神秘性和伟大在某种贵族中已经象征化（尼采和奥尔特加挑衅地写到过少数神秘的人类自然统治者的贵族性）。然而，倾向仍然如此——平等主义常常求助于那些我们不能够观察到、不能够证明自己的东西；而另一边坚持说，让我们忽视实际的不平等，是既不实际，也不公正的。

今天，由于各种状况的存在，我们被迫思考平等问题——譬如，美国每一个城市都存在大群流浪汉的问题，以及存在持续不断的种族偏见和不公现象的问题。但是，有一种状况迫使我们思考得更加深入，没有这种状况，我们可能不会如此深刻地思考问题，这就是妇女的地位问题。很清楚，她们的地位与男人不是全然平等的。应该这样吗？沉思这个特别的问题，似乎是结束我们对不平等与平等这个总体问题的探讨的恰当方法。

12. 男人和女人应该总是并且在各方面受到同等对待吗？

认为妇女的地位问题迫使我们做更深入的思考（否则我们不会），这也许看上去是有问题的。为什么？譬如，我们不应该深刻地思考黑人地位的问题吗？无疑，从某种角度上讲，我们应该。黑人显然遭受不公正待遇并且受到压抑，而且这种状况一直持续着。为什么改变来得如此缓慢？需要做些什么？很清楚，这些都是严肃的问题。但是，黑人的状况似乎不像妇女的状况那样，从根本上向政治思考提出了挑战。这是因为，没有什么支持黑人现状的论点是值得考虑的。然而，涉及妇女的情况时，一些有智慧并有责任心的人认为，她们的状况既不是特别的不公正，也与社会利益和妇女的利益没有什么太深的矛盾。也就是说，对黑人的压制（subjection）实质上是结构性的失败（failure），我们在此没有贯彻我们的原则。而妇女的地位问题（压制这个词用在这里是否合适是可以讨论的问题）是西方社会的结构特征（feature）。它不仅与今天仍然广泛接受的原则（虽然遭到了严厉的攻击）相一致，而且要想废除它，需要对社会秩序做根本的改变。譬如，儿童的养育方法，以及对家庭内外的工作给予补偿和分工的方法。

女权主义可以被扼要地说成是要求进行这些改革的运动。这一运动包含了不胜枚举、多种多样的思想潮流。不同的哲学观点对它们有所影响，其中包括马克思主义和存在主义，又趋向各种目标，有些极其激进，其他相对保守。但是，所有种类的女权主义都对当今西方世界决定妇女地位的体制秩序提出质疑。由于我们从事哲学思考，我们这里主要涉及的就是女权主义进攻性的哲学特征。在这一点上，一个事实特别值得注意：在对基本体制秩序提出的质疑中，女权主义向整个西方传统的政治思想提出了挑战，从古希腊开始一直到现在。为什么会这样？

这个答案很简单，传统思想为体制秩序提供了哲学的合法性。譬如，女权主义者要求大家注意亚里士多德的观点，他大概是对所有政治哲学家最有影响力的人物。亚里士多德认为，在像哲学和政治这些人类的潜力得到最充分发挥的活动中，是没有妇女的一席之地的。事实上，妇女不可能是完整的人，这一点对于亚里士多德来说似乎非常明显，因此对这个问题都没有讨论过。女权主义者还让大家注意到，这种观点在政治思想史的伟大思想家中有其持久性，所有这些人都是男性。甚至像卢梭这样的平等主义的思想家，也接受了亚里士多德的这种假设——最严肃的人类事务，那些影响国家和历史的事务，应该专门由男性来处理。毫不奇怪，女权主义思想家要考虑，是否应该介入从古希腊开始具有两千五百年历史的哲学探讨。也许他们应该开始一个新的对话。他们说，事实上，妇女的地位并不是一个永久性的问题。

但是，虽然大多数政治哲学家都忽视了这个问题，它的确还是个永久性的问题，因为，柏拉图一开始就提出了这个问题，他争论说，妇女应该可以在他的理想国的最高部门供职，应该可以成为哲人统治者。十九世纪，约翰·斯图尔特·密尔在他的《论妇女的屈从地位》(*The Subjection of Women*)一书中再一次提出这个问题，这本书至今受到女权主义者的尊重。那么，让我们假设，男人和女人在进行对话。在向西方传统政治思想进行的挑战中，女权主义揭开了人类社会面临的一些最深刻的问题。人们对这些问题的回答有相当大的差别(并且不是简单地按性别区分)。但是，几乎没有人否认，女权主义迫使我们重新面对这些问题。让我们在这里尝试一下。

1. 首先是平等本身这个问题。平等的意思是什么？推测起来不是一致性，因为显然不可能总是、并在各方面以完全相同的方式对待男人和女人。但是，是否可能在不同地对待人的情况下，并不偏袒任何一方？譬如，如果体制的改革能够让妇女生育小孩并照顾婴儿，却不会由于这些时间的不工作而影响事业的发展，那么，这是否对男性来说就不公平，因为妇女享受到更丰富、更充盈的生活经历，而男性不可能享受到这些？我们如何能够区分不同的待遇和偏见？

这里的另一个问题是社会的需求。正如已经提到过的，有些人认为，儿童的早期生活需要母亲用全部时间照看。这就是说，对于妇女来说，妇女从公众社会中引退回家相当一段时间是社会的需要。但是，是这样吗？没有广泛的实验，我们可能知道什么是社会需要吗？我们是否有权利在儿童利益方面做实验？即便做了实验，我们对社会需要的判断就能有效，不受到不断变化的文化、经济和社会状况的影响吗？但是，假设实验表明，在所有的情况下儿童最好由他们的母亲全天照顾，好到什么程度才能证明一个母亲牺牲的独立生活是值得的？就连最有说服力的有关奴隶制的论点都不能使我们重新建立奴隶制。有时，道德需求超越社会需求。这是否适用于将妇女从照顾儿童和家庭的工作中解放出来？

最后，女权主义会鼓励我们再次问道，在所有的问题中，什么是最困难、最深刻的问题：什么使平等原则如此激发人们的兴趣？正如我们所见到的，在古代时期，高度文明的人通常直率地看待人，包括妇女，就像我们今天看待机器一样——东西是拿来用的，如果不用了便遗忘或扔掉。今天很少会有人这样想。为什么不呢？这只是因为我们更多愁善感吗？或者，我们不知何故，对人的尊严比像亚里士多德这样卓越的头脑有更敏锐的观察力？怎么可能呢？

2. 女权主义也让我们集中精力思考自然和习俗的相对权力。它向几个世纪以来社会实践证明的习俗和实践进行了挑战，因此向习俗最牢固、对一些人来说最珍贵的地方进行攻击。习俗（不论是某种习俗还是构建一个社会的一整套习俗）到底值得多少尊重？从定义上说习俗不是自然的这一事实，会使习俗遭到谴责吗？

或者，它的存在本身就使它有资格得到权力？这种存在从某种程度上意味着它还"有用"。如果它延续了好多个世纪，这是否也能被加到它的权力中，表明许多代人都尝试过了，发现其仍然有价值，或它只是简单地表明它还从未被理性地检审过？如果习俗遭到摧毁，还剩下什么？自然？有这种东西吗？或者，本性——人的本性——只是习俗造就的？如果有本性这种东西，可以认识它吗？在思考这类问题时，详细一些会有帮助。家庭是自然的吗？或者只是习俗性的？男人和女人的传统角色与男性气质和女性气质的自然状况一致吗？或者他们只是出于习惯和习俗？这里我们触及了极其基本并迷人的问题：男性气质和女性气质——这些是微妙的并具有情感力量的概念——是自然的，还是习俗的？这个问题值得另外处理，因为它涉及政治理论的基石——人类本性。

3. 在前边，我提到过一些心理学研究，指出男人和女人，甚至男孩和女孩对人的状况的观察方法不同。男人遵守条文，女人靠直觉。男人一般寻找相关的条例，女人寻找在具体情境中固有的可能性。不同之处也表现在其他方面。譬如，男人极度地关心个人自主性，并且趋于把关系看成是一种威胁；女人由于她们的本质易于将自己看做处于一种关系之中。因此，当冲突发生时，男人先考虑自己的权利，而女人（即使女权主义非常强调妇女的权利）则先考虑她们的责任。对女人来说，最高的标准也许是帮助，而对男人来说，则是不干预。当然，这些不同之处也因人而异，它们代表着倾向而不是绝对的规律。然而，说男人和女人之间有着特性上的不同似乎并不过分——普通的经验和心理研究都为这一假设提供了实证。

由此产生了一个对政治思考来说绝对根本的问题：是否有任何可以定义的人类的普遍品质？如果有，是什么？我在前面指出，政治观念几乎总是以人类本性的概念为基础的。但是，女权主义对传统社会的批评迫使我们重新思考人类本性的问题。如果有人类本性这种东西存在，它是否基本上与男性气质一样（这暗示着或者女人永远无法成为与男人平等的完全的人,或者,如果她们能够成为完全的人,要做到这点,她们必须成为像男人一样)?或者说,如果人类本性存在,它是否基本上与女性气质一样(暗示对妇女的完全平等会极大地改善社会的特征)?或者,人类本性已经被埋藏并忘掉了,男人和女人至今为止只表现出了人性的一部分?

4. 现代西方社会主要特征之一就是公共生活和私人生活的分裂。像政治和商业这类在外部世界上进行的活动,在各种形式和程度上是向所有人开放的,而家庭则是对所有人关闭的,只对居住者选择允许进入的那些人开放。女权主义要求我们检视这种分裂。今天,以及传统上,妇女对私人领域负有首要的责任,而公共领域则主要留给了男人。但是,这对许多人来说是对妇女的极大偏见。许多人认为,公共领域是完全参与人类事务的地方,而私人领域则是束缚的并降低身份的。但是人们可以思考这是否真实,因为像人们的爱情、宗教的虔诚以及理性的交谈这些生活中重要的活动都是以私人领域为中心的(虽然并不局限于此)。

对于古希腊人来说,公共生活和实质上的生活基本是同义词,随后的发展,如基督教的产生,使人们有可能怀疑这一等同式。但是,假设这个等同式得到接受,又能怎样呢?公共和私人之间的区分必须废除吗?人们会犹豫是否应该说必须,因为这意味着取消私人生活,人们因此害怕会取消自由本身。从另一方面讲,说(如果愿意回应女权主义者的要求)我们只需要向男人和女人都完全开放两个领域听起来过于简单了。使男人和女人有绝对平等机会进入公共领域,就必须在私人领域中绝对平等地分摊责任。但是,鉴于妇女有母性的诸种能力而男人没有——尽管他们愿意承担儿童抚育和家庭事务,这种分摊就没有明显的吸引力了,而且也不是实际可行的。这会要求两人都从工作中抽出时间,而商业和职业生活的苛求使他们难以安排。这还要求双方在家中有一定程度的相互合作,最近的离婚统计表明,这种相互合作不是普遍的。这些都是世俗之事，但是它们涉及一个哲学性的总体问题：社会秩序的正当结构。

5. 社会秩序的基础也是女权主义摆在我们面前的一个问题。许多妇女已经感到，社会对她们强加了她们不应该担负的义务。是什么使社会有权力来这样做？是什么给予社会权力去干涉个人的自由？在女权主义的文章中，这个问题有时以讨论社会契约学说的形式出现，这种学说认为社会和国家是以其成员间的自愿协定为基础的。这个学说很接近女权主义所关心的问题。并不是许多人都认为社会和国家一般（如果真是如此）起源于一种明确的契约式的协议。这一学说的核心在于，它所说的不是有关起源，而是有关社会体制的道德权威。它所说的实际是，社会"强加"的义务必须被自由地接受。社会角色必须被自愿地担任，否则就不被担任。许多妇女感到，她们作为妻子、母亲以及家庭妇女的角色不仅繁重，而且实际上是受奴役，尽管这些都源于自愿承担的婚姻契约。幼稚的年轻新娘不能清楚地预见前面的负担，即便她们能够预见到，社会也几乎没有为她们提供任何其他选择。社会契约论对这种状态提出质疑。社会和政治义务必须扎根于个人的意愿之中，这对今天的大多数人来说听起来很有道理，而且是至关重要的。

但是，社会能够只基于每一个人不受约束的选择吗？如果每一个个人都完全有自由袖手旁观，那么，像生育和抚养新的一代人这样巨大的任务可能完成吗？自愿同意的标准中是否要加上一条：允许每一个个人在任何时候都可以用一个简单的声明"我当时并不知道自己将因此陷入何种境地"而自由地放弃任何关系？有了这样的问题，我们就会像任何时代的政治思想家一样，再一次面对一个我们集体生存中固有的道德难题。

6. 女权主义也让我们思考有关压迫的普遍问题。我们不可能在思考妇女地位问题的时候，不去想其他受到或感觉受到压迫的群体，如少数族裔和穷人的地位问题。如果妇女的地位按照女权主义的理想得到了改变，那么所有形式的压迫和悲惨状况会自然而然地随之结束吗？这就是在问，首先，什么是今天妇女地位的基础？是资本主义吗？根据某些分析，这也是造成贫穷和经济不平等的主要原因。或者，妇女的地位反映出的是古代父系制的传统（也就是，一种规定了男性支配地位的传统），它独立于资本主义，甚至是资本主义背后的基础？或者，它反映了一种在任何制度中都会出现的骄傲和自私，甚至在一种男女绝对平等的制度中也会出现？我们不仅提出了有关妇女地位的问题，而且提出了非正义的来源问题。是否所有形式的非正义都基于一个单一的、根本的条件，因此纠正当中的一个就是在纠正所有？这些非正义是否必须同时遭到攻击？还是说，它们像野草一样多种多样而且各自独立，连续不断地长出来，因此，攻击它们的战役必定是没有统一组织，且无穷无尽的？

像这类问题自然会产生相当多样的回答。女权主义的见解就很多，在这之上还有那些反对所有女权主义观点的观点。我们面前的问题打开的可能性——男人和女人是否应该总是并在各方面都受到平等对待——在数目和多样化上都是迷人的。一个人怎么能理智地避免淹没在问题和答案的大海中呢？

为了便于思考——将我们从淹没中解救出来——我会标出四个明显的选择：三种女权主义的和一种反女权主义的。仅仅是为了方便，我会加上名称。但是应该记住，这些名称是作者给的，相应立场的代表不全都使用它们，有的也许会拒绝。

女权分离主义（Feminist Separatism）。对坚持这一立场的人来说，目标不是妇女的平等，而是妇女的一种独立的甚或优越的地位。从这种意义上说，对于男人和女人是否应该受到平等对待这个问题，他们的回答是否定的。在否定任何形式的从属地位的同时，他们追求一种独特的女性世界,甚至一个由女性掌权的世界。他们的态度可能是建立在这样一个信念上，女性不只是与男性平等，她们天生地比男性优越。对于大多数人来说，这种观点给人以不快之感。它们似乎太极端、太没有道理。当然，这些观点并不比几千年以来占主导地位的男性优越的观念更极端，表现得更无理。女权分离主义的代表已经讨论过，技术的发展可能允许胎儿在子宫外受孕和发育。这样一来，人类的延续就不再将怀孕和生子的重担强加于女性身上了。

有代表性的女权分离主义是五十多年前由一位美国女权主义者夏洛特·吉尔曼（Charlotte Gilman）所写的一部小说表现出来的，题目为《她的国》（Herland）。这本书至今仍受到女权主义作家的高度评价。书中描述了一个完全由女性组织起来的社会，居民们发明了一种自发的怀孕法，总是生出女性婴儿，由此保持着人口不下降。这个社会是女性的乌托邦，所有的关系都是和谐的、互助的。美丽处处存在，无论是乡村还是城市。对问题的处理永远是实际而且成功的。居民们个个漂亮轻柔，而且严肃、好问、有教养。她们在完全没有男性的情况下获得了完美和满足的生活。在小说的结尾，三个找到这个天堂的男人得到了三个女性的接受，成为她们的伴侣。然而，在整本书中，女性优越的能力和洞察力使男性一次再一次地感到心慌意乱。书中清楚地说明，接受男性为伴侣的女性绝不依赖于他们获得幸福。

激进女权主义（Radical Feminism）。相反，激进女权主义者非常关心平等的问题。他们对摆在我们面前的问题——男人和女人是否应该总是并且在各方面受到平等对待——的答案是肯定的。但是他们有一个重要的条件：社会要急剧地得到改变。他们不是寻求进入目前男性世界的道路，而是一个改造过的世界———一个比男人们创造的世界更值得分享的世界。父系社会由于存在像竞争与暴力、帝国主义与战争这类现象而堕落。激进女权主义者不仅要求社会改革，而且他们相信，通过比男人更个人化、更富同情心的精神，妇女能够对需要的改革作出决定性的贡献。有人会推断，激进女权主义者对习俗远远不如对自然——就是人类本性更尊重。从人类本性中他们看到了潜力,加上对妇女的解放,这些潜力可以在一个极其需要改造的世界中得到发挥。

对前面讨论过的某些问题的激进回应很有意思。有关公共和私人领域两分性的问题,激进女权主义者并不认为一定要将其废除。他们中间的某些人还要求重新对其进行解释。私人领域应该成为一个人有权退隐进去,但不被强迫性地限制在里面的地方。在另一方面,公共领域则应该向迄今为止仍被看做是属于私人领域的情感和关注打开大门,应该变得更人性和富有对话性,更少一些墨守成规。至于非正义的大体的根源,激进女权主义者通常认为,妇女的解放是全人类解放的关键所在。父系制度中妇女的从属地位有机地与所有非正义的主要形式联结在一起,甚至是这些不公正的基础,这也包括种族歧视和阶级压迫。因此,通过解放妇女来重建的世界将不仅对妇女,也对其他每一个人都是全新的。

自由女权主义(Liberal Feminism)。在他们对妇女目前地位的评论和对过去政治思想家家长式态度的评论中看,自由女权主义者听起来很像激进女权主义者。他们之间的区别总体来说就是自由女权主义者不认为自由民主的总体结构,也就是说,当今大多数西方社会的自由民主结构,是完全不可接受的。在肯定性别之间的自然平等的同时,在对儿童可以在家庭之外和没有母亲的情况下健康成长的论点上,他们没有激进女权主义者那样肯定。他们对生物因素可能强加于妇女特定的义务这种说法,持较为接受的态度。因此,与激进女权主义者相比较,他们对家庭更为友善。而且,他们对目前设立的公共世界不那么反感,因此,如果妇女取得相对平等的权利进入这个世界,如果男人在家承担更多的家务,他们就易于满足。总之,如同自由女权主义这个词所指,他们渴望得到自由——在大多数西方社会体制化的、男人(至少是白种的中产阶级男人)多多少少充分享有的、但是女权主义者认为对妇女有限制的自由。的确,真正的自由就够了。社会不需要转变,只需要完全接受妇女,得到公正的管理就行了。

家长式保守主义（Patriarchal Conservatism）。这是那些对男人和女人是否应该总是并且在各方面受到平等对待这一问题回答"不"的人组成的阵营。不仅只有男人，许多妇女也持这一观点。如果是男人，他们也不一定是女权主义者称之为"大男子主义"的人。但是他们接受通行的安排，这种安排无疑给予男人一定的优先权。对于任何意识到女权主义文学中特有的智慧、学问和激情的人来说，接受一个在这些文学作品中遭到蔑视的社会，似乎特别落后和盲目。但是，与我们讨论过的其他任何人相比，更多的人持有这种立场。而且，很难说他们都缺乏智慧和情感。

家长式保守主义比较温和的一派大概会以男性和女性互补的特征为论据。他们会坚持，男性和女性有区别，而且他们的区别是持久的和自然的，不只是习俗的产物。他们是否绝对平等对于他们无关紧要。对他们来说更要紧的是，典型的男性和女性的特征如何在社会的运转中相互适应。譬如，他们认为男人一般比较有进取心，因此适于大规模管理和领导的职位。妇女更细心和富有同情，因此适于在少数人中，如家庭中建立和谐与温暖。总之，男性的气质和公共世界之间有一种一致性，而女性的气质和私人世界之间有一种一致性。记住这种一致性对处理公共事务和照顾家庭都至关重要。忽视这一点，就是忽视文明的结构。

温和的家长式保守主义也提供了一些实际的观察。譬如，社会秩序取决于一定程度的权威性和一定程度的服从性。一门心思坚持绝对平等是对可运转的社会的基本条件的损害。男人有时，甚至经常，缺乏能够证明他们目前这种优越性的固有的品质，但是，必须有人占据优越地位。坚持由明显比其他所有人都优越的人来占据这一地位反映出某种完美主义的思想，这与实际的世界极不适应。另一个实际的观察是，现有的秩序对于大多数妇女来说没有压制。一旦完成抚养儿童的任务，妇女有很多自由和时间，通过志愿性的组织，如教会和公益性压力集团（public-interest pressure group），有各种机会进入更广阔世界的事务之中。

通过描述这些立场，我尽力证明，没有任何立场是荒谬的，不堪一击的。另一方面，必须注意到，没有一个是没有严重缺点的。譬如，女权分离主义的一个严重的缺点就是它使共同体破裂。它拒绝了本书的一个主要前提，男人和妇女能够平等参与、进行不受约束的对话这一理想。至于激进女权主义，它最严重的缺点可能就在它的革命倾向。它号召即刻的、横扫一切的社会改革。但是历史几乎证实了（虽然1989年初东欧出现的事件要求重新考虑这个结论）人类不可能迅速地、完全地转变社会。在试图这样做的过程中，他们会释放出无法控制的力量，造成无法管理的局面。

那么，自由女权主义是合适的答案吗？对这个问题的肯定回答并非毫无问题。反对这一观点最有力的一点也许并不是它作为答案有缺陷，而是从一个女权主义的观点看，它根本不是答案。它实际上没有涉及女权主义的问题。接受现有的社会秩序以及男性对自由、公共和私人生活的定义，会留给妇女不公正的不利条件，使社会因为竞争和暴力而堕落。因此，至少，激进女权主义者会这样争论。最后，至于家长式保守主义，尽管从表面看是清醒和明智的———种远不是完全具有欺骗性的表象，但它可以被看做是避开平等问题，因此，让未受到挑战的体制和实践继续践踏正义的最高标准。

感到迷惑的读者——不仅对涉及妇女从属性问题，而且对不平等与平等的总体问题——不要灰心丧气，因为这些的确是让人困惑的问题。这是它们从来没有定论的一个原因。如果思考它们是个游戏，我们可以选择不玩。但是，涉及平等与不平等的信念决定了对社会如何进行组织。这些信念有爆炸性，已经引起过从希腊的城邦制时期到现阶段的无数次革命。因此，一次又一次地，我们不得不思考不平等的那些使人忧虑的现实以及平等的那些迷人前景。我们别无选择，只有承担这种迷惑。在我们接近那些"思想不能够思考"的事情时，我们自然会感到这种迷惑。

推荐书目

Plato. *The Republic*
柏拉图:《理想国》

Aristotle. *Politics*, Books I and III–VI
亚里士多德:《政治学》,1、3—6卷

Locke, John. *The Second Treatise of Government*
约翰·洛克:《政府论(下篇)》

Rousseau, Jean-Jacques. *Discourse on the Origin of Inequality*
让-雅克·卢梭:《论人类不平等的起源和基础》

Kant, Immanuel. *Critique of Practical Reason*
伊曼纽尔·康德:《实践理性批判》

Paine, Thomas. *The Rights of Man*
托马斯·潘恩:《人权论》

Tocqueville, Alexis de. *Democracy in America*, 2 vols.
亚历克西·德·托克维尔:《论美国的民主》,一卷本

Kierkegaard, Søren. *The Present Age*
索伦·克尔凯郭尔:《现时代》

Mill, John Stuart. *The Subjection of Women*
约翰·斯图尔特·密尔:《论妇女的屈从地位》

Marx, Karl. *Capital*, Vol. I
卡尔·马克思:《资本论》,第1卷

Nietzsche, Friedrich. *Thus Spake Zarathustra*
弗里德里希·尼采:《查拉图斯特拉如是说》

Ortega y Gasset, José. *The Revolt of the Masses*
何塞·奥尔特加·加塞特:《大众的反叛》

Camus, Albert. *The Plague*
阿尔贝·加缪:《鼠疫》

Orwell, George. *The Road to Wigan Pier*

乔治·奥威尔:《通往威根码头之路》
Okin, Susan Moller. *Women in Western Political Thought*
苏珊·莫勒·奥金:《西方政治思想中的女性》
Elshtain, Jean Bethke. *Public Man, Private Woman: Women in Social and Political Thought*
简·贝斯克·爱尔希坦:《公共的男人、私人的女人:西方社会政治思想中的女性》
Benhabib, Seyla, and Cornell, Drucilla (eds.). *Feminism as Critique: On the Politics of Gender*
塞拉·本哈比、杜希拉·康奈尔编:《作为批评方法的女性主义:论性别政治学》
Coole, Diana H. *Women in Political Theory: From Ancient Misogyny to Contemporary Feminism*
戴安娜·H·库里:《政治理论中的女性:从古代的厌女症到当代的女性主义》

第四章

权力和掌权人

对统一与不统一以及平等与不平等的讨论有利于我们开始探讨政治科学的主要议题：权力（power）。由于人们不统一，权力对于保证秩序就似乎很有必要；由于人们不平等，权力作为将每一个人置于人类最佳品行管治之下的一种方法，就似乎很合理。并且，政治上的许多争论是由权力对统一与不统一、平等与不平等的影响引起的。权力可以用于分隔人们和将他们聚拢，如美国的种族隔离和种族融合；权力也可能支持不平等，如给予富人特别的税负优待；权力也能支持平等，如在许多国家中实行的国家医疗保险制度。也许根本不可能将权力运用到既不统一也不分离，既不歧视也不平等的程度。正是由于这些相互的联系，前两章已经为我们做好了思考权力的准备。

有关权力的一些最基本、最困难的问题起源于它在道德方面是可疑的。也许，权力在本质上是坏的。可以肯定地说，运用权力常常涉及到很多恶。权力通常使掌握它的人变得邪恶（阿克顿勋爵的名言是"权力导致腐败"），并且在使用权力保证秩序产生的冲突中可以看到权力预设了恶。人类的关系中渗透着权力，这一点无可置疑地是人类根本缺陷的标志。

但是，甚至这几个小小的断言也已经说明我们走得太远了，对那些事实上远远不能肯定的事物表述的那样肯定。人类是否真的在根本上有缺陷？权力是否真的必不可少？有一些著名的作家，如俄国的小说家托尔斯泰（Leo Tolstoy）对这两个问题的答案都是否定的，并且提出要对权力进行急剧削减或完全取消。另一方面，有一些德高望重的政治思想家将社会秩序，因而也就是文明本身，看做是几乎完全依赖于权力的。

显然，我们遇到了一个必须在进一步深入之前需要探讨的问题。如果政治是权力的运用，我们必须问的第一个问题就是权力在人的生活中是否真的很有必要，如果是，它必须扮演多大的角色。

13. 社会秩序是否能够在没有权力的情况下得到维持？

无数的政治思想家经过讨论认为部分情况下可以。除了权力，秩序还有其他的根源。人类本性、利益的自然和谐以及习俗都被看做是人类和谐的基础，并且能够使社会至少在某种程度上无需权力。让我们简要地将它们一一检查一下。

1. 如果男人和女人根本上是善良的，那么，人类本性就是秩序的根源。认为人们根本上是善良的这一观念形成了贯穿政治理论史的一条线，并且，如我们所见，在像卢梭和马克思这样的近代思想家的理论中，这一点尤为显著和重要。另一位思想家，约翰·洛克，也在著作中肯定了人类的善。在构建自由政府的现代理论中，洛克的主要前提是人类在本质上是有理性的。这意味着两点：首先，大多数人能够认识到，其他人，仅仅因为他们是人就有一定的权利，如生存的权利。这进一步意味着，大多数人有意尊重这些权利。换句话说，理性既是一种认识能力（faculty），也是一种道德能力。它让我们能够认识现实，并指导着我们的行为。因此，对于洛克来说，人的理性意味着人有能力并且愿意理性地生活。

自然法在这一观点中占有很重要的地位，因为它为全人类提供了一种道德结构。理性是我们认识和遵守自然法的能力。最终的结论是，社会秩序在很大程度上是自发的。权力不可能被完全取消，但可以被归到生活的边缘，在维持社会秩序中起到偶尔和辅助的作用。

2. 利益自然和谐的概念完成了一大功绩，认为即便人类不那么善良，社会秩序主要还是自发的。对这一原则表述得最清楚的也许是所谓古典经济学家的理论。这些经济学家在十九世纪很活跃，他们的理论至今仍是自由企业的理论基础。古典经济学家不认为人类是善良的。相反，他们认为人类是唯物质的和自私的。但是，他们没有从这里得出结论，说社会秩序必须用权力来创建和维持。他们相信，如果政府仅仅保证个人经济活动的主要条件，如财产的安全和货币的稳定，不限制个人根据自己自私的原因和打算寻求他们自己的经济利益的自由，社会秩序的大领域——尤其是经济关系构成或决定的领域——就会自然形成并延续。一种不仅有益于效率而且自身合理的经济秩序用不着政府的太多参与就可以形成。由于生活作为一个整体是由经济利益和经济关系决定的，那么，一种好的社会秩序会自然地形成。

古典经济学家这样思考的原因是众所周知的并且也不难以置信。在自由市场内，社会上最需要的产品将得到制造和出售，没有任何人是被迫这样做的。追求利润的动机将提供足够的刺激。此外，市场将不仅会注意到效率，而且也会注意到公平，制造商会得到公正的奖励，买主会付出公正的价格，否则，他们之间就不会有商业往来了。在另一方面，那些不能够或者不愿意帮助满足社会需要的人将得不到任何利润，并且在没有警察介入的情况下受到惩罚。因此好的秩序将从自然经济规律的运行中产生。政府的权力只是用于在人类利益可以自由控制的范围内建立一个框架。对于古典经济学家来说，秩序是由他们中的一个称为自由市场的"看不见的手（invisible hand）"，而不是政府的看得见的手设计的。

3. 最后，很大一部分政治学学者认为，社会秩序是从习惯、风俗和传统中自发地衍生的。他们既不认为人的善良也不认为自然的和谐是理所当然的。他们依靠人类远古以来一贯的做法，思考古人的思想并且敬畏古老的东西，如宪法一类。如果有机会和平地发展，社会就会逐步地建立起一个传统实践和信仰的错综复杂的结构。这种结构比在任何特定时刻建立的任何社会秩序或信仰体系都有更大的智慧,因为它是世世代代积累而成的,并且在实践中经历过长时间的考验。当然,权力会起到保护传统秩序的作用,但是它不必起决定性的作用。说人类是习惯和风俗的产物,就是说他们从本性上讲是有秩序的。

人们很容易看到对延续不断的和缓慢演变的社会结构的极高评价中所固有的意识形态趋势。如果人的善良的原则是激进的,对已建立的秩序要作严厉的评判并暗示有可能进行迅速、彻底的改革,那么,对习俗和传统的依靠就是保守的。为了一种抽象的、更好的社会秩序而解散一种旧的、建立完好的社会制度,就像是为了腾出地方建立一个自由市场而拆毁一座宏伟的中世纪大教堂一样的轻率。在这里,我们再一次触及埃德蒙·伯克(在对第三个问题的讨论中)的观点,他认为秩序主要根源于习惯、偏见和敬畏。

总之,不同于人类设计的、以权力为中心的秩序的自发性秩序有三种根源。它们是人类内在的善良、有助于调和互相冲突的人类利益的自然力量,以及人们遵照过去的实践来安排自己生活的倾向。鉴于这一基础,我们必须如何回答像社会秩序是否可以在没有权力的情况下得到维持这样的问题。有三种可能的回答。

首先,是坚决的肯定,也就是通常所说的"无政府主义"。与广泛的印象不同的是,一个无政府主义者并不是喜欢混乱,愿意在公共场所引爆炸弹的人。相反,一个无政府主义者一般是极其温和、满怀希望的人。从本质上讲,无政府主义是一种信仰,认为我们可以在没有权力的状况下和睦相处。确实,这是我们能够在生活中全面发挥我们潜力的唯一方法,因为,权力不仅是不必要的,而且权力总是具有压迫性和破坏性。简而言之,无政府主义寻求的是废除政府。这一目的只能建立在一种信仰上,那就是自发性秩序的根源之一或者几种根源的结合足以保证秩序。无政府主义者本能地指望人的善良,因为秩序的其他根源含有强制的因素。在自然力量(如所谓的"供求规律")或习惯和风俗的影响下的行为不是完全自由的行为。只有人类达到无私的境界,即便在纯粹以自己的意愿生活时仍然可以和谐相处,那么,秩序与自由自远古以来的冲突才可以在不损害任何一方利益的情况下得到解决。

这种哲学可信吗?不尽然,因为在大多数人看来,它的基础是一种对人类本性不现实的看法。因此,在政治思想史中,曾经只有为数不多的几位无政府主义者。无论如何,这种观念不应该被轻易抛弃。第一,它可以接受修改,从而加强它的可信度。它可以被解释为,不是要完全废除集中化的管理制度和合理的团体,而是激进地分散权力,废除所有强制性的机构,如警察和军队。这样一来,这种社会完全没有暴力,并且充满了互助合作的精神,尽管没有深思熟虑的设计和管理它们很难维持下去。其次,无论怎样不实际,无政府主义代表了一种人类无可避免的期望,就是对人类之间完全的理解及和平的期望。任何人如果严肃地希望过地球上的生活将来有一天会以我们的意志为转移,那他就在某种程度上是无政府主义者,因为,这种希望必定寻求对权力的根除。

对我们讨论的问题的一个更为普遍的答案是谨慎地否定:如果不实施任何权力,社会秩序不可能得到维持,尽管社会秩序不是完全依靠权力来维持的。这种观点得到了美国宪法设计者的支持,而且,可能依然得到大多数美国人的支持。我们可以称这种态度为"自由主义(liberal)",如果我们用这个词来形容除了无政府主义者之外所有相信自由(liberty)的人,包括我们称为"保守派"的大部分人。根据这种观点,许许多多的秩序是自发地衍生出来的,但是这种秩序不完全、不完善,因此,需要用权力进行监督和维持。自发性秩序的三个根源本身满足不了需要。人类从整体上讲是有理性的、公正的,但是仍然要接受监督;有少数人是相当没有理性的、不公正的。自然的市场力量可以产生强大的经济公正性和效率,但在某些情况下也失败过。除了一只看不见的手,一只看得见的手也是必要的。最后,虽然习俗和传统在维持文明方面起到无法计算的重要作用,但它们远非毫无过失。它们必须有时得到有意地——也许通过实施集中化的权力——修改或者甚至废弃。其结果是,权力虽然只是附属性的,但是它仍然是不可缺少的。

这种观点似乎对大多数人来说很普通、很平常,根本不是什么大胆的思想上的飞跃。但是它很重要,因为它强调了有秩序的自由这一观念。这一观念得到大多数美国人的支持,而且某种程度上在美国得到了实现。如果没有自发的秩序,所有的关系将必须由政府去策划和维持。极权主义将不可避免,自由将不可能获得。人可以在某种程度上得到自由是因为他们不仅会自然地制造混乱,而且会自然地创建秩序。也就是说,政府可以得到限制是因为大量的和谐关系可以在没有政府策划的状况下自发地产生。人们目无法纪的倾向排除了无政府主义,他们守纪律的倾向又排除了极权主义。

社会秩序可以在没有权力的情况下部分地(尽管不是全部)得到维持的原则,自然地导致强调群体生活的重要性。自发的秩序不仅趋向于采取在一个国家之中一致及和谐的形式,而且采取在比国家更小一些、更特别的群体之中一致及和谐的形式——俱乐部、企业、大学、压力集团、政党干部会议、教会以及或许比其他任何形式都重要的家庭。社会总的凝聚性极大地依赖于这些群体提供的结构细则。此外,个人的力量及独立性也来自于他们不至于在勇敢面对中央政府时孤立无援。因此,大多数学者认为,一个稳定的立宪政府建立在很多不可或缺的私人交往的基础之上。在对美国民主的经典研究中,亚历克西·德·托克维尔认为,美国人在形成私人交往方面的特殊才能,在稳定有秩序的自由上起到了不可或缺的作用。

最后,我们必须注意到对问题的一个强烈否定的答案:社会秩序能够在没有权力的情况下得到维持吗?当然,没有人可以否定,除了权力以外还有其他的秩序根源,至少在有些时候,人们的举止合乎礼仪,通过竞争达到好的结果,也很重视习俗。但是,有些人感到,这些根源完全不可靠,生活中目无法纪的趋势远远超过守纪律的趋势。因此,权力是秩序唯一的有效根源。这种观点可能来源于基督教对罪孽的强调,但是基督教总的说来支持有限政府。这是霍布斯的观点,是人类在本质上是隔阂的这个原则的必然产物。但是,它最出名的代表是尼可洛·马基雅维里(Niccolò Machiavelli, 1469—1527年),一位佛罗伦萨的政治家、流放者、作家,他系统地阐述了许多权力政治的基本规律。

与他可怕的名声不同,马基雅维里对人类的观点大概比奥古斯丁或者霍布斯的更为乐观一些。他经常写到政治中的美德和腐败,表示出他不认为人是完全地和不可救药地邪恶。马基雅维里认为,道德存在于如忠诚和诚实等品质中,这些品质使人倾向于自愿维护秩序,只有在这些品质失去之后,绝对控制才是不可避免的。但是,马基雅维里认为,所有非强制性的和非策划性的秩序都是极其不稳定的,这就是"马基雅维里主义(Machiavellianism)"的精髓。人类总是易变和自私的,也是混乱之巧妙和不断的根源。因此,秩序依赖于——如果不是永久地,也是不时地依赖于——政治领袖的坚定和技巧。马基雅维里的两部主要著作《君主论》(*The Prince*)和《论李维》(*The Discourses*)都是对政治技术和谋略以及军事艺术的反思。马基雅维里的中心学说固然存在于他对人性的悲观评价之中:秩序,因而文明,不是以人的善良为基础,而是建立在统治者的政治洞察力的基础之上的。

不幸的是,马基雅维里对我们的问题的回答似乎比另外一个极端的答案——无政府主义——更适合今天的状况。在我们这个时代,每一个大陆和文明都遭到过国家之间的战争、阶级之间的战争、种族之间的战争和宗教之间的战争的蹂躏。上百万的年轻人在两伊战争中丧失生命。成千上万的拉丁美洲人死于为上层阶级利益服务的处决队（death squads）的手下。犹太人和阿拉伯人在几十年的暴力对抗中打得难分难解。在印度，自从获得独立之后，印度教徒大批地屠杀穆斯林教徒。人类是深深地、不可救药地目无法纪这一观念是相当有说服力的。然而，正如不能轻率地不考虑无政府主义一样，马基雅维里主义也是不能够轻率地接受的。这是因为，它会导致对政治的绝望，也就是说，会感到立宪政府不实际，不可能达到自由。坦然地说，人们没有发现马基雅维里本人有这种绝望感。但是，如果人类是一种无可救药的混乱物，那么，只要人类存在，社会就一定会沉浸在权力和所有与权力共存的、不可避免的邪恶之中。

　　我们面前的问题显然是一个实际的问题。譬如，是否现在可以说，冷战的结束可以使美国大量地削减其军事开支的规模了？许多人认为可以，因为超级大国之间的战争威胁已不再存在。其他人则说不可以，部分原因是，在苏联曾经维持着和平的地区爆发了种族和宗教冲突，美国的武装力量也许在同一时期必须用于不同地区。另一部分原因是，鉴于俄国在苏联政府解体之后的混乱，我们不能保证，俄国在今后的几年中，不会再一次地成为一个敌对的帝国力量。你对这个问题的看法主要取决于你认为人类秩序对权力的依赖性有多大。另一个有关权力作用的实际意义的例子，是以在美国泛滥成灾的暴力为基础的。在美国，有足够的枪支可以武装所有的男女老少，每一个主要城市中，每天都有随意杀人的事件发生，作为总统，或只是某种明星，就是生活在多多少少不断的暴力杀戮的危险之中。在美国维持城市的秩序是否必须争除警察的巴尔规定，因为这些规定可能在保护个人的过程中抑制对罪恶的有效镇压？你的答案仍然主要取决于你认为权力有多重要。

　　读者会注意到，在前面的讨论中，我们经常触及本书中第一个问题的一些方面——人类是否在本质上是隔阂的？人类是目无法纪的和人类是隔阂的并不是一个同样的问题。目无法纪只标志着隔阂的一种形式，即可以造成公开的行动的那种。相反，也不能得出结论说，只是由于人类自发地遵守秩序，他们就没有受到隔阂。譬如，正如我们已经看到的，有些学者发现，人在习俗和传统之平静的表面下有着深深的隔阂。马克思认为，他们在资本主义秩序下是受到隔阂的。但是两个问题很明显是紧密相连的。如果你相信人类在本质上是隔阂的，你将会很容易地认为，人们不可救药地处于混乱状态。在另一方面，如果你相信，人类在本质上是一致的，你将会得出结论说，人类中有，或者能有大量的、自发性的秩序。因此，在这里，反思一下你对第一个问题的思考，也许会有帮助。

现在让我们假设，无论无政府主义的选择多么吸引人，已经遭到了拒绝。没有权力，社会秩序不可能得到维持。紧接着，另一个重要问题就出现了。谁应该掌握权力：军事领袖？商业世界的男男女女？某种知识贵族，如科学家和哲学家？资产阶级的代理人，也就是那些有财产的成功人士？人民的斗士？工人？许多政治上的紧张局势都集中在这个问题上。内战和革命都是由于对这个问题的对立的答案引起的。自从有了政治思想，哲学家们已经尽力去发现最终的、不变的原则，按照这些原则分配权力，从而回答接下来的问题。

14. 谁应该掌权？

"任何人"和"没有人"是这个问题的众多答案中的两个。两者都似乎行不通。

"任何人"的答案无疑存在于霍布斯的哲学思想中。霍布斯愿意接受任何人掌权的原因之一，是他那犬儒式的平等主义思想。霍布斯对"伟人"或任何种类的上层人士都不信任，没有任何人被他排除在他对人类本性的那种悲观评价之外。因此，他不认为谁来掌权是个大问题。但是，用如此悲观的眼光看待事物，他不能就说没有人应该掌权吗？不能，因为他认为，这样会引起无法忍受的混乱。如果人类像霍布斯相信的一样,在本质上是隔阂的并且彻底地目无法纪的话,他的立场就有道理。

我们还是可以问,将至上的权力给予一种霍布斯描述的人物是否同样会造成不可容忍的混乱——一个永远地、坚决地以自我为中心的人。他只是一个复杂的物体,像其他现实事物一样,受到因果规律的控制。霍布斯不这样认为,他的理由基本如下。每一个人都是自我中心的,欲求自我保护超过任何其他事物。自我保护只能在和平的地方获得,和平是一个强健的、有良好秩序的国家的产物。这种国家是一个统治者的臣民的第一目标。统治者欲求什么?像其他人一样,自我保护。但是,对于统治者来说,满足这种欲求的第一条件是权力。权力如何可以得到?通过组织一个强健的、有良好秩序的国家——与臣民所寻求的目的一样。因此,政府和人民之间就有一个基本的认同。

基于这些论点,霍布斯认为,任何人控制国家,都会像其他人一样有效,尽管存在个人的利益,他们也会试图促进在他们控制之下的他人的利益。

当然,对权力的怀疑是普遍存在的。但是只有少数较为不引人注目的思想家采取了极端的立场,认为不应该把权力委托给任何人。这些思想家是无政府主义者,我们在讨论前一个问题时提到过他们。他们的信仰是悲观的,认为权力会不可避免地遭到滥用,但在另一方面又乐观地相信,可以免除权力,而且,在根本没有任何强制的情况下,秩序与和平都能够安全地建立起来。对于他们来说,每一种形式的权力都既不可容忍,又没有用。有智慧的人怎么能够赞成看上去如此自相矛盾的理论呢?

正如我们所观察到的一样,他们肯定这一理论,是因为他们坚持认为,统治者的错误不能反映人类本质上的品性。人在本质上是互助的、无私的。当政府被摧毁,或者文明得到进一步的演变时,这种本质就会显示出来。基于这种假定,作为对他们中许多人在自己的生活中经历过的恐怖的补偿,无政府主义者抱有一种勇敢的希望：压迫以及政府本身将会消失，人类将成为一个完善的共同体。这种希望可能让人感到奇怪和难以置信，但是由此产生出一种学说，其道德的纯洁性和哲学上的大胆都值得尊敬。

当我们思考两种极端思想之间的答案时，我们穿越在前一章中——我们碰到了和不平等与平等有关的问题——走过的路子。谁应该掌权这个问题已经被两大政治和哲学派别讨论研究过了。这些人就是少数派的支持者和多数派的支持者。一种合理的决定，无论是支持一方还是另一方，都只能在思考人类在本质上是平等的还是不平等的这个问题之后，才能达成。

是否有一定的美德只被少数人拥有，而大多数人不拥有，因此拥有那些美德的人就值得拥有权力？人们经常是这样认为的。据柏拉图所言，哲学智慧就是这样的一种美德；被认为内在于圣职授任中的神圣权威受到基督徒相当的尊崇；独特的政治能力经常被看做是少数一些人的特质，家庭背景、教育、军事上的成就或商业上的成功使他们有别于他人。人类有一种惊人的、强烈的愿望去吹捧某个小群体。中世纪的神父和国王可能已经下台，但是二十世纪捧出了自己的一些神圣和高贵的权威，这在对共产党和纳粹上层人士所赋予的信任以及对科学家、技术人员和管理人员所赋予的信任上表现得非常明显。

在政治思想史中，对民众掌权观念的支持度比我们期望的要低。确实，在两千五百年以前的希腊，许多人信仰参与式的民主，因为不少城邦都有直接（而不是代表性）的民主制。但是，伟大的希腊思想家或者蔑视民主，或者对此有极大的保留，而且早于基督几个世纪的亚历山大大帝的征服基本上废除了民主，民主只是在近期重新恢复的。在这期间，曾经有过民主运动，这里或那里的人信仰过民主。但是政治思想家，虽然在理论上经常给予人民很大程度的权威性，却认为在实践中这种权威应该受到严重的限制。他们很少提倡民众掌权。

民主思想的缺乏是由于那些有闲暇时间去思考和写作的人的

一种阶级偏见,或是由于一种觉察到民主的不足的智慧,或是由于在通讯媒体技术发展之前组织民众掌权之艰难,或是由于一些其他原因,我们不能肯定。无论如何,直到十七和十八世纪,民主的观念才不折不扣地得到肯定。卢梭是第一位在著作中肯定了民主的伟大思想家。

对于卢梭来说,我们不得不生活在一个我们无法参与其统治的政府之下,这使我们丧失了我们的人性。即便政府是慈善的和明智的,人性的缩减也会发生。然而,如果绝大多数人不参与政府管理,政府几乎肯定是自私的和暴虐的。只有人民的统治能够真正地、稳定地专心于公共利益。只要人民既没有被现代城市文明所腐蚀,也没有对有缺陷的政治安排感到灰心丧气,卢梭认为,他们就具有相当于道德和政治尊严的品质。

但是,对大多数而不是对有选择性的少数赋予信任真的就更合理吗?大多数政治哲学家对民众掌权所持有的怀疑,是否构成了智者的一种共识,因此我们不应该轻易反驳?近代的民主和社会主义的经验,使人民得到了更多、甚至可能是完全的权力,这引起了许多疑虑。许多观察家判断道,人民的文化鉴赏力是粗俗的,他们的政治主张是建立在无知和偏见的基础上的。

有些人回答道,实际上,人民没有得到多少权力,他们的失败反映了少数人仍然在施加负面影响,如控制了电视和报刊业的商业利益。民主从来没有机会展现自己的美德。

显然,很难在少数人和多数人之间做出决定。这就是为什么自从最早期的政治思想以来,大多数思想家拒绝站在任何一边,并且争论道,贵族和民主应该以某种形式结合在一起。亚里士多德认为,通过赋予大量中间阶级以权力,便可以实现这一目标。他坚持认为,由这一阶级进行统治,既能够比少数人统治,也能够比多数人统治要更温和、更合理。

在不存在强大的中间阶级的地方,亚里士多德的理论便不适宜,因为这样的一个阶级不可能很容易、很迅速地创建出来,也许根本无法创建。而且，有些人认为，既然上层阶级和下层阶级都不应该独立进行管理，那么，他们可以分享权力。政治思想家将注意力更多地放在组织性的机构上，少数人和多数人可以在里面共同进行管理。譬如，有些人建议，行政权力应该保留给有特殊荣誉的人，而立法机关应该表达人民的意愿。

鼓励贵族和民主结合的伟大思想家的名单是很令人印象深刻的。这一事实以及已经讨论过的论点说明，这个概念具有其智慧。但是，这里有一个缺陷，对某些人来说将是决定性的：这个概念几乎不包括任何多数人需要的、激进的社会和政治变更。如果所有阶级分享管理权，任何严重地危害到任何一个阶级利益的事都不可能做成。因此，既不是由少数人管理，也不是由多数人管理，而是混合管理的这种政府理念主要会吸引那些对现状满意的人。

通常，以最激烈的方式提出"谁应该掌权"这种问题的人，是那些对现状不满的人。他们最可能宣称，某个特殊的团体不仅是权力储备的最佳选择对象，而且这个特选的团体可以从历史的变迁和痛苦挣扎中救赎人性。柏拉图为哲学家做出这种断言，马克思为无产阶级做出这种断言，而列宁为共产党也做出这种断言。当我们面对这些断言时，我们不得不问，我们能够合理地期望统治者做到什么？我们是否应满足于领袖的谨慎以及避免灾害的事务处理？或者，我们应该寻找救赎性的智慧，寻找一个摩西，带领我们摆脱平凡的生活和平庸视野对我们的禁锢？

最后一个涉及权力的问题值得我们注意。总体来说，对"谁应该掌权"这个问题的现代答案是应该由多数掌权。某些贵族式的机构——像美国的最高法院——的特权表明，这个答案并非是绝对的，但是大多数为少数人的权力和特权作辩护的人认为，这类机构只是对占优势的、准确地说是民众政府的制度进行谨慎的约束。很少有人公开攻击民众统治的基本原则。因此，应该考虑民众政府如何能够最好地运行下去。

15. 如果人民掌权，应该他们自己掌权，还是通过代表？

理想主义者趋于相信，直接（或"参与"）民主远比代议制民主更优越。像卢梭一样，他们感到，"主权……不能够被代表"，而且他们同意他对英国政治体制所做的著名的批评："英国人认为自己是自由的，但是，他们犯了极大的错误：他们只是在选举议院成员时才是自由的。一旦选完，就成了奴隶制，他们就什么也不是了。"①

也许，这个观点是正确的。然而，鉴于人们捍卫参与民主的热情和频繁程度，或许我们应该记住，代议制民主的论点也并非不牢固。请考虑以下几点：

1. 代议制制度在允许人民作为总体有最终发言权的同时，能够使那些对政治事务有突出的智慧、精力和兴趣的人也获有权力。直接民主会将这些少数人埋没在大众中间。

2. 代表们可以将他们的所有时间用在政府管理上，而作为总体的人民群众不可能做到这一点。由于政府必须持续运转，其结果就是，在日常政府工作方面，代议制民主可以比直接民主提供更稳定的民众管理。即便是在非常小的国家，所有人口可以集中在一起的次数，不可能超过几周一次。因此，大部分时间里，政府不得不由不受到监督的少数人来管理。

3. 一个代表机构比一个大的民众集会更有可能进行从容不迫的、非情绪化的审议。代表们有日常的、面对面的接触，因此，他们相互之间的反感可能由于个人之间的理解而得到调和，而且，由于代表们人数少，见面多，他们之间的关系随时可以通过礼节建立起来，保护着审议的宗旨和过程。而另一方面，大批民众的成员一般不可能在个人层面上相互认识，仅仅一大群人的存在就

---

① Jean Jacques Rousseau, *The Social Contract and Discourses*, trans. with an introduction by G. D. H. Cole (New York: Dutton, 1950), p. 139.

会压制审议,激起煽动性的讲话。众多的人会比构成代表机构的少数人更易受到某种暂时性的情绪的左右。

4. 直接民主只能在人数很少、范围很小的政治体制中施行,否则,经常性的人民集会是不可能的。代议制民主为大规模的、甚至全球性的政治一体化打开了大门。将众多人民联系在一起,不仅有军事、经济和文化方面的利益,而且在政治稳定方面也一样。正如詹姆斯·麦迪逊(James Madison)(虽然他不是普选权的支持者)在著名的《联邦党人文集第10篇》(Federalist No. 10)中争论道,一个政体应该包含各种各样的利益,以使某个单一的团体,如种族或经济方面的少数派,在实质上不可能攫取统治地位或者进行对抗公众利益的活动。

这四点为代议制民主做出了清醒的、合理的辩护。支持直接民主制的人能否做出同样清醒的、合理的辩护,的确值得怀疑。但是,这并不是说,他们的主张更缺少说服力。其实,那只是另一种主张而已。代议制民主的支持者通常从常识出发,也就是说,他们的观点之一是,他们预计未来的人民仍然与他们过去的自己一样,作为整体,很少表现出敏锐的智慧或坚实的责任感。另一方面,直接民主的支持者通常更依靠希望而不是经验,依靠人们会变成什么样而不是他们实际是什么样。至少有两种颇具说服力的观点激发了直接民主的理念,其中没有哪个会由于与常识相背离而遭到削弱。

首先,一种观点认为,作为管理自己生活的人,不应只是消极地并片面地认为自己应该生活在一个按个人喜好行事的领域中,而是应该积极地、全面地考虑如何筹划并决定生活的整个秩序。个人自己可能难以如此获得主权,但民众可以。直接民主允许个人分享最高主权,而且,很大程度上的意见一致将进行管理的民众联接在一起,个人就会感到人民的决定实际上就是个人的决定。反之,代议制民主意味着消极的公民身份。如卢梭所断言的一样,你参与选举时是自由的,但是在其他时候,你是个臣民而不是主权者。

另外一种观点认为,共同体不可能被代议制民主的概念所接受。代议制可以缓和但不能够战胜存在于掌权和不掌权者之间、政府和被管理者之间巨大的分歧。很少有其他境况能够使人们相互之间隔阂如此之深。直接民主的一个持久性的号召力是,它保证跨越这一鸿沟,人类不再会有统治者和被统治者之间的区分。所有的人都一起受到统治,也一起进行统治。直接民主可以彻底地、确实地成为一个共同体。

因此,在一方的实事求是和另一方的美好愿景之间。你将如何进行选择?思考下面的问题,可能有助于你表明自己的立场。

1. 政治值得你为之花费多少时间?卢梭认为,"一个国家的宪法越好,公共事务对公民头脑中的私人事务就有越多的侵占"[1]。但是,公共事务对私人事务的侵占一定好吗?卢梭认为好,那些全心全意支持直接民主的人也必定这样认为。但是,被公共事务挤出去的私人事务可能是阅读文学名著、创造艺术作品、陪伴朋友和亲人的乐趣、个人在体育或一种工艺方面的技能的培养,或者是对学术或科学研究的追求。这些都没有公共事务重要吗?当然,不是每一个人都会认为政治更重要。直接民主要求每一个人大量的时间及精力,很难相信你能够在逻辑上赞同这一制度,除非你相信,我们只能在政治和公共生活中实现我们的人性。

2. 工业社会有可能在没有官僚机构的情况下,也就是没有组织严密的专业管理人员队伍的情况下运转吗?如果可以(譬如,马克思就相信可以),直接民主在某天就可能行得通。如果不可以,直接民主的理想也许就是个幻想了,因为,官僚制是一种现代的贵族政治,官僚多多少少是稳定的、有特权的统治集团。在

---

[1] *Social Contract*, p. 93.

有官僚制存在的地方，只有有限的、非直接的民主可以存在，而且，只有当官僚制绝对对人民负责时才可能存在。而且明显的是，那些掌握一定专业技能并且经常见面的代表更能够承担这种责任，而非那些只是偶尔见面的众多杂聚在一起的公民。

3. 政治问题的解决要依靠人类的哪些品质？如果其中最重要的是专业知识，譬如，工程师和社会科学家的专业知识，直接民主就是一种可疑的理想。公民不可能都是所有领域的专家。每个人都知道，我们生活在科学和技术的时代，这个时代存在大量复杂和大规模的社会现象，因此看上去好像应该由专家掌权。那么人类是否有某些普通男女都可以具备的共同品质，与之相比，专业知识应该是次要的呢？有人会说有：品德和常识。但是普通人真具有这些品质吗？它们实际上与现代国家所面临的问题有关系吗？

整个问题反映了我们调和权力与个人尊严的努力。民主的基本思想是，要调和两者，主权或最高权力就必须掌握在人民手中。但是怎样才可能做到？人民共同统治，在其字面意义上，便不是政府统治。代议制民主和直接民主的概念是两种解决问题的不同方法。代议制民主是"实际的"解决办法，默许政府的必不可少性，也就是集中的权力，并且只要求实施这些权力的人定期地得到人民的认可。直接民主是"理想的"解决办法。这种办法慢慢地向无政府主义靠近，将政府缩小到一个从属的管理机构，号召人民自己制定法律。代议制民主没有克服政府和被管理者之间的异化状况，但它那现实主义的态度也使它并不试图去那样做。直接民主富于想象地攻击这种异化，问题是，在二十世纪复杂的、工业化的世界，直接民主是否真是一种选择。

每个人都知道，这些对于权力正当归属问题的各种争论不是以超然的态度进行的。相反，争论的态度是尖刻的、激烈的。主要原因之一是，权力是许多人贪婪地渴望的东西。对这些人来说，权力就是生命，没有权力的前景是令人沮丧的。权力真的有益于其所有者吗？它能促进幸福吗？或者它实际上是一种负担？它是改进了有权人的人性——譬如，使他们更好地为他人服务——还是使他们变得傲慢和无情？

16. 有权力好吗？

两种古老的、截然相反的答案使这个问题引起人们的注意。对于亚里士多德来说，政治为人类完满实现人性构建了一个尤为有利的领域。当亚里士多德说"人是一种政治动物"时，他在某种程度上是指，通过政治活动我们可以真正实现我们的主要潜能。我们本质上是联结在一起的，这就意味着我们的本质，经常被表述为勇气、自尊以及诚实等美德，只有通过人际关系才能实现。所有关系的总和是国家（更确切地说，是城邦），国家接受并协调所有小一些的团体。要完全地与我们同类的人联系起来，需要有意识地参与国家事务，也就是政治。总而言之，亚里士多德认为，与其他公民一起掌握权力提供了一种无与伦比的丰富生活。

亚里士多德兼顾美德和幸福。在近代，许多人认为这两者是对立的。对亚里士多德来说，它们是不可分割的；政治活动同时既是义务，也是自我满足。

但是，亚里士多德的观点只适用于在好的国家施行的政治活动。亚里士多德认为，做一个暴君或支持一个暴君都是没有美德或不幸福的。真正的政治活动只有在能够自治和进行法律统治的地方才可能实现。

与亚里士多德完全相反的观点出自另一位伟大的古代思想家，伊壁鸠鲁（Epicurus，公元前342?—前270年）。在看到城邦制的垮台后，伊壁鸠鲁在有着温和的快乐和最少的痛苦的生活中寻求安宁。他的观点可以被总结为这样一条训诫："不为人知地活着"（live unknown）。伊壁鸠鲁试图处理生命中根本的迷惑（与现在的异化不无相似），它们来源于作为一种生活方式的城邦制的没落。

在一个突然变得广阔而陌生的世界中，伊壁鸠鲁希望发现一个人如何能够达到自足与安宁。他的探索导致他否认"人是一种政治动物"这一观念。政治意味着与幸福生活的完全对立，意味着永久性的烦恼和对其他人的依赖。只有在私人生活——在亚里士多德看来是一种坟墓——中，一个人才可以找到幸福和独立。

今天，持伊壁鸠鲁观点来观察美国社会的人会说，那些寻求政治生涯，从当地和州政府的位置上升到华盛顿的权力顶峰的人是愚蠢的，因为他们将碰到的只有烦恼和痛苦。他会同样地谴责激进的斗士和活动家，因为他们和政府成员一样，严重地违背了冷漠无涉的原则。一个持伊壁鸠鲁观点的人甚至不会同情对人们参与选举的号召。最好集中精力维持自己私人生活中的平衡及和平，而不去管当前的政治形势如何。

在对"有权力是否好"这个问题可能有的所有答案上，亚里士多德和伊壁鸠鲁站在了两个极端。今天的大多数美国人可能不愿意支持二者之中的任何一种立场。许多人可能会说，行使权力不会改善一个人的生活，为其带来满足感和幸福，但是这是一种责任，因此至少可以提高一个人的道德观。与此相近的一个观点是在伊壁鸠鲁时期之后的一百多年，由斯多噶派提出的，为管理和保卫罗马帝国所需要的政治决断作出了贡献。

斯多噶派有关宇宙是一个神圣秩序的概念，强调了人们应认真履行符合自身地位的职责。每一个人应该起到一份作用，无论这份作用是什么。不应该去寻求政治生涯，但是，任何在正常生活道路上被引上政治轨道的人，都应该接受这一责任。一个奴隶应该接受做奴隶的命运，并且意识到，一个人的人性不可能被遭受奴役所摧毁，却会由于没有理性地、冷静地认真履行参与宇宙神圣秩序的自身职责而遭到摧毁。一旦面对政治任务，一个人就应该履行职责，不要被一个勤勉的掌权者会面临的种种犹豫与挫折所左右。无论结果如何，一切都是它应该是的样子。

不论这个观点是否正确，我们必须承认，如此严肃地强调责任,在政治动乱时期会很有用处。罗马发现了这一点,也许美国人将会看到这一点的时间离我们已经不远了。

这三种观点——亚里士多德、伊壁鸠鲁以及斯多噶派——都怀有一定的希望,而且是建设性的。伊壁鸠鲁和斯多噶派的观点反映出幻想的破灭,但是告诉了我们,在邪恶围绕着我们的时候,如何很好地生活。有一种更玩世不恭的观点,在我们这样一个纷扰不安的时代里,很可能有不少追随者。根据这一观点,权力不是道德的或对社会有益的,但是却很值得拥有,这或者是因为它可以向肆无忌惮的人提供机会满足个人的利益,或者只是因为它可以给人实施权力的乐趣和振奋。我们认为哲学家们不会去论证这样的观点,它反映在那些太热衷于获取权力和运用权力,因而没有时间进行思考和写作的人的生活中。要想在一个伟大的思想家的著作中找到它,我们必须看到其表面之下的东西。

正如我们已经提到的,马基雅维里无论对统治者寻求的目的,还是他们运用的手段中内含的道德性质,都不是漠不关心的。对马基雅维里来说,成功不是一切。但是他对权力有着很浓厚的兴趣,以至于他经常显示出对灵巧的政治花招的满意,却不关心它的最终结果或它的内在道德性质。此外,在马基雅维里看来,当权力采取了暴力和恐怖形式时,权力的魅力似乎得到了加强。虽然他没有明确地为两种观念——权力本身就是目的,以及权力只是满足实施权力的人的私人利益——作辩护,他的著作有时的确表达了他的感受,认为权力在某种程度上仅仅通过政治精湛技艺的荣耀和刺激,就能被证实是正当的了。

权力是否对掌权者有益,在今天是一个尤其紧迫的问题。二十世纪的政治充满了混乱和暴力,现代政府面对的问题无论在数量上和复杂性上都是惊人的。权力对于那些在任何时代实施它们的人是不是幸福和满足的源泉,这一点还很不清楚。在当今这个时代,拥有权力似乎是一种特别值得怀疑的特权,特别是对于那些关心个人内心安宁和道德正直的人来说更是如此。因此,今天的政治经常遭到最聪明和最诚实的人的厌弃，却吸引着那些寻求财富、名声和权力的人。这种状态构成了政治秩序中的危机。如果最好的人唾弃政治权力，而最坏的人热切地夺取权力，我们便不可避免地得出结论说，麻烦会越来越大。这些议论有多少适用于当今社会这个问题，还可以讨论，但是，对于它们在某种程度上适用于许多社会这一点，似乎没有异议。因此，我们面前这个问题的意义何在？如果拥有权力是不折不扣的好事这个原则可以成立而且得到接受，政治会成为一个高尚的人类活动的领域。如果这一原则不能成立，那么，悲观主义——不仅对不久的未来而且对整个人类历史——似乎就是不可避免的了。

总之，让我们假设，我们已经确信，权力是一种实际的需求，而且，实施权力从道德上讲有其正当性，那么，那些权力的从属者会怎样呢？他们为什么要顺从？

17. 为什么服从？

至少在表面上，拥有权力是高尚的和光荣的。没有权力并且从属于其他人的权力，至少在表面上是不那么体面的。为什么一个人要接受这种地位？这是政治思考的中心问题之一。如果这个问题得不到答案，那么，整个政治秩序，包括其所有职能、法律以及尊严就都站不住脚了。

用另一种方法提出问题就是，什么能使权力正当化，或者，什么能使权力从赤裸裸的力量转变为权威。在整个历史的长河中，人类一直对严酷的权力、对要求没有任何道德权利支撑的顺从感到不满。但是，一直没有要战胜这种受到触犯的感觉的需求。不顺从是危险的。一个没有多少依据的对正当性的宣称就足以使大多数人变得顺从。然而，并非只是一小部分激进派或特别认真的人，如贵格会教徒，才询问为什么人们必须服从政府。几乎所有人的自尊都依赖于他们服从的政府保证有道德权利使人服从。

也许对这个问题所做出的最古老的和最经久不衰的回答，在今天看来是荒谬的：君权神授。直到几个世纪以前，大多数政府仍声称，他们的权力是上帝赐予他们的。这种断言在基督教社会出现之前还说得通。"自有史以来，"历史学家克里斯托弗·道森（Christopher Dawson）写道，"国王一直与暴君、地方行政长官或政府官员区别开来，因为他具有一种神授的能力（charisma）或天命，使他与其他人不同。"[1] 当然，从这个原则中做出的一个推断是，必须绝对服从。政治反抗就是对神的反抗。

但是，国王具有神权的概念似乎没有回答问题，而只是压制了问题。确实，权力令那些从属于它的人承担了巨大的道德负担，而且毫不奇怪，在宗教时代，人们通过想象权力是得到神认可的来减轻这种负担。神权的观念完全是荒谬的，并非首先是因为它是建立在宗教性前提的基础之上，而是因为这一前提——上帝——不能证成其结论。上帝使每一个政府变得神圣这一观念，并不比上帝使每一次革命变得神圣的观念对宗教信仰更有必要性。国王通过神权进行统治的观念之所以持久的一个原因，可能正是统治阶级希望压制一个爆炸性问题。可以肯定地说，这一观念不是通过开放的探究而获得的，而且根本经不起这种探究。

在近几个世纪中，出现了一种观念的完全转变。世俗性和宗教怀疑主义使神权的信条完全令人无法相信。在有关服从的问题上，个人自由的理想将提供证据的责任转移到了政府的身上。同时，民众中出现的自信和政治觉悟已经使抗拒行为具有创造历史的潜力。因此，"为什么服从？"这个问题提得越来越多，并带有不祥的坚决性。

除了神权理论之外，为服从所做的最简单的辩护，可能就包含在同意的观念（the idea of consent）中。正如洛克所说："人……

---

[1] Christopher Dawson, *Religion and Culture* (New York: Meridian Books, 1948), p. 109. 黑体字是道森用的。

在本性上都是自由、平等和独立的。没有人可以在不得到他自己同意（Consent）的情况下，被逐出这个状态（Estate），从属于其他人的政治权力之下。"①一个人不是非要服从，除非他自愿地同意这样做。至少，洛克曾经似乎暗示过，不仅政府的成立需要同意，而且每一项严重影响个人生活或权利的政府活动也需要同意，因为，他写道，"最高权力（Supreme Power）不能够在不征得人们自己同意的情况下，从任何人那里拿走任何他的财产（Property）。"②如果这一训谕按字义得到遵守，纳税就是自愿的了。的确，如果我们没有任何义务去服从，除非在每一个具体的状况下都单独表示同意这样做，那么，严格地说，我们根本没有服从的义务。

政治义务是建立在同意的基础之上的这一理论，将政府置于自由的从属地位。假设洛克没有想走得如此之远，要求每一项政府的活动都要经过同意，那么，他总的观点是，不能正当地向人们提出任何不符合个人非强迫性的、清醒的意愿之要求。毫不奇怪，一些政治思想家试图设计一种没有太多无政府主义调调的服从理论。其结果之一是"公共意志"（general will）理论。这个理论最终是由卢梭系统阐明的，但是，在其他政治哲学家如柏拉图和亚里士多德的哲学思想中也含蓄地提到过。

根据这一理论，服从的义务不取决于一次在先的同意行为（虽然卢梭恰巧将同意概念加进了他的政治理论中）。如果一个政府的运行遵奉卢梭说的"公共意志"，那么，这个政府值得服从。什么是公共意志？或者用更合适的形式问，什么品质使意志成为公共的？不是简单的每一个人的意志，因为这只能使公共意志成为同意理论的另一种形式。

---

① John Locke, *Two Treatises of Government*, ed. Peter Laslett (Cambridge: Cambridge University Press, 1960), p. 348. 黑体字是洛克用的。

② *Two Treatises*, p. 378. 黑体字是洛克用的（包括"最高"一词的拼写）。

卢梭明确地将"所有人的意志"(the will of all)和公共意志区分开来,断言说,它们通常有很大的不同。他写道,所有人的意志"只不过是特别的意志的总和"。① 按照卢梭所说,公共意志之特性是"只考虑普遍的利益"。② 要使意志成为公共的,它必须是面向每一个人的利益。现在没有必要问,是否能有这种利益,是否有社会中的每一个成员都分享的一种价值观。这取决于对第一个问题的回答,人类是否在本质上是统一的。这里是指,公共意志的理论告诉我们,一个政府只有在它的命令代表了真理和所有人的最高利益时,才可以合法地要求对它的服从。

卢梭承认人会犯错误,因此所有人的意志并不一定是公共意志,这个观念导致了另一个观念的产生,也就是,一个统治者,甚至一个绝对的独裁者,也可能代表着公共意志。因此,一些学者宣称,在希特勒的政权中,看到了卢梭的精神。然而,这是对卢梭的误读。不管《社会契约论》(The Social Contract)一书有多复杂,卢梭自己的言词似乎很有结论性。"真正的公共意志,"他写道,"必须在其目的和实质上都是全面的……它必须源于全体,施于全体。"③ 因此,尽管人民的意志可能是错误的,但是一种面向普遍利益的意志并非就是公共意志,除非它也是人民的意志。

卢梭并不是那么不实际,要求每一个决定都一致。当他说公共意志必须"来源于全体"时,他并不是指字面上的全体。他愿意用大多数——人群的大小取决于当时的状况——这个说法来代替"全体"。政府不必在每一次行动中取得一致同意。这似乎比较合理。但是,公共意志的整个观念导致了一种可能性,这种可能性令人吃惊,但很重要。这就是,服从公共意志,即便是在胁迫之下,你也是自由的。服从和自由,通常是相对的,在这种情况下却是

---

① *Social Contract*, p. 26.
② *Social Contract*, p. 26.
③ *Social Contract*, p. 29.

相同的。怎么可能呢？答案在于逻辑性。假定当你做你真正想做的事时，你是自由的。但是，你真正想做的，是实现你自己的最终利益。如果你生活在一个公正的社会，你自己的利益就和公共利益是一致的，而公共利益是公共意志的目标。因此，当你服从公共意志时，你追随了你自己的真正意志——你做你真正愿意做的事。这一结论是必然的：服从公共意志，你就自由。即便你感到了这一意志的威胁或压抑，这也是真的。

这个推理用这种干巴巴的方式陈述，为的是澄清基本理论，而不是引起读者的拒绝。如果你要拒绝这个理论，也应该在仔细思考过后，因为卢梭的观点并不荒谬。这是对那古老的信念的一次重申：我们在本质上是统一的，因此我们不是在追随某种任性的个人冲动，而是在扮演积极的、忠诚的公民时成为人——成为人在这里意味着是自由的。即便我们进了监狱，只要对我们的监禁是正当的，这就是对的。即便需要我们做出伟大的牺牲，如在战斗中失去生命，只要这一要求和整个人民的意志与利益是一致的，这就是对的。

服从的问题提出来的主要问题是服从与自由的协调。"放弃自由，"卢梭断言道，"就是放弃做人。"[①]但是，政府的本质就是要求服从，因此很显然，是对自由的放弃。即便最好的政府怎么可能不是对那些生活在它下面的人的人性的摧毁呢？无政府主义者宣称不可能。在另一方面，同意理论和公共意志理论都尽力为政府开脱，试图证明一个人能够服从政府，但仍然自由。两种理论之间的主要不同是，一种理论认为自由只是有意识的意愿，试图通过追溯到同意的行为来使服从合法化。而另一种理论认为自由并非一种完全有意识的意愿，因为在意欲获取我自己的利益时，我可能不知道什么样的政治措施会促成它。公共意志的理论坚持，即使一种法律不建立在明确的同意的基础上，它也能提出有利于

[①] *Social Contract*, p.9.

我的利益的要求，因而加强了我的自由。

两种理论都存在严重的问题。同意理论在表面上看似简单、能够理解，但难以看出如何能将它运用于实践。它不可能认为，每一项政府命令的正当性都取决于一次独立的同意的行为。这必然无法与稳定的、有效率的政府和谐共存。因此，它必然是指，每一个政府命令的正当性来源于在先的同意行为。问题是，一个命令的背后很少有这种同意。人们一般不会把自己清楚的、具体的意见提供给在他们之上的政府。读洛克的文章，我们可以感到这个困难给他带来的窘迫。在有关税收的一段中，他断言，当财产从公民手里拿走，必须"得到他的同意，譬如，大多数人的同意"。① 因此，个人的同意与大多数人的同意是一致的。但是这种做法没有明显的合理性，只是使服从的问题更加尖锐：为什么要服从多数？在另一个段落中，洛克断言，一个人只要在政府的道路上自由行走或简单地进入它的领土范围，就是给予政府的一种默许。② 然而，用这个标准来衡量，最受人鄙视的暴政也是建立在受统治的人的同意的基础之上了。

进一步的问题是：一个人是否接受在无知和迷惑的情况下给出的同意的约束？一个年轻的德国人在希特勒刚上台时发誓效忠希特勒，在道德上就一定要服从纳粹政府每一个命令吗？这是同意理论挑起的问题中的少数几个问题。

另一方面，公共意志理论几乎也是问题重重。它暗指，一个人，像卢梭那句众所周知的话一样，也许是"受到逼迫才得到自由"（forced to be free）。你在警方的监视下做你不情愿做的事时，也可能是自由的。你甚至在监狱中也是自由的。黑格尔说过，在卢梭的精神中，罪犯真正地情愿受到惩罚，这就是说，一个明智地、公正地执行刑罚职责的政府，通过把人锁锢起来而使他们得到自

---

① *Two Treatises*, p. 380.
② *Two Treatises*, p. 366.

由。比起罪犯是受到一种邪恶意志的奴役的说法，这个观念就不是完全荒谬的了。但是这个观念使人停下来思考。也许在强迫与自由的平衡中，藏有什么危险的诡辩？

公共意志理论中的另一个问题与刚才在同意理论中指出的问题有相似之处，即它不可能迅速地在实践中应用。的确，根据公共意志运转的政府与根据同意理论运转的政府相比，并非更远离实际存在的可能。然而，如卢梭设想出来的一样，公共意志理论需要民众积极地、不断地参与司法程序，建立公正的法律以及合理的社会秩序。没有任何西方民主制接近这一标准。

这个事实清楚地显示出，主要的服从理论没有使我们的头脑安静下来，也没有使我们出于良知服从在我们之上的政府。相反，它们对政府的正当性提出了质疑。在告诉我们什么时候服从政府的同时，同意理论和公共意志理论也告诉我们什么时候不去服从。它们定下的标准非常高。因而，它们不仅是服从的学说，也是不服从和革命的学说。这一点已经在实践中得到证实。洛克的哲学思想在美国革命中起到很重要的作用，卢梭的思想在法国大革命中也起到很重要的作用。今天，要严格地、认真地实行这些哲学思想，便会使社会动荡。那么，为什么受到主要的正当性理论谴责的西方国家没有轰轰烈烈的革命热情呢？

首要的原因是革命是一场非常危险的、艰难的运动，西方国家中的大多数人（无论他们是不是应该如此）一般都比较满足。民众的满足最主要是因为物质的丰富，这点直接地与马克思的预言相矛盾，工业化的进步削弱了革命意志。在像美国和英国这样的国家中，极少数人渴望革命，加上政府指挥着高度精巧的行政机构和警察组织，革命几乎没有成功的机会。但是，也不仅是民众的满足或实际上的不可操作性阻挡了革命道路。至少暂时看来，革命已经丧失了信誉。发生这种情况是因为，二十世纪中发生的最激烈的革命都以悲惨的结局告终。所有的革命都使独裁政府掌握了权力。作为对革命的回应，还产生了一种流传广泛的感受，认为革命超越了人的能力，表达了一种希腊人称之为自大（hubris）的傲慢，并认为它是祸患的前兆。这种感受可能没有基础，但无疑是存在的，而且，它加强了工业繁荣带来的稳定。

对革命的普遍的不关心和怀疑，无论总的来说是否站得住脚，都没有解决服从的问题，并将我们置于一种与政府权力不清楚的关系之中。西方国家中大多数人通常默认政府对他们有权力，但这种默认是出于习惯而不是经过思考的，反映出他们对其政府几乎没有多少尊重。如果他们思考这些事情，他们会多多少少意识到，他们上面的政府没有达到正当性的最高标准。但是，由于所有前面提到过的原因，他们并不期待革命，或者任何一种原则性强的不同于出于个人私利的形式的不服从。但是，这是一种在道德上不能令人满意的状态。服从总是、也必定是意味着放弃自我。将选择和责任的中心从自我转移到那些统治者。此外，一个人在道德上会受到政府和社会造成的不公正的影响，因为服从就是支持，只有通过服从，政府和社会才立得住。这些问题也许不像我们想象的那样远离普通公民的思想。能够模糊地感到道德方面的利害关系重大，因为它使得大多数人期望能够证明他们服从的政府是正当的。

在服从与抗拒的问题上，我们是否有任何办法恢复并确认一种责任感？不能说通过复苏1776年革命精神（美国）和1789年革命精神（法国），就有办法了。认为革命通常是一场悲剧的当代思想的确有其可取之处。提倡随意的、持续的不服从，即便没有革命的意愿，也是不负责任的。文明依赖于服从是常态而抗拒是例外，否则，支撑有教养的生活的基本秩序就会被打破。然而，服从是一种严肃的责任，压在每一个人的身上，甚至压在那些没有考虑过这种责任的人——大多数——的身上。一种革命的精神具有这种责任的意识，而抛弃革命精神，即使是出于实际的目的，也不是没有其道德代价的。只有人类能够提出"为什么服从？"这一问题，而牲畜不能。因此，从不提出这个问题就是野蛮的。

这些思索不可抗拒地将我们推向公民不服从的观念。这个观念是否告诉了我们如何能够恢复并确认完全的政治责任感？公民不服从可以与随意的及犯罪的不服从形成对比。与随意的不服从不同，公民不服从是有选择性的、有目的的。人们抗拒一种被认为是不公正的法律，或不公正环境的象征，人们的反抗是希望推进一种政治目的，如改变法律。与犯罪的不服从不同的是，公民不服从针对的是公共价值，而不是只针对个人价值，并且，它通过默认针对不服从的处罚来肯定法律的原则。实践公民不服从不仅需要勇气，还需要政治上的老练——技术和策略的知识。孤单一人一般不具备所需的知识，公民不服从的重要措施不可能只出现在分散的个人决定中。这需要一场运动或某种集体的努力。一场公民不服从运动是否应该得到推崇？有思想的人是否应该开始掌握并传播公民不服从需要的知识？这有助于使"为什么服从？"的问题焕发新的活力吗？从而使对国家的服从——无疑，这通常是我们义不容辞的责任——比现在更富有思想、更有责任心、更有人性呢？

推荐书目

Plato. *Apology*

柏拉图:《申辩篇》

———. *Crito*

《克力同》

———. *The Republic*

《理想国》

Aristotle. *Politics*, Books I—IV

亚里士多德:《政治学》, 1—4卷

Marcus Aurelius. *Meditations*

马可·奥勒留:《沉思录》

Saint Augustine. *The Political Writings of St. Augustine*, ed. by Henry Paolucci, Chapters 1–3

圣奥古斯丁:《圣奥古斯丁政治著作选》,亨利·保罗奇编,1—3章

Machiavelli, Niccolò. *The Prince*

尼可洛·马基雅维里:《君主论》

Hobbes, Thomas. *Leviathan*, First and Second Parts

托马斯·霍布斯:《利维坦》,第一与第二部分

Rousseau, Jean-Jacques. *The Social Contract*

让-雅克·卢梭:《社会契约论》

Paine, Thomas. *The Rights of Man*

托马斯·潘恩:《人权论》

Mill, John Stuart. *Representative Government*

约翰·斯图尔特·密尔:《代议制政府》

Marx, Karl. *The Civil War in France*

卡尔·马克思:《法兰西内战》

Green, Thomas Hill. *Lectures on the Principles of Political Obligation*

托马斯·希尔·格林:《政治义务讲演集》

Tolstoy, Leo. *Resurrection*

列夫·托尔斯泰:《复活》

Niebuhr, Reinhold. *Moral Man and Immoral Society*

莱茵霍尔德·尼布尔:《道德的人与不道德的社会》

———. *The Children of Light and the Children of Darkness*

《光明之子与黑暗之子》

Tillich, Paul. *Love, Power, and Justice*

保罗·蒂里希:《爱、权力与正义》

Arendt, Hannah. *The Origins of Totalitarianism*

汉娜·阿伦特:《极权主义的起源》

———. *The Human Condition*

《人的境况》

Márquez, Gabriel Garcia. *The Autumn of the Patriarch*
加夫列尔·加西亚·马尔克斯:《族长的没落》
Kundera, Milan. *The Unbearable Lightness of Being*
米兰·昆德拉:《生命中不能承受之轻》

第五章

权力的限制

由于所有权力都令人怀疑——难以证实其正当性，并且很容易腐败——因此将权力局限于适当的范围是文明社会的中心问题。权力会不断地发展成专横的和无限膨胀，暴政就是我们自古以来作为一个集体生活的苦恼之一。但是，在历史上，从没有像二十世纪的独裁专制那样使权力如此无限膨胀，并带来如此大的危害。与霍布斯的思想相反，这些政体很清楚地表明，不仅是中心权力的缺乏，而且是中心权力的无法无天，使生活变得"孤独、贫穷、污秽、野蛮并且短寿"。探讨对权力的适当限制和如何能够实施这些限制，就是关切生活怎样能够过得正当而文明。

对权力的限制基本上有两种：道德的和宪法的。道德限制衍生于道德律，或来源于被认为是道德律的东西，它们的效果只取决于道德信仰。在即便谋杀被其法律权力允许的情况下，一个政府能够忍住不用谋杀作为外交政策的工具，那么，它就是尊重道德限制的典型。宪法限制也许在根本上起源于道德律，但是，使这一种限制成为宪法的，是它以一种基本成文法律的形式来体现——一种高于一切并得到社会支持、在法庭上得到实施的法律。这种法律也许像在美国一样，由一份最高文件表现，或者像在英国一样，只是一系列的习俗、法令、法院决定和历史文件。一个立宪政府就是这种受到法律限制的政府。

我们应该既探讨道德的限制也探讨宪法的限制，由道德的限制开始是因为它们必定在某种意义上构成宪法限制的基础。我们应该首先考虑，涉及道德和政治的关系最古老、最基本的问题是什么。

18. 政府是否应该与个人有相同的道德限制？

伟大的政治思想家马基雅维里由于认为政府与个人不应该有相同的道德限制，因为它们不可能有相同的道德限制，而臭名远扬。我们已经注意到，马基雅维里认为，没有权力，人类就不可能有秩序，而且任何人类的事务就都不可能完成。马基雅维里的另一个看法是，有效地运用权力与严格地执行道德律是不可共存的。不作恶，就不可能实现任何理想。要理解马基雅维里带有一定悲观色彩的论调，就必须了解到，马基雅维里从来没有表述过对道德律的冷漠，也从来没有宣扬邪恶。马基雅维里思想的伟大之处在于他思想中固有的张力，也就是认为，道德律是存在的，但是，统治者有时必须打破它。

但是，个人没有这种必要。统治者为了建立和保卫国家，有时必须做出不道德的事，为了同一个目的，庶民却必须永远保持道德品性。如果个人认为，他们在他们的利益需要时有破坏道德律的自由，那么，社会秩序就会崩溃。因此，政治领域在道德上具有特异性。

阐明了这种观点，马基雅维里在思想史上就成了最声名狼藉的人之一。莎士比亚提到他时，说他是"凶残的马基雅维里"。在罗热分类词汇词典（Roget's Thesaurus）中，"马基雅维里式的"一词的同义词中包括"欺骗的"、"诡计多端的"以及"不诚实的"。但是，最令人吃惊的是，其对立面的意见是多么微弱、多么少见。据我所知，在政治思想的主要著作中，没有综合的、系统的观点可以与马基雅维里的观点相对抗，认为统治者应该遵循与个人相同的严格道德要求。一位伟大的思想家伊曼纽尔·康德（1724—1804年）不同意马基雅维里的观点，但是，在他的主要著作中，他从来没有系统地与马基雅维里争论过。许多思想家相信，政治秩序的好坏取决于其成员是否道德正直。但是，马基雅维里也相信这一点。他的文章中充满了对古罗马人的荣誉感和正直的赞扬。

马基雅维里不同于其他思想家的地方是，清楚地说出了他人也很少否认的事：虽然政治秩序取决于对道德标准的尊重，但是它也取决于统治者偶尔违反这种标准的能力。由于伟大的思想家们对这个令人十分不安的观念保持沉默，我们不禁要怀疑，泄露了令人痛苦的真理（一位学者提到过他的"令人震惊的诚实"）——一个其他人不愿意承认的真理，也许就是马基雅维里的卓异之处。

反对马基雅维里的观点主要不是来自于政治哲学方面，而是来自于普通的道德信仰。但是，有这些信仰的人们能够在面对政治现实时还坚持他们的立场吗？让我们以撒谎为例。任何人如果对在政治领域中很普遍的那种含糊其辞、虚伪的讲话反感的话，都会考虑这样两个问题：1. 如果不是经常性地隐瞒其计划并且任意地压制信息并施展诡计，一个政府能够成功运作吗？ 2. 如果一个政府能够通过撒谎获得诸如结束战争或者帮助社会底层团体这样的结果，这个政府应该彻底拒绝撒谎吗？肯定地回答这两个问题是可能的，但是，那是不合乎情理的。相反，这些问题支持马基雅维里的结论，即我们不能够要求统治者和个人有着同样的坦率和真诚。

既然已经将问题转向马基雅维里，我们就应该询问，是否每一种政治环境下的道德限制都是条件性的。如果统治者可以为了达到政治目的去撒谎，他们可以杀人吗？马基雅维里说可以，他不仅为政治欺骗作辩护，还为政治谋杀作辩护。但是，如果我们走到了这一步，那么，理想和良心还剩下了什么？难道在事物的本质中，可以用极度邪恶的手段来达到善良的目的？苏联的共产主义政府已经情愿为了完美的和永久的共同体而实行大规模的迫害，但他们并没有实现、甚至都没有接近这一目标。

隐藏在这个问题之下的是一个有关道德律的本质的问题。为了明确这个问题，我们可以运用前面所做的一个区分——道德绝对主义和道德相对主义之间的区分。让我们回忆一下，前者认为存在一种衍生于自然或上帝的道德律，它独立于个人及社会的利益和观点。后者，道德相对主义的理论认为，道德是由一些可变的环境，如个人的需要或社会的需求等决定的，并且在某种意义上，道德是相对于它们的。你在它们之间的选择预先决定了你在政府是否应该接受与个人一样的道德限制这一问题上的立场。道德绝对主义标明了对所有人适用的道德律，在公共生活和私人生活中都是一样的，而道德相对主义则允许在政府和私人的道德观之间有一定区别。

在探讨这一主题之前，最好回忆一下本书中前面提到的一个忠告，也就是，政治理论领域中的问题很少能够只根据一些哲学原理直接推论而得出结论。因此，在当下这个例子中，说政府有时必须破坏某条在某种意义上说是绝对的道德律（对于个人来说不可改变的义务），是可以争论的。譬如，我们都认为"不可杀人"是一条绝对的法则，我们也会认为在某种情况下，如在战争中，政府会合理地杀戮。你可以反对说，绝对意味着无条件，因此，这个词不应该附加在一条在一定的情况下必然遭到触犯的道德律上。但是，像屠杀和撒谎这样的行为，不管它们在哪种情况下做出，都一定是邪恶的，在这种意义上说，反对它们的法则是绝对的。甚至可以相信，一个杀过人或撒过谎的人，即便坏境使这些行为无法避免，他们在某种意义上也是有罪的。

在另一方面，相对主义是否为统治者有权忽视道德限制的问题提供了肯定的答复，取决于道德律与什么有确切的关联。如果它与每一个人的需求和环境有关，那么，那些掌握权力的人与不掌权的人就不会受到同样的道德限制。但是，如果道德与国家或文化有关，那么，从逻辑上说，统治者和被统治者就应该服从相同的道德律。

这些提醒是为了告诫人们不要过于简单地思考问题，而不是要表明人们通常的思考方法，或道德绝对主义和相对主义中固有的主要逻辑推论。毫无疑问，道德绝对主义一般排斥政治道德和私人生活道德之间的区别。它肯定一种单一的、囊括一切的道德秩序，因此将政府放在与个人必须担负的相同的道德限制之下，因此，任何对这些限制的违犯，都需要一种特殊的正当理由。即便有某种正当理由，也不能使那些侵犯道德律的人完全地摆脱负罪感。迪特里希·朋霍费尔（Dietrich Bonhoeffer）在德国参加了反法西斯运动，虽然他只是做了他认为不得不做的事，他仍然对参与刺杀希特勒的活动有负罪感。从这一立场来看，政治可以被看做属于道德张力，甚至是道德悲剧的领域。但是，仍然必须看到，政治有一种统一的和权威性的道德结构。

道德相对主义使事情变得非常简单。它认为，政治领袖和公民有着两种不同的道德领域，或政治领袖根本不受任何道德范畴的限制。譬如，如果道德观念只涉及同一国家的公民之间的关系，那么，国际关系就不需服从任何道德条例；政治领袖可以在他们的外交和军事行动上毫无顾忌地根据环境决定他们的行动，只对将他们和他们自己的属民维系在一起的道德纽带负有责任。道德相对主义也会采取另一种形式，认为权力的掌握就是从所有道德条例中解放出来。在这种情况下，政治领袖在任何行为领域中都不必受缚于道德上的压力。为了国家理由，他们会杀人，甚至欺骗他们的公民。

在某种意义上，道德相对主义使问题变得明朗。它不需要将政治领袖置于明白某种道德法规的限制却又被迫触犯它们的强烈压力之下。他们可以问心无愧地按照他们自己不同的规则行动。道德绝对主义投射在政治生活之上的道德限制和失败的阴影被驱散了。总体来说，道德绝对主义的气氛是很沉重甚至是不祥的。道德法规受到最严肃的对待，对它们的违犯就不会只被看做是容易改正、可以适当地忽略掉并最后忘掉的错误。"绝对"这个词就意味着，它是强硬的，是与人的各种性情和环境没有关系的。对绝对性的抗拒或违背，会导致一种根本的和无比严重的后果，必须用"下地狱"这个词来形容。道德相对主义驱散了绝对性的沉重气氛。它认为，尽管人类容易犯错误，他们还不是邪恶的，他们也不会受到诸如下地狱这样最终的、超常的惩罚。道德相对主义不给任何解决实际问题的人——譬如，一位外交家或一位政治家——带上道德绝对性的铁镣。

这在一开始也许会让读者感到很合理。但是，可以很容易地看到,给予统治者这样的自由有很大的风险。如果在最好的情况下,"权力导致腐败",那么可以肯定地说，这种趋势在权力意味着解除一切道德限制，或至少解除所有无条件的道德限制的地方，得到了加强。此外，如果政府豁免于普通公民适用的道德标准，那么很清楚，他们也豁免于公民的道德裁判。如果政府豁免于公民的道德裁判，他们多半也将豁免于公民的政治裁判。如果是这样，他们就是不受监督并且不负责任的。

你能够通过仅仅坚持每一个人都适用的相同的道德标准，并拒绝允许任何例外的方法，来防止一系列的道德危机和哲学难题吗？也许你可以。但是这一可能性会带来对现实的理想主义曲解。二十世纪的政治舞台已经展现出许许多多的悖论和恐怖，因此我们一定会怀疑政治现实能够用像道德律——以它的威严和简洁性——所要求的那样来明确地加以应对。

今天，政府是否应该与个人一样受到同样的道德限制这个问题，被迫放在了美国人民的面前，因为他们在充满战争和野蛮的派系斗争以及国际竞争的世界中，扮演了一个超级大国的公民的角色。再拿刺杀为例，在权力政治的冲突和张力中，一个国家经常得益于一个外国人物的死亡——也许是一位领袖，或者是一个特务。一个斯大林主义的特务对住在墨西哥的苏联政府流放犯托洛茨基的刺杀，只是最近的政府行刺中最骇人听闻的一个例子而已。公众都知道，美国在最近几十年中曾试图并已经进行了多次刺杀行动。美国人应该如何看待这个事实？相对主义者也许不会有所触动，因为，在他们的头脑中，没有什么用来约束国家与国家之间的关系的道德律。马基雅维里可能会感到有些不安，但原则上会赞成（说在原则上是因为任何刺杀行为必须在政治上是必要的才可以得到认可）。然而，任何相信绝对道德律的人会说，一个国家在任何情况下都不应该进行谋杀。绝对主义者的这种禁止有意义吗？这在任何情况下，譬如，甚至在国家本身的安全受到危害时，都仍然有意义吗？如果一个国家，像每一个国家一样，愿意在战斗中杀死敌人的士兵，让它无论如何都不杀严重威胁到其利益的外国公民，这样做合乎逻辑吗？

在许多人的头脑中，比刺杀的道德问题分量更重的一个问题是核战争的道德问题。冷战的结束改变了我们对核战争如何爆发以及如何进行的看法。我们不再认为这主要是超级大国之间的摩擦。不幸的是，冷战的结束没有减少核冲突最终发生的可能性。事实上，核武器的扩散进一步加强了这种可能性。我们因此无法停止对一个问题的思考，也就是，什么时候——如果真有一天发生的话——对核武器的运用能够成为正当的。

美国人与这个问题有切身的利益关系，因为他们是唯一在战斗中用过核武器的人。在广岛和长崎扔下的核炸弹夺去了二十万人的生命，大多数是平民。美国人对核炸弹的运用在道德上是可以得到辩护的吗？对广岛和长崎事件的争论开始于对是否必要的疑问。是否可以将炸弹扔到没有人居住的地区？如果以城市作为目标并无必要，很少会有人支持总统的行动。但是，假如对无人居住地区的毁坏不会对日本领袖产生任何影响，成千上万的生命——包括美国人和日本人的生命——将会在对日本本土的入侵中丧失。人们会站在这些立场上进行争论，认为轰炸广岛和长崎是有必要的。但是，是否有人会在答复这个观点时提出，从道德立场上看，这个"必要"应该得到否定？——轰炸是大规模屠杀，从任何立场上看都是不正当的？如果是这样，美国在战争中用常规武器所犯下的种种暴力行径是否也应当受到制止：如，对东京和柏林的轰炸？在这种限制会妨碍美国赢得战争的情况下，你是否还会回答说"是"？从另一方面讲，如果你支持对广岛和长崎的轰炸，你是否接受政府可以正当地使用恐怖手段对付平民这一原则？对政府需要无条件服从道德律这一观念的肯定或否定都不是件容易的事。

更宽泛地说，问题是能否有一种情况，使得发起核战争是一种道德行为。在中世纪，政治思想家发展出了一种"正义战争"的概念。这一概念认为，当战争符合一定的条件，如，有一个合理的目的，以及在没有过度的摧毁的情况下有可能达到这一目的，战争就是正义的。推动这一概念的原则是，战争可以是道德的。现在，人们经常问，正义战争的概念是否还没有被核武器所废弃？核战争怎么可能是道德的？似乎核战争一定是无意义的，因为在最后什么都不会剩下——没有文明，也许根本没有人类了。什么样的目的可以证明这种手段是正当的？什么样的道德算法能够授权普遍的毁灭？核战争的正当性即便在马基雅维里分子和道德相对主义者眼里也必定是可疑的。

如果核战争的正当性受到怀疑，那么拥有核武器的正当性也应该受到怀疑，因为，除非要将在某种情况下使用它们作为一种潜在的威慑，否则这种拥有是没有意义的。这个问题得到过广泛的探讨，主要与所谓的威慑政策有关联，美国在整个冷战中都遵循了这一政策。这个政策主要包括建立庞大的核武器武库，无声地宣告着在受到类似武器攻击的情况下就会动用它们。这种政策有可能是道德的吗？如果总统表面上已经做好准备随时反击，但私底下决定永远不会动用核武器，即便美国受到核武器的攻击，那么，这种政策是道德的吗？或者，这种极其自相矛盾的、偷偷摸摸的以及受约束的态度，人们不可能维持太长的时间？在另一方面，又有什么政策能够替代威慑政策？在世界上有核武器的国家越来越多的状况下，一个有责任感的人能够清醒地敦促美国裁军吗？

这些问题不会很快地就有清楚的答案。但是，它们清楚地指出了对道德问题进行思考的迫切性。在核武器给我们的文明社会带来的空前危机中，人们不会真正地被引诱到放弃所有的道德观念这一步。这会像在海上遭遇暴风雨时放弃舵轮和所有导航工具一样。懂得政府与道德律之间的关系，看来实实在在地是件生死攸关的事情。

思考权力的道德限制问题引出了宪法限制的问题。我们已经看到，它们是不同的。前者以道德意识为基础，后者则以法律为基础。但是，当强加于掌权者身上时，相同的疑问就出现了——怀疑让政府无视具体情境变化地从属于永恒的限制这一点是否明智。因此，有了下面的问题。

19. 政府是否应该在所有情况下服从宪法的限制？

二十世纪民主国家和极权国家之间的冲突强迫我们思考这一问题。在第二次世界大战以及冷战的早期，人们一般认为民主是好的，而独裁专制是不好的。但是，人们开始意识到，好与坏不可能截然分开。虽然独裁专制看上去仍然非常不好，我们却也不能就说民主看上去是很好的。不仅政府受到宪法限制的国家中存有众多邪恶，而且，邪恶在某些情况下似乎受到这些限制的保护。譬如，在美国这个有史以来最富裕的国家，许多人仍然食不果腹、无家可归。为什么会这样，这不是完全清楚的。然而，可以问一下，如果宪法中没有那么多实质的、程序上的限制，使得政府基本上无法进行任何合理的财富和收入的再分配的话，上述情况还会存在吗？

没有任何西方政治思想比立宪主义更具有权威性。在两千多年中，一直有一种广泛的、稳定的统一意见，就是政府必须在公众监督下和强加的限制下行使权力。也许，这种共识最有影响的现代表达方式可以在约翰·洛克的著作中找到。洛克只是现代坚定拥护立宪主义的伟大思想家中的一位。此外，洛克的观点源于已经牢固地建立起来的中世纪的传统，而这一传统又是古希腊和罗马立宪传统的衍生物。几乎没有其他思想可以有这样深厚的背景。自从产生政治思想开始,无法无天的政府一次又一次遭到谴责,被认为是荒谬的、违背人道的。

但是反对这一传统的观点也很多——如果不是在数量上,至少在质量上如此。没有任何伟大的思想家真正提倡过极权主义,也就是政府对生活中每一个细节的控制,但是,有一些是反对立宪主义的。在思想史上有四位很突出,每一位都代表了不同的动机。

1. 柏拉图反对立宪主义,因为他相信少数人的智慧。在他生命的晚期,当他面对着智慧之人不可能获得权力这一现实时,他支持了立宪主义。但在早期,当他相信哲学家可以成为统治者时,他反对政府屈从于已建立起来的限制。他的逻辑是,完美的智慧有能力为自己的权力应该达到什么高度作出决定。柏拉图将哲学家—统治者比作医生,不为先在的条例所牵制,但在每一个具体的病例中,能够确切地诊断出病人的健康需要什么。

今天,我们没有柏拉图对哲学家的那种信任了,但是我们以不同的方式继承了柏拉图的理想。我们认为,我们的社会问题可以由专家们来解决。科学的和技术的智慧,而不是哲学的智慧,得到了我们的信任。因此,我们可以合逻辑地质询,拥有一个被十八世纪建立起来的限制因素所影响的政府的美国,是否可以用二十世纪的社会和自然科学的办法来解决贫困和城市混乱等问题。美国宪法几乎使所有用于解决任何重要社会问题的科学计划都无法顺利施行。这部分要归因于立宪主义中固有的决议流程,这些流程在美国宪法中又得到进一步的加强。这些流程保证最终决定了的每一条措施都包括相当多的妥协,这些妥协可以使受到这项措施影响的各种利益群体都接受它,但是它们不可避免地伤害了科学的求实性。此外,除了程序上的限制,还有实质上的限制。在一个立宪政府下,人们不能被强迫迁移、改变生活习惯、做某些特定工作或做任何科学可能认为是解决社会问题必须做的事。

说立宪主义和科学政府水火不容是不过分的。哪一个更重要?

这就是柏拉图摆在我们面前的问题。

2. 霍布斯反对立宪主义是因为他对人性持悲观态度。霍布斯著作中许多段落显示,他不期望甚至设想不出任何类似现代极权主义一样的体制出现的可能性。但是他认为,人太过于不安分、自私,而且有着天生固有的混乱本性,因此无法建立被禁绝于生活的某些领域的政府。霍布斯对宗教宽容问题的态度就是这种立场的典型。虽然他远不是一个希望对每一个人强加一种单一信仰的教条主义者,但是他认为,政府必须有权力控制宗教信条和礼拜的形式。一个完全的宽容原则将会导致重新打开"一切人反对一切人的战争"之门。

今天,在安静的美国郊区,霍布斯可能会被看做只是个教条的悲观主义者。但是如果我们把目光投向更远的地方:充斥着贫困和种族问题的城市不正是霍布斯式的世界吗?整个地球不正是霍布斯式的世界吗?它不是在相互猜疑、全副武装的国家中四分五裂的吗?

这种状况对立宪政府的影响在今天的社会中是明显的。有些注重生命和财产安全的人,要求警察可以用无论何种必需的方法和诡计来对付犯罪嫌疑人,以侦破和抑制罪行,他们不应该被每一条仔细的法官在宪法中可以找到的规则所限制。非常霍布斯式的要求!霍布斯式的精神也支持着许多人——譬如,那些反对国会对总统发动战争的权力加以限制的人——免除宪法对外交事务的限制的意愿。对国内罪行所实施的原则,与对国际冲突所实施的原则是一样的:秩序先于一切其他价值,在一些情况下,秩序取决于独裁统治。

3. 如果柏拉图反对立宪主义是出于对少数人的信任,那么卢梭反对立宪主义则是出于对多数人的信任。当然,这种声明必须有严格的限定。卢梭从来不公开地攻击立宪政府。此外,他热情地支持立宪主义的一个方面——法治政府的原则。他认为不通过法律的形式,任何人民主权(the sovereign populace)的要求都是无效的。(法治政府的思想是立宪的,因为,它意味着对政府有一定的限制——它必须永远符合法律形式。但这只是立宪主义的一个方面,因为,在符合法律形式的同时,一个政府可能还要管理宗教、言论以及其他每一种个人活动。)卢梭的例子表现了人民政府可以具有极权主义色彩。正如柏拉图认为任何人类的机构都没有智慧或权力限制哲学家——统治者一样,卢梭认为,除了人民自己之外,没有任何人类机构能够合适地给人民强加一些限制。卢梭似乎设想出一种共同体,在那里,个人的生活并入到共同生活中,并在每一个细节都受到民众意志的管理。卢梭提倡一种"公民宗教",譬如,"有一种公民的信仰,其内容要由主权者决定,它并非宗教的精确教义,而是一种社会性的情感,没有它就不会有好的公民或忠诚的臣民。"[1] 卢梭要求,任何拒绝接受这种信仰条款的人应当遭到流放,而那些声称自己信仰,但"行动上却好像不相信它们"的人,应当处以死刑。

民主极权主义与美国宪法的精神和结构都相距很远。但是,在二十世纪六十年代,富有战斗性的学生行为常常具有极权主义的色彩。在校园的造反运动中,大学的正常程序遭到破坏,反对意见被呐喊声淹没,"不可辩驳的要求"风行一时。学生集会通常以充满激情的一致性为特点,这在某种意义上是民主性的,但是在不能容忍反对意见和缺乏限制的情况下,那远远不是合乎宪法精神的。

社会批评家通常断言,在大学和整个社会已建立起来的限制形式是为了保护现状而设计的,包括许多应被废弃的不平等和不公正。也许是这样的。但是,这一断言提出了一些更严肃的问题。在没有正义相伴随的时候,立宪主义是不是有害的而不是有价值的呢?立宪主义不如正义有价值吗?

4. 提出这些问题,我们碰到了第四个反对立宪主义的可能的

---

[1] Jean-Jacques Rousseau, *The Social Contract and Discourses*, trans. with an introduction by G.D.H. Cole (New York: Dutton, 1950), p. 139.

原因：立宪主义阻碍了正义。我们的时代中许多强有力的人都是这样认为的。也许他们中间最有影响、最有才华的是弗拉基米尔·伊里奇·列宁（Vladimir Ilyich Lenin，1870—1924年），他（与托洛茨基一起）是1917年布尔什维克革命和苏维埃政权的主要创始人。列宁彻底地研究了并且毫无保留地接受了马克思的理论。因此，他的基本原则是民主的，推翻资本主义的目的是为了给予人民以自由和权力。但是列宁继承了马克思对西方立宪主义不信任的看法（它只是掩盖了统治阶级无限的权力），并且，他发现了马克思没有看到的问题：劳动人民不会随着资本主义的发展而自发地成为革命者，反而，他们会形成一种与上层阶级妥协的倾向，只要他们偶尔得到工资和工作条件的改善这类利益，就会接受资本主义的延续。用列宁的话说，他们形成了"工会意识（trade-union consciousness）"，而不是革命决心。列宁得出的结论既简单又大胆，对于现代文明是决定性的结论。不能让工人阶级自发地发展，必须由绝对忠诚、团结的革命者中的精英来启发并训导他们。这些精英，也就是"无产阶级先锋"，会领导工人阶级先是推翻资本主义，然后强行镇压资本主义的残余，从而为普遍的自由和真正的民主建立基础。这就是列宁创建并领导的共产党的哲学思想。

列宁的观点在某种程度上使人想起柏拉图和卢梭的观点。列宁的精英论和柏拉图的一样，是有科学性的。的确，列宁的科学观来源于辩证唯物主义，这与柏拉图的观点非常不同，但是共产主义革命者就像哲学家—统治者一样，被假设认为完全懂得人类生存的决定性力量和最终目的。虽然列宁在他全部的成年生活中是一位积极的革命家，他仍然经常以强烈的诚挚致力于对理论问题的研究。列宁的观点与卢梭的观点相似，最终目标是民主。事实上，列宁对民主的看法比卢梭的更彻底：政府本身将最终消失，人民将在没有任何政府中所固有的约束的情况下进行统治。但是，这一期望标志了列宁与柏拉图和卢梭的不同——他根本不相信政府，他是一个无政府主义者。

列宁鲜明地代表着一种在二十世纪广为接受的观点,这是他极力创造,或至少是极力传播的观点。这一观点的流行远远超出了马克思主义的范围。这个观点认为,立宪主义(以及民主)取决于一定程度的工业发展和公平分配,在非工业化、贫穷以及受到拥有土地的寡头政权压迫统治的国家中,要求宪法的保护是无效的。人们通常得出的结论是,农业国家必须经过一个转变的阶段,在这个阶段中,拥有统治权的寡头政治被推翻、被连根铲除,一定程度的工业化才能得到实现,财富才能得到再分配。这些情况出现之时,免除立宪主义就不但是适当的,而且是必要的。无数的学者和学生——他们中间许多人都不是马克思主义者或列宁主义者——都赞同这一假设。

鉴于列宁的这些假定十分有力,且广为流传,也许,列宁为许多读者提供了最大的便利来考虑立宪主义到底有多重要这个问题。如果我们假定,贫困、没有文化的农民既不懂得也不关心立宪主义的话,我们是否无意识地表现出高人一等的态度?毕竟,至少从某种程度上,立宪主义就是自由——一种普遍的利益。此外,如果假定一代人的革命专政将为立宪主义铺平道路,我们是否就太幼稚了?很难看出苏联做到了这一点。陀思妥耶夫斯基在一百年前就预见到,在不远的将来,"哲人"将宣布,没有犯罪和罪孽,只有饥饿,也就是说,反社会行为的原因将被归结为经济状态。因此,陀思妥耶夫斯基说,改革者会在他们的横标上写道:"让人们有饭吃,再向他们要求美德!"[1]列宁以及那些有意识或无意识地追随他的广大民众,印证了陀思妥耶夫斯基的预言。陀思妥耶夫斯基相信,把"美德"——尊重道德观念、人与人之间的美好关系,以及最重要的自由——放在次要地位,是灾难性的,这不仅预示自由的永久丧失,还预示使我们成为人的那些品质的永久丧失。

---

[1] Fyodor Dostoevsky, *The Brothers Karamazov*, trans. Constance Garnett (New York: Modern Library, n.d.), p. 262.

考虑到摆在我们面前的问题的重要性，让我们简单地从另一个角度看一下这个问题。在政治思想家中间有一个广泛一致的观点，即权力只有通过分割才可以处于宪法的限制之下。因此，立宪主义的支持者，几乎都是清一色的权力分割的支持者。从另一方面看，那些赞成掌握权力的人可以完全凭意愿支配权力、不受宪法限制的人，几乎总是偏重于权力的集中。因此，我们可以重新提出一个根本问题：社会中是否需要多于一个的主要权力中心？从这个角度，我们可以看到在前面的讨论中不很明显的问题。

权力应该被分割成两、三个独立的中心这一观念，建立在与立宪政府同样古老的传统之上。当柏拉图面对哲学家可能永远无法获得权力的前景时，他总结道，将权力集中在任何单一群体中都是不明智的。相反，权力应该被分割在那些具有智慧特征的人（如老年人），以及有幸被多数人选中因而可以代表整个民众的人中间。这一观念，在我们讨论"谁应该掌权？"这个问题时，简单地提了一下，它是权力分割的原则的一种说法。这种说法在柏拉图写作的时候，作为常识，如果不是作为政治哲学的话，可能已经非常古老了，但一直到今天的常识和政治哲学中它都持续存在。它还有许多不同的形式，包括在美国宪法中规定的形式。在其漫长的历史中，在其多种多样的变体中，这种观念一直扎根于一个基本信念：完全的权力集中会危害到文明的生存。

即便是人们认为会要求神职人员掌握主权的基督教的正统派，也对权力分割的原则有一种独特说法。这就是"双剑论（doctrine of the two swords）"，由教皇杰拉西乌斯一世（Pope Gelasius I）在五世纪末提出，几乎每一个后继的基督教思想家都以某种形式追随着他的观念。这一学说提出，不应让所有的权力掌握在一个人的手中，即便是在教皇的手中也不对。人类不应该处于一把剑的绝对统治之下。的确，大多数基督教思想家，不仅是在中世纪的而且还有近代的，都认为应该只有一个单一的教会。但是，他们中的大多数没有声称这个单一教会应该管理或者应该完全控制那些进行管理的人。保证世俗秩序的任务不同于将人们引向灵魂的拯救的任务，它应该由独立的权力掌管。

新教徒和无神论者很快地指出，早期基督教的思想家很少有容忍性，因而，双剑论的学说通常被以一种相当明确地将教会置于国家之上的方式来解释，这样一来，尽管分权学说的文字表达没有遭到否定，这一学说的精神已经遭到了违背。所有这些都是事实。然而，双剑论学说的持久存在仍然让人印象深刻。它表现出即便是虔诚的基督徒——尽管早期基督徒无比确信上帝亲自选定了教会这一人类机构来阐释和守护其教导——也分享着西方传统的对权力集中的不信任。

可以看到，美国体制衍生于那些比美国本身存在时间更长久的观念。权力分由政府的三个部门掌握是至少可以追溯到柏拉图和古希腊的一个主题的变体。政教分离的观念得自于中世纪时期的一个原则——即便来源于上帝的权威也不能将不分割的权力合理化。

因此，我们不得不感到，一个社会应该拥有多个权力中心。然而，也许还有其他更重要的事务，如建立科学性政府、秩序及和平、完全的民主或正义。令人惊奇的是，每一个刚才提到的反对立宪主义的思想家也都反对权力的分割。对于柏拉图来说，哲学家—统治者即便在分享权力的时候，由于有完善的洞察力因而不可能有争执，因此不会相互监督，而让不具备完善洞察力的人对他们进行监督是不可容忍的。对于霍布斯来说，任何权力分割都会带来混乱。卢梭认为将权力散布在多个中心的做法是不受欢迎的，因为它意味着限制人民的主权。

正如在对权力进行宪法限制的讨论中所指出的一样，这些思想家并没有过时。他们代表着在二十世纪仍然很有势力的思想。柏拉图提倡在解决社会问题时综合地、有组织性地运用知识；霍布斯提倡在保持秩序时，要有最大的效率；卢梭提倡人民无限的统治地位；而列宁则提倡绝对的公正。所有这些要求在我们的时代都持续得到声张，而且都至少是含蓄地要求权力的集中。有反对它们的正当理由吗？

在我们面前的问题是：在哪里以及怎样划出权力的范围。我们已经思考过道德和宪法的界线。这些就像是国家与国家之间有争议的边界线，经常发生争斗。还有第三种界线，也许是引发过更激烈争执的界线——经济。这里的问题是，经济体系是否不应该受到政府的干预？它是否有自己的规律（"供求规律"），而政府的干预只会使它偏斜？它自然地指向一种比政府计划能达到的更公正、更有效的秩序吗？问题在于，政府是否不应该插手经济权力的主要中心。

20. 政府是否通常应该让私人掌握工业的所有权和控制权？

这个问题比它看上去更有广泛性。工业这个词是所有主要生产资料——土地、矿山、电力、通讯等等，以及工厂——的缩写。问题并非只涉及生产，还有分配；谁掌握了生产，谁就掌握了分配。总之，这个问题涉及我们对地球所负有的责任——对整个人类生活的物理世界，对我们为了维持并改善生活所用的物质所负有的责任。

洛克和马克思（他们分别是"自由企业"和社会主义的创始人）都接受的一个古老观念是，地球是人类共同拥有的。这个首要的权利是上帝赋予的，或者是事物本性中固有的，因此地球属于所有人。然而，人类如何能够在实际上拥有并利用地球——让个人自由地占用其部分，还是委托政府保管？

所有为资本主义辩护的人多多少少都赞同的答案，就在洛克的断言中："需要通过劳动和物质来实现的人类生活，必定导致私有财产。"[1] 虽然地球属于整个人类，但是只有个人才可以利用，为

---

[1] John Locke, *Two Treatises of Government*, ed. Peter Laslett (Cambridge: Cambridge University Press, 1960), p. 130. 黑体字是洛克加的。

了让个人有效地利用物质,他们必须拥有这些物质。因此,政府对地球的责任就是保护私人财产的权利。这就是洛克的理论。

有效地利用地球,一定需要个人的占有吗?难道工业化的历史没有相反地指出,对地球的开发要靠巨大的经济组织,而个人几乎无法做到任何事吗?洛克断言,一个人有权利保留"他在橡树下面捡到的橡树果,或者,他在林子中的树上采摘的苹果"[1]。这些例子与二十世纪的工业体系又有什么关联呢?在今天的美国,几乎没有任何日常用品是个人劳动的产物。我们的汽车、衣物、食物、家庭用具等都是由巨大的、复杂的商业组织生产的,这些组织又与庞大的国家和国际经济体系相结合。

另外,难道资本主义的历史没有指出,一部分人的自由占有导致对其他人的剥夺吗?有人曾极力主张,那些有能力占有很多的人,通过这一能力就能证明他们有权占有很多,而那些没有什么财产的人则证实他们不值得拥有。但是,我们非常怀疑这一逻辑,因为这一逻辑以我们对地球拥有共同的所有权的原则开始,却以只有少数人有权占有地球上的大多数财产的原则结束。毫不奇怪,这一逻辑没有得到普遍的接受。

还有人极力主张,尽管个人占有导致不平等,但个人占有不仅是公正的,而且有益于每一个人。这种主张认为,少数为自己获得财富的人,同时也为其他人创造了财富。美国由于具有相当集中的私人财产,又有大多数人享受到的历史上空前未有的繁荣,显然是赞成这一主张的。但这并非是无可置疑的。鉴于美国的自然优势,完全有可能存在一种可以生产出如此丰富的产品,却能进行更平等地分配的非资本主义经济制度。此外,正如最近几年中经常提到的一样,虽然美国有很多富裕的人,但相当大的一部分底层人民并不富裕。鉴于内城区经常是一片丑陋污秽的景象,美国今天的穷人一定与历史上其他大部分社会中的穷人一样悲惨。

---

[1] *Two Treatises*, p. 306.

支持个人占有的主要观念是自由市场的自然和谐。这一观念在第十八个问题中曾简单地得到解释。其要旨是，在人们能按照自己的经济利益自由生产、销售、购买的地方，经济体系就会是有效率的、公正的。人们想要的东西之所以得到生产，是因为这与生产商的利益一致；产品按照买者和卖者都能接受的价格卖出去，否则双方不会做成生意。在硕大无朋的经济体系中要做大量的日常决定，这些决定不是由远在天边的政府部门做出的——他们只是在徒劳地试图弄懂一个国家经济生活中无穷的复杂性——而是由许许多多个人作出的，每一个人都受着自我利益的驱使，因此他们很实际、有理性。这就是美国人所谓的"自由企业"。这是所有观念中最吸引人的观念之一，因为它允许在不牺牲个人自由的条件下，获得丰富的物质和公正的分配。但是，这个观念在实际中行得通吗？

令人吃惊的是（由于这个观念中的某些乌托邦色彩），它行得通，至少今天的大多数人相信这一点。但这并不是说，许多政治领袖和作家、学者信任完不受任何约束的市场。但是甚至在共产主义国家，人们也广泛承认许多经济问题最好是通过自由竞争，而不是官僚统治来解决。现在主要的问题不是要不要依靠自由市场，而是依靠程度有多大——几乎全部依靠（通常是"保守派"的观点）或仅仅是谨慎地依靠（通常是"自由派"的立场）？

这个问题不再像过去一样能够激起意识形态的激情了。许多人，左派、右派都有，赞同政府干预的程度要根据实验来决定。但要注意的是，这个问题不会仅仅停留在现实层面上。"自由企业"的最大弱点也许是，它不符合西方的道德传统。它鼓励自私和物质至上主义。它告诉我们，要把注意力放在个人优势上，同时用金钱来定义个人优势。它告诉我们不要关注其他人的福祉以及公共利益，其他人的需要是他们自己的事；公众利益交给市场机制就可以了。它对智慧和美这些不能在市场上标价出售的价值没有任何可以说的，总是有人能够以平静的心境追随这种学说，他们中的大多数骄傲地自诩"现实"。但是也总有其他人，被自由市场的现实主义者称为"软弱的"和"感情脆弱的"，他们忠于像平等、公共利益和互助这类价值观，这些将带领他们走上另一条路。

因此，可以理解，有一些思想家寻求过替代个人占有观念的其他观念。这些替代选择最终都成为了某种形式的社会主义观念。

最广义地说，社会主义坚持这样一种观念，即人类必须通过实际上占有地球并且合作性地利用地球，来维护他们对地球所拥有的根本权利。社会主义者对是通过政府行为还是通过其他方法来做到这一点，还没有统一的意见。但是，他们在不愿意容忍对地球的私人占有这一点上是统一的。

社会主义从民主传统中获得许多道德力量，按照这一民主主义的传统，政府应该只在民众同意——如果不是积极参与——的情况下运转下去。权力属于人民。但是，财产当然也是权力，因此，私有财产的大量集中，以民主标准衡量就是值得怀疑的。大多数社会主义者认为，民主和资本主义在根本上是矛盾的。社会主义者通常认为自己将已经在政治领域广泛接受的民主原则延伸到了经济领域。

当然，在美国经常能听到一种反对意见，即政治上的民主和经济上的资本主义通常被看做是天然的盟友。人们认为民主更受到国家权力的集中——社会主义一般会导致这种结果——的威胁，而不是受到私有财产的集中之威胁。

社会主义最严重的问题之一是，公共占有是否能在实际上不意味着政府占有。大多数社会主义者将拒绝赞同这一等式。社会主义文献中充满了志愿互助的观念。许多社会主义者比典型的资本主义者更不相信政府，共产主义者则更是预言了"国家的消亡"。

然而，在实践中，公共占有几乎总是意味着政府占有。每一个人都知道，共产主义带来的结果完全不是国家的消亡。这是否体现了社会主义制度中具有不可克服的困难？也许，如果我们要共同占有地球，这必须由一个能代表我们所有人的机构，也就是说，政府来完成这个任务。一个经济企业可以由一个小于整个社会的合作团体接管，譬如，一个工厂可以由它的工人来管理。但是，这不是公有制，而且，一个工人管理的工厂不一定会比一个资本家管理的工厂对整个社会更负责任。社会主义者也许只能诉诸政府。

问题在于，政府所有制和公有制根本不是一回事。譬如，美国人从来没有想过，邮局及其所有建筑和设备是公有财产；它属于政府，但这完全是另一回事。这并不是说，政府所有制必定是一件坏事。在某些情况下，这也许会既有效率，又对公众负责。但是这种优势不是有保障的。即便这些优势得以实现，由于不可避免地形成了强大的官僚作风和渗透了烦琐程序，政府计划的经济远不符合社会主义公有制的理想。

而且，在某个方面，政府对经济的控制可能比私有制对经济的控制更远离公有制。政府的控制统一了政治和经济的权力中心。因此，它们不会像在资本主义制度中那样，彼此制约。如果政府完全对人民负责，这就没有什么问题。但是，即便在最民主的国家中，政府的责任都没有完善地实现，而且，随着政府越来越大，越来越复杂，民众对它的理解和控制将会越来越衰弱，官僚会比人民和他们的代表更为重要。如此一来，社会主义可能意味着对自己意图的背叛，权力会比在私有制的体制下更加集中，更加不可管理。

如果在个人占有方面，突出的弱点是市场的不道德性，在公共占有方面则是官僚主义，以及它所代表的一切——非人格化、无效率性、不可控制性。当然，这种形容词并不能描述官僚主义的全部。美国联邦和州政府的行政机构在很多方面帮助了公民，他们帮助了许多需要帮助的人——智力迟钝的人、残疾者、失业人员、穷人、病人和老人。他们雇佣了无数有能力、诚心诚意的人。他们以各种方式被制约，以保证他们对公众负责任——通过立法机关、选出来的行政长官、法院、利益集团以及公民的游说团等。

政府的官僚机构（在某种程度上，商业和其他方面的科层制也有这个特点）仍然不幸地存在于二十世纪工业化国家中。官僚机构是一种人类机器，尽其可能，并且为了有效地执行高级官员的指令（无论官僚本人的政治观点是什么）而设计。因而，固定的作用和预先安排的关系（如在机器的设计中）都是官僚机构的本质。似乎非人格化以及一种与烦琐程序有关联的无效率性，必定是官僚组织的特征。虽然官僚机构可以对选出来的官员和公众的感受给予合理的关注，很难想象，一个有着庞大官僚主义体制的国家如何能够实现民主理想所倡导的民众的政治参与。

官僚机构最使人忧虑的特征之一是，它会不断地膨胀。最理想的状态是，官僚组织的大小取决于对它的需要，时而扩大，时而缩小。可是，一旦一种官僚机构建立起来，那些安排其人员和那些得到其服务的人就在它的持续存在中有既得利益，并且通常能够实施强大的政治压力去促进这一利益。其结果是，官僚组织很少有缩小的情况，却常常会不断扩大。

正如人们会适当地向个人占有和市场经济的倡议者提出有关互助和公共服务的问题一样，人们也同样会向公共占有的提倡者提出有关官僚主义的问题。有人说，一个竞争的市场与公民间的互助以及共同为公众服务的热忱，是有冲突的。难道官僚主义不也是如此吗？反对市场经济的指控认为，市场带来了巨大的、不公正的不平等。然而，官僚机构不是也不可避免地会成为一个特权群体，享受比一般公民高得多的酬报和保障吗？一个自由市场被认为会导致经济权力的集中，这种集中与民主不能共存。官僚主义不是也会造成管理权力的集中，这不也是非民主的吗？这类问题可以无止境地提出来。

置于这类僵局之中，常识立即提醒我们，真理存在于两个极端之间。确实，这种提醒不是没有分量的。在政治思想史中，大概是托马斯·阿奎那（Thomas Aquinas，1225—1274年）最清楚地描述了一个既不赞成无限制的个人占有，也不赞成完全的政府控制的理论。他是后来成为罗马天主教的官方哲学思想的作者。阿奎那认为，财产应该为个人所有，但要受到法律和习俗的规范，以确保应用在公共利益上。他强调说——正如一个美国商人也会这样说——一个人对自己所拥有的会比对共同拥有的更关心、更注意，因此，在一个私有制度下的经济会比在其他任何制度下都得到更好的管理。同时，阿奎那谴责利用财产首先为个人谋取利润的行径。财产应该为公共利益服务，社会有权利监管。在这一点上，阿奎那不像是一个美国商人，而更像是一个社会主义者，一个商人们会痛斥的危险的激进分子。

那么，问题得到了解决吗？不一定。在政治实践中，持有中间立场通常是明智的。但是在政治理论上，这样做通常只是逃避问题的一个方法。因此，一定要问，托马斯·阿奎那的立场是否解决了私人所有制与政府所有制之间的难题，或者只是遮掩了问题。

根据中间立场，个人所有制的权利是否意味着个人可以按照与社会的意愿相反的纯粹的个人意愿，来占有和利用地球相当大的一部分？如果是这样，那么，一个外表看是居于中间的立场，在实质上便成为洛克清楚地阐述过的个人主义了。如果不是这样，如果个人对个人财产的利用可以得到社会的监管和控制，那么，人们可以问，个人所有制的权利究竟有多大。实际上，这个理论似乎又成为公共所有制的理论了。如果最终，有时是个人，有时是社会要对地球负责，中间的这条线应该划在哪里？如何解决两者之间的争议？除非这些问题得到回答，否则，提供的这些就不是一个有关财产的理论，而是一种争议，认为关于财产的问题不可能在一个综合理论中得到解决。当然，这也有可能是真的。

个人是否应该自由地占有地球的问题一直是很重要的，但是从来没有像今天这样重要，因为科技使我们对地球有比以往任何时候都更完全的处置权。个人占有的权利比洛克时代有更强大的力量。私人对地球的利用方式影响到了整个世界。譬如，在二十世纪，美国人民的生活受到通用汽车的影响，与受到最高法院的影响是差不多的。那么,通用汽车难道不是私有财产吗?另一方面,如果你不相信政府,那么,私有财产无限的权力也许正是使你反对任何公有制或公共控制的理由,因为那种权力会极大地加强政府的权力。

那么,是否有任何办法可以满足圣经所宣称的精神:"天,是耶和华的天;地,他却给了世人。"①人类是否有办法拥有地球,却不受拥有权力者掌控?

权力如此危险,以至于对限制的寻求就是寻求牢固的、不变的限制——寻求所有人都能懂的永恒的道德法规;寻求不受统治者和人民不断改变的情绪影响的宪法条例;寻求一种清楚的、长久的知识,知道政府在试图干预经济体系时,必须在哪里停止。对限制的寻求是对预先制定的限制的寻求,其范围不会随着不断的重新考虑和改变而变动。而这里就是问题最多的地方。

政府受预先制定的限制所控制这一观念,以及政府不受这种限制控制的观念,是同样不能令人满意的。前者意味着,好的统治者会受到妨碍,后者则是使坏的统治者不受阻碍。前者意味着妥协和延期执行好的计划,而后者,则是加速完成最糟糕的计划。毫不奇怪,人们长期以来试图避免进退维谷,找寻办法让政府不干坏事做好事。这里有几个可能的解决办法——譬如,做出安排,使统治者的利益和被统治者的利益一致。有一个解决办法比其他的都简单,都吸引人,就是把政府置于有完善的理解力和智慧的人手中,限制政府不做不应该做的事,但要做应该做的事。这个想法行得通吗?

21. 政治权力和完善的知识是否有朝一日能够结合?

无纰谬的、囊括一切的知识一直是人们恒久盼望的目标。柏

---

① 《诗篇》115:16.

拉图在他哲学家的观念中强有力地表述了这一希望,哲学家是从无知的山洞里出来,攀登到"至善"的灵光之中的男男女女。许多基督徒相信,通过基督我们已经得到了完善的领悟,然而我们永远不可能依凭理性找到通向这一认识的道路,也不可能在我们的尘世生活中完全掌握它。在近代,对基督的信仰似乎有所下降,但对理性的信仰之强烈与柏拉图可以同日而语。虽然基于不同的理性概念,这种对理性的信仰由于科学的进步重新得到了唤醒。

政府能够成为这种知识的仆人吗?肯定的回答通常伴随着认为完善的知识是可以获得的。正如我们看到的,柏拉图认为哲学家应该成为统治者。中世纪的基督徒,尽管有双剑论的学说,仍然继续给予教皇以权力,这一权力与他们相信的基督教启示一样具有无限性和统一性。近代的政治思想家长久以来一直对技术统治的观念很有兴趣,认为政府应由科技专家来管理。

权力和完善的知识相结合这一观念也许有严重的缺陷,但至少,它是高尚的、有吸引力的。它代表了与立宪主义有关的那种根深蒂固的情绪,即认为最大的邪恶之一就是无望地服从于另一个人盲目的、自私的意志。立宪主义的观念是,统治者应该被强迫地局限在一定的法律范围内。让政府服从于完善的知识这一观念更为激进。它建议取消使法律限制成为必需的那些固执和无知。它设想要废除专断的政府就必须斩断它在人性中的根。立宪主义需要监督那种任性和愚蠢,完善的知识却要将它们整个废除。

然而,这一概念的可行性是以两种假定为基础的:完善的知识是存在的,至少对某些人来说是存在的;另外,这种知识有能力决定掌握它的人的行为,有能力将自己的完美传给他们。两个假定都经常受到挑战。

对于第一个假定,上两个世纪(指十八、十九世纪——译者)中广为流传的一种态度可以被称为"认识论的受挫(epistemological discouragement)",也就是怀疑获得可靠、全面的知识(希腊语为epistēmē)的可能性。在过去,特别是在中世纪,很多人认为这种将人的起源、本性和目的综合到一起的知识来自于上帝,理性会帮助我们掌握这种知识,但最终它依靠神的保证。现在,只有少数人坚守宗教信仰。教会的领袖可能会援引信徒的数目证明宗教信仰的广为传播,但是可以想象,他们在研究人性时还是要读社会科学的书,而不是拿着《新约》冥思苦想。

人们通常认为,科学已经打败了宗教信仰。这是过于简单化的看法。一个不幸的事实是,我们不仅丧失了对基督启示的信仰,而且也丧失了对科学的信仰。当然,每一个人都认为,科学家已经做出了令人吃惊的发现。问题是,在这些发现中是否有任何绝对的真理?这些发现涉及现实本身,还是只是我们对现实的感官认识?

大卫·休谟(David Hume,1711—1776年)是一个怀疑主义哲学家,文风清晰准确的作家,也是启蒙运动中的主要人物。他争论说,观察和推理都不能证实科学家宣称已建立的普遍的和永恒的自然规律。休谟的理论中心是这样一种论点,因果之间没有必然的联系——至少我们还不能够知道。我们看到,一种经验通常或者总是伴随着另一种经验,在太阳升起这个例子里,就是阳光的照耀。但是我们看不到有任何将两种经验连在一起的必然性。如果明天,太阳的升起伴随着几英尺的水洒在整个地球上,而且继续黑暗下去,那就是与我们过去的经验不同的另一种经验了,但是,没有人反对前面的经验所建立起来的规律。这也不会与推理有冲突。我们能够通过推理来推断,如果苏格拉底是人,而如果人根据定义是终有一死的,那么,苏格拉底就是终有一死的。但是我们不能够推断说,当太阳升起时,阳光会洒满大地。我们所知道的只是我们在过去看到过这种现象。(同样,我们不能知道,所有的人都是终有一死的,我们只知道所有被观察到的人会死亡。得出苏格拉底终有一死的结论,依赖于所有的人都终有一死这个假定。)休谟没有否定,我们的"规律"是便利的概括,对日常生活非常有用。但是,使它们成为规律的普遍性和必要性,严格地说不能够得到证实,因此不是科学知识。由于这一论点,以及涉及其他"知识"问题的相似的论点,休谟成为我们"认识论的受挫"的主要来源之一。

伊曼纽尔·康德对回答休谟的问题以及对展现可能获得真正的、肯定的知识,做出了最深刻、最有影响力的努力。他被广泛认为是所有时代最伟大的哲学家之一。康德的《纯粹理性批判》(*Critique of Pure Reason*)一书是哲学著作中的经典,其首要意图是为科学进行辩护。在康德对休谟的回答中,关键的一点是,因果关系的必然性这一概念是前后一贯的经验的前提。有了这个概念以及其他概念,我们将我们的感知联结起来,形成我们周围的事物和生活的世界。没有这些,我们将面对一片混乱的声音和颜色,没有形式或稳定性。这就是说,科学规律是从人类头脑的结构衍生出它们具有普遍性和永恒性的特征。现实是不可知的;事实上,认为现实本身具有结构性是没有根据的。因此,康德对科学的辩护是非常模棱两可的。它保证,科学规律可以有绝对的有效性。但是这一有效性只体现为告诉我们,如果我们的才能得到正确的运用,现实必将如何向我们展现;并且只告诉我们现实必将如何向我们展现,而不是现实自己本身是什么,科学规律纯粹是相对的。

因此,事与愿违,康德也成为认识论的受挫的来源之一。康德在今天的深远影响以及我们对科学的信仰不足的显著标志是存在主义(existentialism)。许多不同的哲学和看法都被视为存在主义思想。但是如果说有一个单一的主题对他们所有的人都是一样的,那就是最终衍生于康德的观念,即人类不是知识的客体——至少不仅仅是客体。一个人是一个主体——一个有知识但不能被这些知识穷尽的人。一个人可以通过观察内心世界而不是通过客观的分析了解人性。

如果真是如此,柏拉图以及许多崇拜现代科学的人所设想的那种不变的、囊括一切的知识就无法得到。致力于为这种知识服务的理想政府也就不过是一个梦幻而已。

许多人不同意这些对理性的批判。并非所有人都完全地对获取知识的可能性感到沮丧。但是,很少有人会否认,这种批判已经定下了我们时代的情绪基调——一种与中世纪坚定的信仰和古代毫不掩饰的民族主义有极大反差的情绪。今天,很难不去想,我们或许除了知道自己居住在难以穿透的黑暗之中以外,是否还能知道其他任何东西。

然而,得到完善知识的可能性不是我们所要考虑的全部问题。询问政府是否可以成为完善知识的仆人的同时,我们还必须询问,即使得到了这种知识,人们是否将会尊重它。他们也许不会。他们也许知道所有的事情,但是举止却异常冲动和愚蠢。人类最终可能会达到自然和社会科学的完善,但是仍然受到愚昧的、残暴的统治。完善的知识并不一定就意味着完善的品德。

有些思想家一直认为,虽然完善的知识和完善的德性之间的等式不很明显,但这个等式是有效的。苏格拉底显然相信,完满的道德知识——也就是有关人性和人的需求的知识,以及知道什么是真正的善行——将必定导致道德的完美。一个人,如果完整地、确定地知道什么是善行,必定会选择它。而一个邪恶的人必定是个无知的人。这个论点认为,知识——完整的、深刻的知识——不可能被错误地应用。

苏格拉底将知识与德性同一,在历史上一直有着强有力的影响。他的论点支持了柏拉图的哲学家—统治者的概念,以及古代长期持续的对理性的培养的投入。毫无疑问,它还为我们现时代大多数人支持科学进步的坚定的热忱做出了相当大的、即使不是直接的贡献。我们很轻易就假设科学的进步必定意味着生活的改善。

在最近几十年中,这一假设越来越值得怀疑。通过自然和社会科学,我们获得了大量的知识,但是,我们似乎既会将这些知识用于邪恶的目的,像核战争及洗脑;也能将其用于善良的目的,像和平及消除贫困。我们现在感到,我们的知识使我们受到威胁而不是得到拯救。

为什么会这样？是因为我们的知识还不完善、不完整吗？或者，苏格拉底是错误的，人有可能在了解一切的情况下，仍然是自私的、残暴的？

在过去的一两个世纪中，权力和完美知识结合的理想之最坚定的辩护人，一般都是社会科学家。这并不是说，每一个社会科学家都是空想家，毫无保留地认为有可能获得社会学家、心理学家和政治学家都在寻求的那种完美的或对社会有用的知识。只是对此的保留意见在社会科学家的著作中还不突出。相反，他们极力建立与自然科学一样精确、确定的社会科学，以至于那些倾向于直觉的或哲学方法的人不得不为获得话语权而斗争。

很少有人会否认，社会科学家的话中有一定的道德力量。他们试图排除猜测、不精确、带偏见的观点以及没有根据的情感，而这些构成了当今政治论述中的大部分内容。他们还想为政府提供有效行动的依据。这些目标可以上溯到柏拉图时期，具有不可辩驳的道德尊严。此外，很少有人会否认，它们在某种程度上是可以实现的。事实已经显示出，我们可以获得有关社会方面的精确的、客观的知识，而且，这种知识有实际用途。问题是，这种知识可以延伸到什么程度？所有主要社会问题是否都能用科学的方法解决？这个问题包括了两个附属问题。

1. 是否所有的社会现实都能用科学的方法去理解？那些宣称它们可以的人必定假定：所有现实，包括人类，都在"事物"的本性中，也就是说，从属于因果规律；并且任何具有正常能力、受到过科学程序训练的人都能观察其整体。如果是这样，有关人类行为的精确陈述是可以形成，并得到检验的，而且有关人类行为的科学也就是可欲的目标。但是，怀疑者对现实的本性有着不同的看法。譬如，他们可能不愿意将我们确信的信念——当我们面对选择时，我们能够做出选择——放在一边，当作幻觉。他们相信，自由是真实存在的。如果他们是正确的，那么，我们经常无法预测到别人将会做什么的显著的无能，就应归咎于人类实质的、永存的东西——他们的自由——而不应归咎于我们在知识方面暂时的欠缺。另外，人的品质不能像可以在放大镜下观察到的东西那样用同样的方法进行观察。自然科学家不需要（而且不可能）将自己放入其放大镜下的物体中，但是一个研究社会现象的学者，不经过体验，或至少生动地想象，就无法理解人类的情感。也许，如果没有实际的感觉并被这些情感所感动，没有人可以理解恐怖、仇恨、对权力的垂涎以及其他政治领域的激情。总之，对自然世界进行有效观察需要的是超然，而对社会和政治领域的有效观察则需要投入——至少情感的投入。如果这种说法确实有道理，那么，小说家和哲学家将比社会科学家们更了解社会。

2. 对社会做科学性的理解是否总是有益的？如果政府知道什么有利于社会，以及如何得到它们，他们会必然选择它们吗？社会科学家们基本上都默默支持，或公开捍卫一种苏格拉底式立场；他们假定，所有我们可能获得的知识都有益于我们。他们不会像原子弹科学家那样经常紧张地或恐怖地预想他们的研究引发的最终后果。但是，他们的批评不是特别自信。许多人确信，即使有关人类的科学知识是可能得到的，政府也难有足够的理性和责任心来运用这些知识达到最好的目的。譬如，如果人类感到的、想到的、做到的每一件事都是客观的社会和心理力量的产物，并且，我们可以科学地理解那些力量，那么，我们就是潜在的人类意识和行为的专家了。那么，"我们"是谁？大概就是一批批的社会科学家和公仆。具有人类过去从未有过的操纵权，即便它们使我们感到了幸福，它们是否会使我们成为奴隶？

西方传统提供了一个可以取代苏格拉底的观点的重要论点。苏格拉底显然认为每一种努力都应该集中在分辨善恶一事上，而《创世记》以一种伟大神话的形式提到，这种求知正是邪恶的本质。

亚当和夏娃由于抗拒了上帝的旨意，尝了从"辨识善恶树"上摘下来的果子而被赶出天堂。

有关堕落的神话不是任何人都能自信地给予解释的。然而，这个神话指出，神意欲我们居住于其中的状态是与至善完全合为一体的，关于其中的善，我们并不知道，因为我们始终没有与它分离；而且我们没有选择善，因为我们不知道有任何其他选项。对这个状态的摧毁就是故意自我隔阂（self-estrangement）的行为。我们有意地将自己与现实分开。我们傲慢地这样做，动机就是骄傲，十足的自我肯定。我们客观的和为个人打算的头脑以及我们对善与恶的认识，都来自于罪；但是，它们也是惩罚，是诅咒，因为它们使我们在宇宙中感到陌生。这一观点听起来很极端，但是，不只是宗教信仰者有这种观点。不要说早些时期的诗人和文人了，在最近的几十年中，许多美国学生也寻求过自发的生活以及即刻的感受，这些都遭到将苏格拉底的立论前提作为基础的诸如大学这类西方体制的排除。

我们文明社会的窘境可以用这两个伟大的认识来源作为象征：希腊人的和希伯来人的。一个赞颂人的理智，符合逻辑地认为政府应该同时受到一种知识的指导和限制，这种知识能够充分理解人们的需求以及满足需求的手段。另一个使我们感到谦卑，并告诉我们，只要我们寻求"如神，能知道善恶"，我们就会遭受劳累、隔阂和终有一死的痛苦。

这里我们无法不感到，我们处在存在的神秘之中——处在"思想不能够思考"的事情之中。也许这就是为什么圣经的观点不是以理论形式，而是以初民生活中的神秘事件的方式被阐述出来的因由。我们试图思考不能观察到的事情，这甚至不是什么事件，只是在比喻的意义上才算是个事件。我们试图思考人类状况的根源。这样做，我们中的大多数会发现，不可能像应付事实问题一样可以选择一边或另一边。我们发现自己被拉向了悖论，两种解释都有对的地方。

然而，我们必须记住，一个悖论的作用正是保持思想的鲜活。任何简单地说苏格拉底与《创世记》的作者都可能对，然后就安心地将整个问题放在一边的人，都是错误地使用了悖论。任何包含在悖论中的真理都是隐蔽的，像接受明显的事实陈述一样地接受悖论，是不可能找到真理的。悖论的实义是，我们给予明显的事实的那种正式的承认是没有意义的。一个悖论的真实性不仅在于其本身，而且也在于它激励我们寻找对它的理解。

因此，我们必须尽力去理解，苏格拉底和圣经的观点如何可能都是对的。譬如，我们可以问，为什么苏格拉底习惯性地使用反讽，好像他说的话和他的意思——似非而是地——有很大的不同。他是否在暗示，他不屈不挠地推动的理论探讨不可能成功，或者，他们只能通过失败而成功——揭示一种理论性的结论不能包括的真理？沿着这一思路走下去，我们会问，《创世记》的神话是否能够得到解释，使之产生一种相似的结论？难道它只是对设想能够完全地、确实地认知善与恶的一种谴责吗？这是否也考虑到了苏格拉底所例证的那种奇怪的智慧——一种不是在探索的结果中，而是在探索的本身之中所发现的智慧？

推荐书目

Plato. *The Republic*
柏拉图:《理想国》

Cicero, Marcus Tullius. *On the Commonwealth*
马库斯·图利乌斯·西塞罗:《国家篇》

Saint Thomas Aquinas on Politics and Ethics, ed. and trans. Paul E. Sigmund
《圣托马斯·阿奎那政治与伦理著作选》，保罗·西格蒙德编译

Machiavelli, Niccolò. *The Discourses*
尼可洛·马基雅维里:《论李维》

Hobbes, Thomas. *Leviathan*, Second Part

托马斯·霍布斯:《利维坦》,第二部分

Locke, John. *The Second Treatise of Government*
约翰·洛克:《政府论(下篇)》

Rousseau, Jean-Jacques. *The Social Contract*
让-雅克·卢梭:《社会契约论》

Hamilton, Alexander; Jay, John; and Madison, James. *The Federalist*
亚历山大·汉密尔顿、约翰·杰伊、詹姆斯·麦迪逊:《联邦党人文集》

Hegel, G.W.F. *Philosophy of Right*
G·W·F·黑格尔:《法哲学原理》

Mill, John Stuart. *On Liberty*
约翰·斯图尔特·密尔:《论自由》

Koestler, Arthur. *Darkness at Noon*
阿瑟·库斯勒:《中午的黑暗》

Orwell, George. *1984*
乔治·奥威尔:《1984》

Strauss, Leo. *Natural Right and History*
列奥·施特劳斯:《自然权利与历史》

Lippman, Walter. *The Public Philosophy*
沃尔特·李普曼:《公共哲学》

Friedman, Milton. *Capitalism and Freedom*
米尔顿·弗里德曼:《资本主义与自由》

Berlin, Isaiah. *Four Essays on Liberty*
以赛亚·伯林:《自由四论》

Rawls, John. *A Theory of Justice*
约翰·罗尔斯:《正义论》

第六章

权力的目的

权力必须加以利用，也必须加以限制。因此，在进行政治思考时，我们必须考虑权力的目的。这不是件容易的事。这里有两个大而难的问题。首先，人生的目的是什么？显然，不了解生命本身的目的，就不可能了解政府的任何目的。但是，这对于每一代人一直是一个谜。我们这个时代的一些思想家——法国存在主义者让-保罗·萨特（Jean-Paul Sartre）大概是最伟大的一位——得出了似乎绝望的结论，认为人的生命根本没有目的。但是，一旦我们证实了生命的目的，我们必须评估哪种权力能够帮助我们达到这些目的。权力不可能做到每一件事：譬如，它不能让一个人爱上另一个人。因此，思考权力的目的，可能会在两点上迷失方向——曲解生命的目的以及误解权力的能力。

然而，思考权力的目的的难度与这样做的重要性是相匹配的，特别在今天我们对人民与政府的适当行为感到极深的困惑的时候。我们的困惑无疑有许多原因，技术在无休止地、无计划地重新安排我们的生活，商业化电视培养出来的一时风尚渗透了我们的思想和情感，使我们迷失方向，这远甚于我们能够意识到的程度。无论是什么使我们感到困惑，政治后果都会是很严重的。缺少智慧的、稳定的目标，我们会将我们的才智和注意力都放在次要的问题上去——探索太空而不是消除贫困，就是一个可能的例子——如果我们不是更糟糕的话，我们将额手相庆。总有一天我们会做得更糟糕，那就是当我们痛苦地期望逃离歧义和不确定性的烦恼，从而将绝对权力交到一个通过宣传和恐怖行为追求统一的领袖或政党（法西斯主义的一个简短定义）手里的时候。无论如何，如果我们在有关权力的目的方面毫不反抗地陷入怀疑和冷漠，那些目的很可能会由不负责任和麻木不仁的人来决定了。

出于这些原因，思考权力的目的这个问题就不是从容的消遣，而是紧急的、实际的责任。但是，面对这样困难的任务，我们应该从哪里开始呢？

当问到政府应该做些什么的时候，一个人的第一反应很可能是：无论追求什么价值，它们应该是可以让大家共享的价值。权力意欲实现的利益，应该是共同的利益。这看上去也许很粗浅。但真是这样吗？有所有人都能共享的价值吗？那些有权力的人，即便他们的意图是理想化的，不也总是追求个人的利益，而忽视他人的利益吗？让我们在一开始就问，是否每一个政府都不必然追求少数人的利益——少数控制政府的人的利益？

22. 是否每一个政府都只是为"强者的利益"服务？

"强者的利益"这个词以及认为这是描述每一个政府的目的的论点，都在《理想国》（The Republic）一书中提到过，是苏格拉底的同时代人特拉西马库斯（Thrasymachus）提出的。实际上，特拉西马库斯认为，人类在本质上是隔阂的，因此，谈什么共同利益或全民福利是没有意义的。每一个人的目标都纯粹是个人的事，很可能与他人的目标相冲突。结果是，有权力的人只寻求他们自己的利益，已经作好了牺牲他人的利益来获得自己利益的准备。因此，每一种社会和政治秩序，无论是最古老和受尊崇的，还是最小心地加以设计的（除了赤裸裸的暴政），都有欺骗性。特拉西马库斯认为，政府通常宣称认可上帝和人民，但这都是假的，因为他们真正所做的和他们企图做的，都是为了促进"强者的利益"，那些有权力的人的利益。

没有任何伟大的思想家完全同意特拉西马库斯的观点。然而，尽管有一些思想家一直对已建立的政府怀有深深的怀疑，因而认为大多数政府事实上只为"强者的利益"服务，但是他们也相信，在一些特殊的条件下，如哲学家变成统治者时，情况会不一样。譬如，马克思就持这种观点。

当然，马克思相信，工人阶级注定要自己掌握所有的权力。在这种情况下，政府将会完全地、明确地、不被强迫地为所有人服务。国家将会"消亡"。但是，在此之前，政府会不可避免地背叛大多数人民的利益。正如已经提到过的，马克思认为，他那个时代的自由民主制和代表了上层阶级利益的、伪装起来的专制政权没有什么差别。像成文宪法、代表会议以及普选制这类工具，应该推动政府为其属民的利益服务，却只是欺骗的工具，是遮盖土地拥有者、工业家和金融家的专制面目的复杂工具。

马克思的观点部分是因为他坚信任何社会中决定性的权力都是掌握在那些拥有生产资料的人的手中。各种政府权力机构，如立法机构和警察，掌握着次一级的权力。在一定的情况下，政府会摆脱阶级统治，但他们通常只是占统治地位的经济集团的代言人。因此，政府在正常情况下不可能为共同利益服务。但是，对于马克思来说，更关键的一点是，一个被对立的阶级所撕裂的社会不会有共同利益。一个阶级的利益必定是对另一个阶级的压迫或摧毁。在马克思的世界中，即便是一个哲学家—统治者，也不可能设计出一种将资产阶级和无产阶级团结在一起的公式。

这些思想将马克思暂时地置于特拉西马库斯一边。通过加上了"直到共产主义革命"这句话，马克思修正了特拉西马库斯的立场。否则，他认为，政府维护的"正义"仅仅是"强者的利益"。

反驳特拉西马库斯一直是政治思考的主要目标，这一说法并不算太过分。柏拉图用《理想国》的整个篇幅来完成这个任务。当然，并非所有的思想家都有意识地考虑过特拉西马库斯的立场，但大多数都试图标榜过，政府可以不仅仅为了强者的利益，也为了所有人的利益，去促进事态发展。甚至像霍布斯这样愤世嫉俗的思想家也强调说，人人需要和平。认为政府很少，甚至从不寻求共同利益的卢梭和马克思，将注意力集中在展示如何能够战胜自私的统治。自由主义在回答马克思主义的批评时，试图显示自由与民主政制既能够代表工人的利益，也可以代表有产者的利益，他们只是在重申对特拉西马库斯论点的古老的反驳。

他能够被驳倒吗？你的回答取决于你是相信人们在本质上是隔阂的还是统一的。即便在一个公正的社会，一些人必定比他们期望的以及其他人得到的更少一些——享受、工作满意的程度、财富，等等。这对于那些在战斗中丧失生命的士兵来说，对于那些从事不可缺少的、但又显得荒谬可笑的工作的工人来说，对于那些遭到监禁的罪犯来说，尤其如此。问题是要证明这些人不是为强者的利益做出牺牲，而是以某种方式为共同利益作出贡献。因此，只要所有的人在本质上是统一的，社会是如此的有组织，以至于那些或是自愿或是由于冲动为了其他人的共同利益牺牲自己个人欲望的人，实际上是在为一种共同利益作出牺牲，而且是为了他们本身的最高利益而不是为了达到其他的目的，那么对特拉斯马库斯的反驳就可以成立了。

这一观念似乎很牵强，但实际上，它并不有违常识。我们一般不认为那些战死疆场的士兵（除非他们是被不公正地拉去参军，或者是参加一场非正义战争）是强者的牺牲品。我们通常也不会这样审视监狱中的罪犯。我们感到，在某种程度上，每一个人的命运都是公正的。为何如此？大概是出于服务于某种目的，譬如为了国家的生存或维护正义这类被假定对每一个人来说甚至比生命更重要的目的。人们并非总是这样想，但他们通常这样认为；否则，他们的政府只能纯粹地依靠武力而存在了。

与其面对着这些复杂的问题，我们难道不能简单地说，每一个人的利益，即使是纯粹自私的，也多少会与他人的利益相一致，因此使社会得以运转？这样一来，我们就能避免提到诸如"最高利益"同时也是"共同利益"这种难以理解的神秘事物。不幸的是，我们不能诉诸如此迷人而简单的权宜之计。原因是，成百万人所意欲的利益，如果不是不可能，也很难协调一致。甚至像秩序与和平这种基本的价值观也不绝对是每一个人都期望的。革命和战争总是产生从混乱中谋利的人。因此，社会秩序取决于一定程度的强制。这通常采用和平压力的形式，但没有一个社会可以避免偶尔公开动用武力。这种强制只是对"强者的利益"的维护，除非是代表了共同的利益。如果利益的确是共同的，它必须也是那些受到强制的人的利益，但他们必定没有察觉到，否则他们就没有必要被强制了。总之，由于人们不能够在他们意欲的利益上得到统一，他们必定在他们真正的、但通常没有认识到的利益上是统一的。否则，每一个政府就只是为"强者的利益"服务的了。

道德绝对论和道德相对论的问题与这个问题紧密相关。如果有绝对的道德法规或绝对的价值观，它们必定在某种程度上决定了共同利益的意义，否则，它们不会既是好的也是绝对的。因此，一个道德绝对主义者会把正义看成一种善，每一种纯粹的个人利益都应当从属于它。那么，罪犯遭到的监禁就是罪犯自己的本性决定的。

从另一方面看，如果所有道德规范和价值都是相对于环境或人的——如果它们只代表某些人好与坏的观念，那么，真正的共同利益这个观念是否有意义就成问题了。一个道德相对论者可能在逻辑上必定与特拉西马库斯为伍；当然，柏拉图对特拉西马库斯的攻击，是对道德相对主义的总体攻击。但是，柏拉图的思路非常错综复杂，这使得在这种事情上确立一种永恒规则的行为成为不智之举。许多相对主义者一直像柏拉图一样，对特拉西马库斯的立场抱有敌意。

在思考这个问题时，我们就进入了在整个政治思考范围中最崎岖、最令人讨厌的领域。但是我们没有躲开它的方法。政治体制在本质上是一系列的安排，由一些人统治另一些人。这怎么能够在道德上得到容忍呢？文明是在道德的巨大阴影下延续的——这是由政治秩序投下的阴影。除非我们可以表明，特拉西马库斯是错的，而且政府可以为所有人的利益服务，否则，我们将不得不把文明生活看做是建立在对弱者的剥削的基础之上的。

探讨这个问题的一个方法是问：如果有共同利益，那是什么？如果这种利益的定义得到确定，那么，特拉西马库斯就得到了反驳。然而，要试图确定共同利益，我们离不开我们已经跨越过的最崎岖、最令人讨厌的领域。这不仅是因为这个问题中的哲学方面的困难，而且也是因为个人方面的困难。问到利益问题，就是在问你高于一切关心的是什么；问这个问题，就是极力要求你愿意并且有能力向内审视自己的思想和精神。

把一个广泛接受的答案置于我们讨论的中心，可能会有一些帮助。穿过现代历史的喧嚣，这个答案清楚地在我们的耳边响起。这就是自由，一种要将社会组织成能使个人按照自己的选择来生活的地方的观念。在法国大革命和美国革命期间，对自由的呼喊震耳欲聋，自由处于自由主义价值观的中心，而这一价值观已统治欧洲和美洲的政治生活逾二百多年。这不是一个毫无异议的答案，正如共产主义告诉我们的，在那里，平等与团结优先于自由。但是，共产主义是对迄今为止统治着西方世界的自由传统所做的有意识的反抗。其他反自由主义的运动也是如此，如法西斯主义，他们的反抗情绪证实了他们所反对的自由主义仍占有优势地位。那么，让我们问一下，在扫荡我们这个世纪（指二十世纪——译者）的意识形态暴风雨的连续冲击之下，我们是否还能够在自由传统中找到避风港？

23. 政府的最终目标只是能够使个人按自己的选择生活吗？

一个肯定的回答在今天有很强大的吸引力。这是因为，在确定政府目标的定义时，它使我们回避了当今的道德多样性（更不用说道德混乱了）。在涉及什么是好的这个问题上，现在的人们各持己见，譬如，某些人认为是平等的正义，对其他人来说，则是给予那些有能力的人获得极大物质财富的机会。对有些人来说，流行音乐和大多数电视节目是好的,而对其他人来说,只有古典音乐和莎士比亚的戏剧才称得上"好"。要让政府或任何形式的社团(如学校)决定谁是对的,似乎是不可能的。就连哲学家在至善的本质这个问题上也有不同意见。那么,让个人为自己决定什么是好的,让他们相应地安排自己的生活,不就是合理的吗?换一种说法就是,认为唯一的共同利益就是自由,不就是合理的吗?

许多人说是这样的。在这些人中,有两类相当不同的人。一种是道德相对主义者。像我们已经看到的一样,这些人认为没有绝对的至善,也就是说,没有任何至善是有益于所有的环境和每一个人的。至善完全是个人的偏好,而偏好,如我们所知,各有不同。没有根据能让一个人说另一个人认为是好的东西并不真的是好的。从这一观点看,给予立法人员、法官、行政长官或者甚至教师任何为其他人指定他们生活的目的的权力,便是很荒谬的了。我们所能做的,也就是让所有的人有根据自己个人的目标来生活的自由。

这种观点在我们这个时代有其明显的合理性。它不需要任何信仰之跃,不需要有宏伟的(但是有问题的)理想。它适合一个已经看到过许多坚定的信仰采取了恐怖主义的形式、光辉的理想在破灭的幻想中烟消云散的时代。认为政府应该只将注意力集中在如何能使个人按照自己的选择生活的观念,对于不存有幻想、有时玩世不恭的一代人来说是可信的。这是除了自己和暂时的满足感之外,对什么都不确定的一代。这种人(也就是我们今天的大多数)受到最低限度的政治的吸引,这种政治对我们人类的本质或我们最高的理想不做任何宏大的设想,因此对我们没有什么要求。这种政治甚至可以被称为自我关注的政治。它必定是,至少含蓄地是契约型的;一个人对法律的服从,不是因为法律服务于正义或某种伟大的共同目标,而是因为法律提供了一种框架,在这个框架中,一个人可以追求自己的欲望。公民权是以自我利益为前提的。

也许,这个观点中最明显的问题是,如果每一种绝对的善都被否认,那么,自由也不再是绝对的善了。它只能在有助于大多数人得到他们想要得到的东西这个基础上受到欢迎。但有些人具有赌徒的灵魂,或者具有很强烈的自信心,他们会觉得一个没有太多自由、少数人持有巨大的权力、特权与财富的社会更能让他们大展鸿图。一个道德相对论者无法和这种人进行争论。这远远不止是理论上的考虑了。充满道德疑问的民众不会为自由提供坚实的基础。很有可能是道德的混乱以及不确定性为德国纳粹主义的兴起奠定了基础。否则德国人不会支持一个从一开始就实施道德暴行的政权。的确,那些认为至善只是个人偏好的人,可能在某种情绪下支持自由。但是,如果他们受到恐吓(如前纳粹时期的德国人受到的经济不稳定的恐吓),或仇恨某些少数族裔(如那个时期的德国人典型地仇恨犹太人),或对国家权力及特权的丧失不满(以德国人对凡尔赛条约的态度为代表),或者有一个灵巧地玩弄他们的情感的蛊惑民心的政客(如希特勒一样),他们就会抛弃自由。

换句话说,道德相对论只是偶然地、而非从本质上是自由主义的。因此,很有必要注意到,在那些认为自由是国家中心目标的人中间,也有道德绝对论者。他们可以分成两个大类。

对于其中一种人来说,自由不只是人们碰巧喜欢的什么概念。相反,由于自由不仅仅是我个人的自由也是我所有公民同胞的自由,它是一种无条件的道德义务的实质。如果我意欲自己的自由,从最基本的公平角度看,我也必须意欲每个人的自由。这与情绪没有任何关系。支持自由时,我是在遵守一种道德法规,它不问人们是否恐惧、不满或受到其他某种不自由情绪的掌控。相反,它明确地——也就是,无关情感或环境——告诉他们必须做什么。个人的好处在这种道德计算中也不占主导地位。我支持自由,不是因为自由符合我的个人利益,而是因为通过为每一个人争取自由,我证实了自己普遍的人性(universal humanity)。(这种观点一般被称为"道义论",这个词是指一种认为道德行为在于做正确的事情而不管结果如何的观念)。

对于道德绝对论者中的另一种人来说,结果有决定性的重要性,因为道德行为在于以一种使人能够实现至善的方式生活。虽然至善的本质的确值得争论,但绝对的至善是存在的,这一观念没有得到否定。得到否定的只是,政府可以给出任何有关至善的定义。对某些人来说,这是因为至善因其本质就必须是自由地被选择的,强迫人们选择至善的观念是荒谬的。对其他人来说,关键的问题是,寻求公共的善的社会和文化环境在现代不存在。一种可以称为"道德多元主义(moral pluralism)"——在有关至善的问题上有分歧的状态——的观念,被看做是现代文化的特征,至少在现在是不可超越的。道德多元主义是我们的命运,我们必须接受它,这意味着允许人们为自己确定至善的定义。那么,无论出于什么原因,任何有关至善的官方定义都是极其不合适的。但是,个人的定义却是另一回事。作为个人寻求至善是与我们作为道德和理性的生物所具有的尊严是一致的。自由的目的就是允许个人这样做。可以说,国家的道德中立是个策略而不是意识形态。这并不是说,任何人碰巧喜欢的任何事必定是好的,也不是说,自由的作用只是允许人们追求私人享受和偏好——虽然它起到这种作用。更重要的是,它允许人们寻找至善,并且如果他们发现了或自认为发现了至善,它允许人们献身于此——只要他们不以任何方式践踏他人的自由。(这种观点通常被称为"目的论",与"道义论"的观点相对。后者断言存在无条件的道德律,不管其结果如何都有效,而前者,"目的论"的观点则认为行为准则的有效性取决于它们对实现人生的终极目标的贡献)。

冒着过于简单化的危险,那些支持自由却又认为没有绝对的善的人可以被称为"享乐主义者",因为他们追求的目标是各种各样的欢愉。另一方面,那些支持自由的人,不论是基于道义论的观点认为应该无条件地这样做,还是基于目的论的观点允许个人用自己的方法去追求至善，都可称为"道德主义者"，这是因为美德在他们的心目中很重要，而在"享乐主义者"那里则不重要。我们可以简单的将道德主义者和享乐主义者都称为"自由主义者"，因为对于这两派来说，自由是共同的善。对于他们二者，自由都是一种特殊的善。它不是排他性的。可以说，它是一种可以与许多其他善的观念共存的善。因而，它似乎特别适于一个道德困惑和多样的时代。

鉴于现代文化中的价值观的多样性，自由主义者的态度是极其合理的。实际上，人们会奇怪怎么能够有人不同意他们的观点。然而，反对他们的大有人在，而且这些反对意见在根本上不是来源于像法西斯主义者那样的极端分子。它来源于那些忠实于不像自由那么轻松、那么不加区分的善的观念的人群。对于这种人来说，如果善像自由主义者要求的那样从属于个人选择的权利，那么，公共生活就是贫瘠的。他们不一定完全否定自由，自由也许在他们所认为的善中也占有一席之地。但是，他们也并不一定接受自由，而且在它与更高的价值有冲突时，他们准备好要限制它，或将它完全搁置一边。今天，对价值抱有非常严肃态度的人们在许多领域中遭到怀疑，因为人们害怕他们危害自由，而且，他们很可能确实会。然而，人们可以问，如果不是过去有这样的人的存在，文明还会存在吗？因为很难说仅凭自由就能激励人类最伟大的创造行为。对这种或那种价值的深信不疑，带来了古希腊文化的辉煌、罗马帝国的和平与秩序以及中世纪的肃穆与壮丽（以哥特式的大教堂为代表）。

什么样的价值可以被看做比自由更重要呢？我们简要地检验几种价值，这将不仅回答这个问题，也可以帮助读者发掘他们内心最深处所关心的是什么，以及在关于政府的目标是否只是使个人按照他们自己的选择生活这一问题上，他们的立场何在。那些发现了似乎值得个人献身的一种善的人，将至少拒绝享乐性的自由主义。如果发现的善极其重要，他们也会拒绝道德性的自由主义。

另一方面，那些认为思考几种不同的善观念引起了个人困惑或认为社会差异不可解决的人，将被推向自由主义的方向。下面是严肃的思想家和领袖们曾认为具有超过自由的意义的几种主要价值观。

1. 正义。正义的理想有一种不同寻常的威严。这反映在它构成了政治哲学的第一部，也可能是最伟大的经典著作——柏拉图的《理想国》——的主题这一事实中。对于柏拉图来说，正义不仅是社会的同时也是个人灵魂的恰当秩序。因此它必然与人性无法分割。如果我们用词小心一些，可以说一个不正义的人就不是真正的人。在所有的时代中，都有人将正义看得比自己的生命还重要。然而，如果正义是威严的，那么它也是非人格化的，而且要求很高。它与自由时时会起冲突，而且可能需要牺牲幸福。它告诉我们，自由没有正义重要，而且，那些无法自由地做到公正的人，必须受到强制。它还告诉我们，幸福是不重要的，除非它存在于人的关系和人的灵魂的真正秩序中。

显然，有各种对正义的解释。至少有一个重要的分界线将正义的阵营一分为二。一边的人将正义解释为识别少数人的特殊品性和成就。德性一般是分界线这一边的暗语，正义是在不平等的基础上构想出来的。正如几乎所有的保守主义者一样，柏拉图赞成这种正义。在分界线的另一边，人们对人类的相似处比对人类的不同之处更有兴趣。因此，正义就是平等。这边的暗语一般是同情。马克思肯定了这种正义性，各种社会主义者也追随这种看法。然而，有必要强调，在分界线的两边，正义都没有妥协可言。严肃地思考正义的人，无论他们用等级观念还是平等观念谈论正义，都与那些认为善是一种观点或个人偏好的人呼吸着完全不同的精神空气。

2. 传统。我用这个词来指称在一个社会中经过上百、上千年发展的习俗、惯例、神话以及历久弥坚的信仰组成的复合体。对一些人来说，传统是一个社会最珍贵的财富。这是我们的人性的首要条件。一个被剥夺了得自传统的一切的人，除了潜在的可能性之外，就不再是人，而是一种奇怪的野兽。因此，智慧就不是哲学家所拥有的或者可以得到的——与柏拉图的观点相反，而是对人类的行为方式和需要的理解，这些都是经过很长时间的历史演变形成的，渐渐地在构成传统的惯例、信仰与实践中积存下来的。在某种意义上，传统比任何人都有智慧。

然而，尽管有着卓越的智慧，传统仍然是脆弱的。它不仅可以通过有意的政治革命遭到摧毁，而且也会由于粗心大意——也许是鲁莽的技术和社会改革——而遭到摧毁。一旦遭到摧毁，就不可能很快地重新建立起来了。传统的实质就是，它不是人类有意识地建立起来的，而是时间的产物。传统的维护者通常被称为保守主义者。在他们看来，一个政府没有比保护继承下来的行为规范和洞见更重要的其他目标了。这些行为规范和洞见构成了传统。

恰当地说，这就是为什么保守主义者不是自由主义者的原因。并不是传统具有排他性，一种传统一般也包括关于正义、自由和其他政治价值观的标准。在这一点上，传统和自由一样，是一种能与其他善观念共处的善观念。大多数保守主义者赞成一定程度的自由。但是，保守主义者远比自由主义者对自由的理解有限制性。自由以及其他所有个人可能选择的价值，都是按传统来定义的；而且，如果定义得过于轻率，这些价值观就会威胁到传统。埃德蒙·伯克说过，赞扬人的自由之前，他会先问他们打算如何运用自由。这完美地表达了保守主义者对自由的看法。这一观点远比大多数自由主义者能够赞同的要更有限制性、更为节制。

3. 共同体。个人选择的主权并不是一个像某些住在美国这种自由国家的人所想象的那样古老、那样长久的理想。从伯里克利（Pericles）时代直到现在，许多最伟大的思想家和最严肃的改革者都相信我们在本质上是一致的，而且，政治的最高目标是使我们本质上的一致性成为现实。柏拉图和亚里士多德都持有这种看法，中世纪时期几乎所有的哲学家也都如此；在近代世界，多位深刻的思想家如卢梭、黑格尔和马克思都阐述过这种有关共同体的观念。

值得注意的是，对共同体理念的有趣的重申来自于女权主义者。共同体的理念几乎全部是由男人构想并提出，多多少少是理性主义的，道德的权威及法律的整合力反反复复地得到强调。各种女权主义思想家怀疑男性的理性主义，一直尽力用一种更具体、更包容的方式设想共同体。他们将个人关怀和对话关系带进了共同体的范围中，而这些在过去通常被看做是个人的私事。这一点不应该被夸大，也有一些男性的哲学家，如伟大的犹太思想家马丁·布伯，就规划了无可比拟地温和的、关注个人的共同体学说。不过，在想起康德曾坚持，如果一个社会正在解散，有一个罪犯在等待执行死刑，就一定要先处死罪犯然后再解散的时候；想起康德关于人类种族在观念上是绝对的"目的王国"的学说是现代共同体观念的主要源泉的时候，我们就会感到，传统理论需要注入一些不那么强硬的法律观念。

应该注意到，从原则上讲，共同体的理念不是必然与自由相对立的。如果自由就是按照你本质上的自我来生活，如果你本质上的自我与其他自我相一致（换句话说，如果人类实质上是统一的，不是隔阂的），那么，从这个词真正的意义上讲，自由是在共同体中，也只有在共同体中能够体验。但是，这里的自由是重新下过定义的，这不是那些相信政府的主要作用是使你能够按照你的选择生活的人所理解的自由。你也许选择不去留意你本质上的自我所提出的要求，那么，为了共同体，你将不得不以某种方式重新适应——通过强制、激励、再教育或者其他方式，使你与你本质上的自我相一致。

可以提出的能够替换自由的其他善的形式不仅仅只有正义、

传统和共同体。但是，它们为思考提供了一个基础。问题在于它们中的任何一个形式——或者任何其他善的观念——是否真的值得让你放弃"按你选择的方式去生活"这个简单而诱人的目标。人们该怎样着手解决这个问题呢？

也许应该注意到，这绝大部分取决于你如何回答本书提出的第一个问题——人类是否在本质上是隔阂的。任何与这个问题有关的思考在这里都有用。如果你的回答是肯定的（人类在本质上是隔阂的），那么，你基本上否定了正义、传统和共同体可以作为终极目标。更重要的是，你已经否定了任何绝对的善的存在，因为绝对的善对我们所有人都有好处，它必定在某种意义上使我们在本质上统一起来。换句话说，如果你相信人类在本质上是隔阂的，那么将自由作为你的政治理想就是非常符合逻辑的。尽管我们在本性上是隔阂的，但自由使人们生活在一起成为可能。另一方面，如果你对第一个问题的回答是否定的（人类在本质上不是隔阂的，而是一致的），那么，像正义、传统和共同体这样的理想就很容易达到，因为如果我们在本质上是一致的，我们必定分享一种共同的、绝对的善。相应地，你对自由的态度会有所保留。因为如果我们在本质上是一致的，那么，一个充满了追逐各自的价值观和个人满足的互不相干的个体的社会就不可能是理想的社会。

任何与本书中其他主要问题有关的思考也是有用的，如第七个问题：人类在本质上是不平等的吗？如果你认为人们不平等，你肯定强烈坚持一种承认独特品行和成就的正义。而且，你会很容易地接受传统并将之作为政治目标，因为传统一般体现并承认显著的不平等。但是，你不能——除非通过复杂的智力策略——否定存在绝对的善，你也不能毫无保留地肯定自由。本质上的不平等的观念暗示着一种自然的人类贵族政体。这就预先假定了某种绝对的价值观，并排除了个人按照各自的价值观生活的社会理想。另一方面，如果你相信人类在本质上是平等的，那就将有多种可能。如果他们的平等只在于让他们区别于他人的任何绝对标准的缺乏，那么，享乐型的自由主义的领域就向你敞开了大门。如果他们的平等被认为是每一人共同分享某种绝对价值观，你可能会选择平等的正义或共同体作为公共的善。

思考这些如此抽象的问题时，运用具体的例子是会有帮助的。思考政府的目标时，一些最相关的例子都涉及政府的强制问题。你愿意让政府在哪里用强力进行干涉？思考这个问题会帮助你决定，你确信政府应该追随什么样的目标。下面三个话题可以把这个问题提到我们的面前。

1. 自杀。自杀是自我谋杀。几乎每一个人都认为政府有权利阻止，并在它不能阻止的时候，严重地处罚谋杀他人的行为。为什么？因为谋杀否定了人们按照他们自己的选择而生活的权利？或者因为谋杀侵犯了某种伟大的、绝对的善，如生命？如果是前者，肯定自杀的权利是符合逻辑的，这是按照你的选择来生活。如果是后者，那么，很难说自杀如何在根本上不同于其他谋杀行为。值得注意的是，人们通常在谈话中为自杀的权利辩护，但很少在具体的情况下这样做。当警察用大网和套索防止在高处犹豫不决的人从上面跳下来时，从来没有公众抗议的风潮出现过。为什么没有？当有人实施如此私人性的行为，如自杀时，我们的干预是不恰当的吗？或者，一个实际的自杀尝试，暂时地将一种人们内心深处的、也许没有被认识到的价值观挖掘出来了，这种价值观甚至比自由更重要？

2. 堕胎。人们普遍地站在一个立场上为此辩护，认为妇女是否要孩子完全是她自己的事，政府没有权利干涉。允许堕胎的观点完全的与自由主义思想相洽，特别是享乐型的自由主义。女权主义者似乎一致地，或几乎一致地强调，每一个妇女在这件事上都有自主的权利。她们的主张完美地描绘了按照自己的选择来生活的理想。她们坚持认为，如果一个妇女能够被迫生育孩子，她的身体和她自己的生活实际上可以从她那里被剥夺走。那些在这个问题上提出反对意见的人争论道，像这样完全不留余地的对自由的肯定，不仅会使堕胎合法化，也会使杀害婴儿的行为合法化；而且在有关人的生命的问题上，或潜在的生命的问题上，我们按照自己的选择来生活的权利必须受到我们共同的人性的限制。这个激烈的问题最终起源于我们在本质上是否是隔阂的这个问题。如果我们是，那么，强迫某人生养孩子就是对私人生活不可容忍的干涉。但是，如果我们在本质上是一致的，那么，中止怀孕也许与我们所有的人都相关。

3. 色情产品。免于每一种审查制度是自由主义者的主要理想。支持的论点通常基于人们应该按照自己的选择来生活，他们认为自己阅读的杂志或观看的电影与其他任何人无关，而只与他们自己有关。这个推论听起来不错。如果我们在本质上是隔阂的，而且个人的生活完全是自己的，与他人无关，那么，政府对私人生活的任何干预都具有入侵性和专横性。但是，许多接受这个论点的人也有过不同的想决。这部分是因为儿童愈益成为色情活动的目标，部分是因为女权主义者对色情产品贬低女性的方式日益敏感。结果，色情产品面临着比过去更难对付的反对。这里的问题是，这种反对以什么样的价值观为先决条件，并且展现了什么样的价值观。大多数人想到让儿童成为色情杂志挑起的淫欲的对象时所感到的那种厌恶，能够解释为主要是由于他们认为儿童还没有到能够为他们自己做出选择的年龄吗？或者，这代表了对某些重要的、共同的价值观——如照顾无邪和无助的人——的违背所感到的嫌恶？妇女感到了色情产品对她们的贬低，这反映了自我保护的本能，还是一种对巨大的、具有普遍性的邪恶——一种表面上的私人娱乐，实际上不仅贬低了妇女，也贬低了人类——的醒悟？

涉及权力目的的问题是极度困难的，因此，也许有必要退一步从另一个角度审视它们。这样做的一个方法是挑出一两种经常被看做绝对的、比自由更重要的价值观，去询问政府是否应该支持它们。因而产生了下面的问题。

24. 政府是否应该对真理和道德负有任何责任?

当然,没有任何人会否认,公职人员应当诚实、有道德。但是,这里的问题不涉及任何像是否需要可信任的政府官员这种无可争议的问题。它提出的问题是,那些官员是否有责任在他们管理的社会中坚持真理、培养道德品质。他们在规定人们应该相信什么、在个人生活中应该做什么的过程中,起到了恰当的作用吗?政府是只关心维持秩序与保护个人自由,还是它也关心真理和善?总而言之就是说,政府是否应该负有精神方面的责任感?

今天,人们会感到吃惊,有人居然提出这样一个问题。世俗主义在西方政治中已经成为不言自明的了,而且,世俗主义意味着公民与终极事务——如真理和善——之间的关系与政府无关。如果说有哪个组织卷入了个人的精神事务,那就是教会,而教会和国家必须严格地加以分离。是否让教会或任何其他组织、任何其他人,在实际中卷入个人的精神生活必须由个人自己决定。个人主义一度在经济事务中被认为是理所当然的,如今在精神事务上也是如此了。

这大概是件好事。然而,值得注意的是,一些最伟大的思想家与当代的美国人想的不一样。他们既不分享我们精神上的个人主义,也不同意我们政治上的世俗主义。

此外,不管过去都考虑过什么问题,说那些如此根本的问题已经得到了绝对的、永久的解决,岂不是非常可疑?如果真理和道德全都属于教会范围之内,就没什么可疑的。但事实是这样吗?不论人们对宗教持何种态度,他们不是都有着关注真理和善的内在精神吗?如果是这样,他们能不关心所有与他们相关的、教会内外的那些价值观吗?如果社会和国家与真理、道德没有关系,它们能够是合理的吗?很清楚,我们需要对这个问题进行进一步的思考。

让我们从第一种价值——真理——开始。政府是否对真理负有任何责任,或者说得更直接一些,是否对那些受到它管理的人的信仰负有责任?政府应该完全不干涉信仰问题以及个人应该完全独立的观念,是近期才提出来的,只有二、三百年的历史。洛克在十七世纪末为这一学说做过辩护。他不是第一个这样做的,但他提出的观念仍然有争议,而且总体上不可接受。

此外,早期思想家提出政府应对信仰负责的原因并不是荒谬的。这些原因也许不充分,但它们不是不能理解的,或者明显地没有道理。首先,这些思想家认为,我们能够确切地知道真理是什么。大多数伟大的希腊和中世纪思想家都会认为"谁有资格说自己掌握了真理呢?"这个问题是坏问题或缺乏智慧的问题,而这种问题会败坏有关人性和宇宙的客观真理的重要性和有效性。

为什么不让人们自己寻找真理?这些思想家大多数都会做出合理的(尽管可能是错误的)回答,说即便对于最伟大的思想家来说,发现真理也是困难的,这是完全超出一般人的能力的。结果,如果政府和社会不帮助个人决定他们的信仰,大多数人将陷于盲目,最后绝望。由于社会秩序取决于共同的以及真正的信仰,因此这会使社会陷于虚弱和混乱。

过去的思想家大多数并不会从这种回答中推断,政府应该有一种排外的、不受监督的权利来宣告真理。他们也不会推断,政府应该试图用暴力和恐吓来捍卫真理。譬如,亚里士多德认为,科学家和哲学家对寻找真理并将其公布负有首要的责任,而典型的中世纪思想家相信,对信仰的监督主要是精神权力的责任,也就是教会,而不是现世机构的责任。甚至柏拉图和奥古斯丁这些比其他人更激进、更充满激情的思想家,也远没有期望用武力推动真理。柏拉图的办法是教育,而奥古斯丁是在长时间的踌躇之后才极不情愿地支持使用暴力反对异教徒。

但是,这些思想家以及直到近期的其他思想家都没有考虑过近代的观念:政府在精神方面是中立的。对于他们来说,了解真理是人生的主要目标之一,而政府对人生的影响又是如此巨大,因此不能不让它参与并帮助共同追求这一目标。

值得注意的是，洛克在经济和精神方面的个人主义是建立在相同的大原则的基础之上。典型的美国自由主义者在一方面拒绝了这些原则，在另一方面却又紧紧抓住不放。洛克认为，人类有一定的本质性的隔阂。这意味着，在经济上一个人如何支配个人财富与其他人无关，在精神上一个人的信仰也不是其他人应当关心的。洛克也认为，尽管有隔阂（这不一定导致冲突），个人之间仍然有天然的和谐。因此，他认为，如果每一个人受到个人利益的驱使去获得并使用财富，秩序和繁荣将自然地接踵而来。同样地，在精神领域中，如果每一个人可以自由地找寻出并肯定自己个人的真理，普遍真理将会自发地出现。最后，洛克认为自由主要就是不受政府的限制。因此，如果一个人在获得和使用财富时不受到干预，即便在事实上他可能几乎没有什么财富甚或贫困交加，他在经济上也是自由的。相同地，洛克显然认为，只要人们的信仰是自己选择的，即便那些信仰是虚假的，而且在某种程度上对精神有破坏作用，他们在精神上也是自由的。

现在典型的自由主义者已经远离了洛克的经济理论。思考经济问题时，当今的自由主义者很可能会假设（1）人类在本质上不是隔阂的，每一个人对所有其他人的利益都负有某种责任；（2）没有天然的和谐，个人无限制的利润积累会导致极大的不平等和通货膨胀及经济萧条的循环，公正与稳定的经济秩序最终取决于政府行为；（3）饥饿的自由不是真正的自由。

然而，在尊重个人信仰方面，这些自由主义者很可能仍然是洛克的忠诚的追随者。有什么潜在的逻辑能够把这两种看起来分裂的意识统合在一起吗？似乎没有。

如果你仍然认为政府不应该干涉个人信仰，那么就测试一下这种观念。想象一下，你厌恶的信仰——譬如，白种人是一个优越的种族，或者，美国应该由军队组织并管理——赢得了这个国家中一个强大而有权力的团体的支持。如果政府采取措施以保证这一信仰不在公立学校教授，或者不在国家的新闻机构发表宣言，你会反对吗？

让我们转向我们精神生活中的另一个方面——道德。在古典时期，人们不像我们今天如此关心物质财富，不像中世纪的人那样关心信仰。但是，他们对道德——不是像清教主义那样为了死后的生活而否定世俗欢娱的教条，而是为了在这个世界上生活的完满——很关心。相应地，他们认为政府占据着道德领袖的位置。因此，精神和政治是融合在一起的。这种观念合适吗？政府对个人的道德品质负有任何责任吗？

对于当今大多数人来说，答案会是断然的否定。首先，人们普遍地认为，道德理论非常值得怀疑。任何人说什么是善举，什么是邪恶，都只是沉溺于个人的观点，是不能够得到证实的，因此不应该强加于他人。认为政府应该规定什么是善并将之强加于人民，特别地令人不可容忍，因为政府并不比个人更有智慧。相反，它们通常是无可匹敌地愚昧无知。如果道德就是让自己过得好的能力，那么，每一个人都可以宣称自己同另一个人一样有道德。我们每一个人对于什么意味着生活幸福有个人特殊的观念，应该允许在不受干预的情况下实践这些观念。另外，即便政府有权尽力使人们有道德，它能够怎样做？道德的行为必须自由地做出，而政府只能强制。在政府要求下完成的行为不可能是道德的。

这些陈述代表了二十世纪美国的立场。如果有时被不加思考地说出来了，它们也不是没有基础或武断的。在它们的后面有一些现代自由主义的主要原则，如个人主义、道德相对主义以及政府外干生活的边缘而不是生活的中心的观念。

但是，政府对个人的道德品质负有一定责任这一观念的代表人物包括像亚里士多德和托马斯·阿奎那这样伟大的思想家，而且并非像许多美国人想象的那样毫无根据。亚里士多德的论点可以被简化为下面的一系列原则：生活得好并不是一个人做他喜欢做的事，而是理解并坚持一种对所有的人都有效的生活方式；要发现这一方式需要不寻常的洞察力以及逐步发展起来的传统；因此，大多数人需要社会为他们的生活提供道德启示与结构；政府是社会的主要代理机构，因此，适合履行实现社会道德的责任。

这个论点并不支持政府可以自己决定什么是道德的然后将之强加于人民。政治权力应该服务于道德意识，也就是整个文化的精神和传统，而不是政府创造的什么事物。另外，政府的道德责任应该通过榜样而不是强制，通过教育、尊重而不是法律激起的恐惧得到履行。

这两种涉及政府的道德作用的观点（我们称它们为自由主义的和道德主义的）有两种非常不同的法律与法律在生活中的位置的观念。在自由主义的观点中，法律的主要目的是保护，法律应该保证个人与财产的安全，并且为个人提供一个可以按照自己的选择来生活的领域。在道德主义的观点中，法律应该规定什么是对的，而不仅仅是为个人提供便利，因为法律的首要目的是赋予生活以道德的形式。自由主义者必定从总体上讲感到法律越少越好。而道德主义者，尽管不支持极权主义，感到法律应该作为个人的向导和监督。

大多数美国人很容易看到道德主义观点的弱点。它给予政府一种危险的显赫地位，并对自由和私人生活的独特性表示出较少的尊重。由于自由主义观点的弱点不很明显，似乎应当把它们指出来。

首先，自由主义者通常信赖这一观念：道德规范纯粹是主观的和个人性的。这就是为什么他们相信，政府不应该为这些规范背书。但是，一些规范不是成为每个人的义务了吗？那些反对谋杀和偷窃的规范就是。如果我们承认这些，我们就已经放弃了自由主义者如此经常表述（但也许不是如此经常真正相信）的偶然的相对主义，已经承认了每一个人都应该在一种共同的道德结构中生活。但是，即便我们固守我们的主张，不关心普遍的道德，只关心对其他人的危害，争论就可以避免了吗？如果我们对道德漠不关心,为什么我们应该关心对其他人的危害?一个真正对道德漠不关心的人只会关心对自己的危害,并且出于自私的原因接受社会为保护每一个人所做出的安排。这是社会契约学说的形式之一。也许,没有任何争论可以强行地将一个始终如一地坚持这一观点的人从这个立场上剥离。但是这样的人必定认为,人类最固执的情感之一——道德愤慨的情绪——不过只是偏见。

自由主义观点中的另一个弱点是,它将道德洞察力的负担加在一般的个人身上,这可能会太沉重。在上一代或两代人的时候,我们开始认识到,个人的物质幸福决定性地受到整个社会的普遍状况的影响,并且只能通过整个社会进行调控,如果有调控的可能的话。因此,在严重的失业时期,一个普通劳动力就会严重地受到伤害,无论个人有多大的积极性和能力。但是,难道一个人的道德健康状况不是决定性地受到社会的影响吗?一个人的对与错的观念,总的说来是从社会中学到的。因此,生活在道德低下或缺乏道德的社会中的个人不可避免地将会腐化堕落,也就是当一个人无法看到任何行动方向或更好的生活方式时必定经历混乱与冷漠。个人是否不像需要物质帮助一样需要道德帮助?

最后,我们可以问自由主义者,是否可能——且不要说能令人满意地——将政府置于道德生活的边缘。通过个人榜样、教育以及法律这些手段的影响,政府不可避免地对公民的道德态度和实践产生很大的影响。那么,对于政治领袖来说,与其徒劳地试图将自己从道德层面剥开,难道承认自己必然具有的影响力,而且尽可能智慧地实施这种影响不是更好吗?

我在之前建议过,可以通过想象政府努力压制似乎是假的和危险的信仰来测试一个人的原则。在这里可以做一个类似的实验。想象政府试图鼓励显然可行而且合理的道德观念,譬如,通过公共教育、领袖的鼓励和领袖个人的榜样来培养公民对所有种族的公平态度,这将会引起反对吗?

政教分离的老观念显然远不能解决摆在我们面前的问题。许多人认为,世俗和精神领域之间的关系是我们抛在身后的一个问题,但现在看来它仍然是永久性的问题之一。为了说明这一点,我已经主要介绍了这个问题的一个方面。

但是,我们不能忘记另外一个方面。虽然我们已经发现政府在精神方面的作用远比今天大多数人所想象的要更有力,但因此认为政府是社会中的主要精神力量仍然是过于鲁莽的。尽管无休止的重复和经常过于简单化已经使精神与世俗领域分离的论点变得陈腐,但这些问题还是很有分量的。

这些论点是建立在政治和精神领导权的本质,以及两者之间的不同之处的基础上的。政治领导权必定包括权力的运用——为了达到预先设想的目标,调整思想,影响行为。这个事实使所有的政治生活罩上了阴影,因为权力关系与生俱来就是不道德的——人被客体化并被他人利用。这种关系在实际上会变得比它们本来应有的情况更加糟糕,因为权力助长掌权人的傲慢与无权人的不负责任。政治是我们的集体生活以及历史性生存最黑暗的区域,这就是为什么古老的智慧告诫我们,要当心,不要把政治和精神混在一起。政治领袖一般不是非常精神化的人,他们的位置在道德上的不稳定性只能用精神目标以及精神的虚荣带来的诱惑加以改善。

在另一方面,精神领导权紧紧地与缺乏权力的现象连在一起。在《以赛亚书》(Book of Isaiah)中描述的救世主,"他不喧嚷,不扬声,也不使街上听见他的声音",而且"压伤的芦苇,他不折断。将残的灯火,他不吹灭"。精神领袖们并不手握权力,而是可能不得不忍受其他人的权力给他带来的痛苦。在《以赛亚书》的另一段中,救世主被比作"像羔羊被牵到宰杀之地"。[1] 灵性与无力、苦难的融合通过《新约》中耶稣受难的形象变得神圣不可侵犯了。而且,这种融合不是只在基督身上得到实现,它成为所有基督徒

---

[1] Isaiah 42:2–3 and 53:7 (Revised Standard Version).

权威的典范。在一封信中,保罗"骄傲地说"他被鞭打了五次,棍打三次,被石头击中一次,三次遭受船难。而且,他还"屡次行远路,遭江河的危险,盗贼的危险,同族的危险,外邦人的危险,城里的危险,旷野的危险,海中的危险,假弟兄的危险"。他还"受劳碌,受困苦。多次不得睡,又饥又渴,多次不得食。受寒冷,赤身露体"。他问道:"有谁软弱,我不软弱呢?"[1]耶稣和保罗都没有权力。相反,耶稣遇难的故事和保罗有关自己受磨难的叙述,清楚明白地暗示着灵性与无权力有着某种神秘的结合。可以推测,灵性如果与政治权力搅在一起就会遭到削弱,甚至遭到摧毁。我们在这里看到了双剑论学说背后的灵感来源。

如果政教分离的观念值得再被提起,那么,宽容的观念也同样。它与信仰和道德都有关系:个人应该有坚持和表达自己对真理的认识的自由,也应该有按照自己对至善的看法生活的自由。宽容的观念很容易被误用和歪曲,有时,它所表现出的东西无异于缺乏道德信念,或对其他人漠不关心。它的主张经常超出应有的限度,并非每一件事都可以被容忍。但是,宽容是以一个无法辩驳的事实为基础的——如果没有它,就可能没有真正的生活,没有真正的人际关系。如果人们不得不与官方或甚至只是社会的要求相一致地思考并行动的话,那么一切就都是虚假的了。因此,宽容是生活中重要的必需品之一。只对正确的观点和行为采取宽容是不够的,因为这意味着仅仅宽容被政府认为是正确的观点和行为,这类宽容随时随地都存在。必须存在对我们认为是错误的信仰以及我们认为是不道德的行为的宽容。宽容必须延伸到足以形成危险局面的地步,否则,它就只是一种形式,是我对那些在总体上和我一样思考和行动的人表示的一种礼貌,而不是一种能够接受重要的不同意见和差异,并且为丰富的生活和认真的交流做出努力的方针。

---

[1] II Corinthians 11:24–29 (Revised Standard Version).

将政治与精神领导权结合起来和拒绝宽容这两点内在具有邪恶性,这一种邪恶性由我们这个时代的极权主义国家表现得淋漓尽致。纳粹德国同时是一个政治性和精神性(尽管是在贬义上)的组织,希特勒为世俗的秩序以及德国人民的信仰和道德这两方面担负着责任。值得注意的是,这些崇高的政治责任感的观念不止是没有得到完美地实现,而且导致了前所未有的恐怖。

既然已经说明了这个问题——我们这个时代对这个问题很少有过严肃的讨论,那么我们现在就可以考虑一个与此紧密相关的问题了。有一种精神性的功能(虽然有人会说这不是精神性的功能)是每一个人赋予政府的,这就是定义犯罪和处置犯罪行为的功能。让我们用一种普遍的方式思考一下,这个功能应该怎样得到施行,我们可以通过思考惩罚问题便利地做到这一点。

25. 对罪行实施报仇行为是政府的一个正当目标吗?

这是一个有关惩罚的问题,不是出于对报复的一种渴望,而是对正义的吁求。不管两个词的发音和书写有多么相似,报仇(avenge)和报复(vengeance, revenge)之间有着极其不同的含义。一个罪行可以受到不带情感的、甚至带有遗憾的报仇,却只是在一种愤恨的、怀恨的精神中得到报复。一种事关正义,另一种则是报复性的。这个区别是重要的,因为很难为报复作有力的辩护。在报复行为中夹杂着明显恶毒的情绪,一旦后面一系列的伤害、报复、反报复的行为开始执行,对社会和个人都将带来可怕的危险后果。但是正义却完全是另外一回事。不是个人积怨而是一种对事物的根本秩序的感觉使我们关心正义的伸张,至少对许多人来说,如果没有针对一项罪行实施报仇,他们就会感觉仿佛宇宙失序了。某种平衡似乎是绝对必要的。

但是我们仍然会有疑问。不带情感的正义是人类关系的最高标准吗?那么仁慈呢?即便刑犯是一个谋杀犯并且死刑是正义的,难道这种冷酷的、不可改变地将一个人处以死刑的情况中没有某些令人深深地感到不舒服的东西吗?

思考对罪行实施报仇行为是否是政府的正当目标这个问题,需要从一开始就考虑罪行的本质。在我们这个时代,罪行大概更经常地被看做是病态而不是罪孽。事实上,在讨论社会问题时即便只是提起罪孽,也肯定会有人对你瞠目。一个研究社会问题的学生,通常不接受罪孽这个词所暗指的那种道德绝对主义,而且认为法律不是建立在道德基础之上,而只是建立在社会便利之上的。

此外,罪行中所表现出来的病态通常被看做是社会的病态,而不是罪犯的病态。罪行往往被追溯到社会环境,如家庭破碎或失业。当人们这样做时,罪犯被看做是受害者,而社会在某种意义上成了罪犯。

用这种方法看犯罪问题有一定的正确性。如果罪犯在某种程度上不是受害者,我们何以解释贫民窟的犯罪率会比郊区高得多呢?的确,如果犯罪率与社会或心理环境之间在统计数字方面没有一定的相互关系的话,罪行就彻底是一种没有意义的现象,完全处于理性的理解之外了。

但是,罪行是否可以被完全看做只是一种疾病,而不是一种违反道德的行为,不可以由统计数字来决定。这个问题至关重要,你的答案包括你对个人和个人与社会的关系的整个看法。

第一个要解决的问题是,个人是否通过因果关系的解释就可以完全得到理解。用各种不同的规律——自然的、心理的及社会的——就可以完全弄懂人类吗?或者,我们在某种意义上高于各种因果关系?换一种说法就是,我们自由吗?认为人类完全可以用因果关系加以说明的这种观点可以称为"自然主义(naturalism)",因为它把人类完全看做属于自然秩序的物体。相对的观点被我们称为"唯意志论(voluntarism)",因为它坚持自由即出于自由意志的行为的可能性。自然主义是认为罪行是一种病态这种观点的基础——很可能病态不是出于自由的选择,而是有原因的。

惩罚——对罪行实施报仇行为——与此有何关系呢?对于自然主义来说,很清楚,这个问题根本不存在。如果用自然主义的眼光看待人类,罪行就被看做疾病,而不是罪孽,惩罚就没有意义。一个医生不会因为病人得了肺炎而处罚他。从自然主义的观点看,罪行引出了两个问题:对罪犯的改造和对未来罪行的防范。第一个问题主要与犯罪的人的个人福祉有关,第二个问题与社会的福祉有关。然而,两者都是控制和管理的问题,而不是道德问题。罪犯必须得到改造,从而不再是罪犯,社会必须重新进行组织,从而不再成为繁殖罪行的场所。

关于自然主义观点的一个问题是,罪犯或社会是否能够得到一定的控制,从而保证人们获得预期的结果。目前看来还不行。一个更严肃的问题是,无论自然主义观点多么温和,它是否是对人类的贬低。它是否只是把人当作一种精神病医生和社会设计师可以随意塑造的物件?它是否危及个人的尊严?

唯意志论显然提供了截然不同的观点。通过假定一种道德律真实存在,惩罚的原则不可避免地具有一定的权威性。首先,对罪行实施报仇可以被看做是维护道德律的一种方法。罪行毫无疑问是对道德律的冒犯(为了简单化并缩短讨论,我们绕过那些在合法性和道德性不一致的时候出现的复杂的问题)。惩罚式的处罚——"以眼还眼,以牙还牙,以手还手,以脚还脚,以烙还烙,以伤还伤"[1]——是对道德律的再度肯定。因此,是对秩序的真正恢复。

其次,唯意志论者或道德论者认为,罪犯应得的处罚从某种意义上讲是出于罪犯有权受到处罚。这听起来很奇怪。然而,如果人的尊严与我们——不像动物——服从道德律有关,那么,当一个人被排除在道德律之外的时候——显然,如果犯法行为不能唤

---

[1] Exodus 21:24–25

起其他人对道德律的再度肯定而采取行动，就会发生这种情况——他就没有尊严了。换一种说法，如果允许一个人触犯法律而不受到处罚，这个人就没有受到尊重。因此，黑格尔宣称，一个人"如果被看做是危险的动物而必须受到驯化，或者人们用威吓或改造他的观点看待他，他就没有得到应得的尊重"。[①]

因此，不像自然主义对待罪行的观点那样，惩罚在这里并不威胁到个人的尊严。但是，问题也很多，有些来自自然论一边，有些则来自道德论一边。前者产生于一个毫无疑问的事实，即一个人至少部分上是一种自然存在物，而罪行至少部分上是一种疾病。罪行可以在某种程度上得到治疗并康复。在某些情况下，惩罚和治疗可以并用，但也并非总是如此。譬如，按照惩罚的标准可能要求一段长时间的监禁，这可能会完全摧毁罪犯的道德观；而按照治疗标准则可能只需要一段时间的住院治疗，罪行基本上没有得到处罚。惩罚的原则没有为这个困境提供任何出路。

来自社会利益方面的观点产生的一个相似的难题，最终也是根源于我们的自然本性。这个困境是，对罪行的防范是绝对必要的，但是不一定用惩罚来进行。譬如，防范罪行的最好办法可能是处决所有犯下任何罪行的人，但是按照惩罚的标准，这样做就是极大的不公正。防范的问题就像个人治疗问题一样，必须被提出来，但是惩罚的原则没有为此提供任何办法。

还有一个难题是，认为对罪行实施报仇行为是政府的正当目标，是以政府拥有判断人的品性和动机的权力为先决条件的，而我们并不十分清楚是否具备这种权力。让我们假定，我们已经绝对地确定了（虽然这并非总是很容易）某人犯有某一罪行。我们能够绝对地确定犯罪人的罪过的道德严重性吗？要做到这一点，我们是否不得不了解罪犯生活中的每一个细节，并能够绝对精确

[①] Georg Wilhelm Friedrich Hegel, *Philosophy of Right*, trans. T.M. Knox (Oxford: Clarendon Press, 1952), p.71.

地权衡从出生的一刻到犯罪的那一刻之间,可以使罪行减轻的每一种情况?我们是否必须能够进入罪犯的思想之中,做到比罪犯更好地了解犯罪的动机?人们经常不假思索地将他们对某一罪行感到的恐惧转换成对罪犯的恐惧,然后毫不犹豫地呼吁实行野蛮的处罚。然而,我们可以争辩说,罪行的严重性并非总是精确地显示出罪犯道德上的缺陷,而且,公正地对罪行实施报仇行为,既需要了解罪行,还需要了解罪犯。

我们不能够评断罪行背后的道德缺陷——假定我们没有这个能力——既是自然性的,也是道德性的。它是自然性的,是因为它有一部分来自于我们是有局限性的这一事实,我们对于过去以及他人的了解总是有限的。它是道德性的,是因为我们的错误判断比起它们本身的缺陷更糟糕。我们经常带有偏见,一贯地不愿意承认我们的知识确实有很大的局限性。我们喜欢评判,因为我们喜欢摆出足够正确、足够智慧地对他人的罪孽品头论足的傲慢姿态。也就是说,我们喜欢忘记我们自己难免犯错的人性,表现得像上帝一样。因而有了耶稣的圣训和警告:"你们不要论断人,免得你们被论断。"[①]

最后,在对惩罚的原则做出评价的同时,我们需要考虑宽恕的问题。主要是受到基督教的影响(虽然基督教并非是提出宽恕概念的唯一宗教),我们感到仁慈比惩罚处在更高的道德水准之上。实施仁慈就意味着拒绝处罚。一些神学家否定了这种看法,但是,很难相信一个罪犯在受到适当的处罚之后却仍然感到内疚,还需要宽恕来"洗清历史"。而另一方面,如果宽恕不是处罚的替代物,宽恕又能意味着什么呢?因此,必须要问是否有些罪行应该得到宽恕,而不是受到处罚。如果是这样,哪些应该得到宽恕呢?罪行是否应该有时受到相对较轻的处罚,并以宽恕"弥补其间的差额"?

---

① Matthew 7:1.

在基督徒看来，宽恕代表着人类道德意识的高峰。因此，惩罚的原则就出现了严重问题。但是，宽恕是难以理解的。它表达了一种忽视循法述冤的意愿。它不仅超越我们大多数人的能力，而且也可以被我们怀疑是否合理及慎重。这是否意味着人们可以做任何坏事而侥幸逃脱？那么混乱和猖獗的不公正结果不是不可避免了吗？因此必须要问宽恕是否需要前提。罪犯必须忏悔吗？我们怎么能够判断忏悔的程度和虔诚性呢？然而，关于宽恕的最大问题衍生于正义的标准。限制处罚犯了罪的人不是不公正的吗？

这些问题在政治领域中变得更加尖锐。宽恕能够成为政治美德吗？即便在一个立宪制及民主制国家，一个人能够在不评判和不报复对手的情况下，获得并维持权力吗？如果一个政府关掉监狱，实行宽恕政策，它还能够维持秩序吗？如果一个国家用普世的宽恕政策代替权力政治，它能够保证自己的安全吗？把这些问题看做纯粹只是修辞性的将是错误的。亚伯拉罕·林肯这样的人物说明了这一点。林肯是极其实际和非常有效率的政治家，但他过于偏向宽恕。这在他对待联邦军和造反的南方诸州的逃兵的态度上表现了出来。在现实的政治世界中还有另外一个问题，比林肯的例子更能说明为什么不能把宽恕的原则排斥在政治思考的领域之外。这就是死刑的问题。

对罪行实施报仇行为是政府的正当目标这一主张如果践行的话，将不可避免地导致死刑。任何非法地杀死其他人的人，必须反过来被处死。也许有些罪行比谋杀更糟糕，如叛国罪；如果谋杀是死罪，那么这些大概也是死罪了。赞成死罪的论点通常认为死罪可以起到一种威慑作用。但是，这是一个很难成立的论点（即便它的确是一种威慑因素），因为我们不能只是为了法律和秩序而牺牲生命。如果不是因为以下这个未说出来的假定，即死刑只会在与惩罚的标准——只有应该死的人会被处死——相一致的情况下进行，威慑因素的论点会立即垮台。没有人建议对股票证券市场的诈骗犯、腐败的政治家或逃税人判以死罪，虽然这些人总体上对社会的危害大于谋杀犯。死刑的原则很有分量只因为一个简单的原因：显然它意味着公正。

反对死罪的人，像支持死刑的人一样，经常站在论点的错误基础上。譬如，有人说"两错相加仍是错"。但是，这并非显然就是正确的。这与代表了最古老、最顽固的人类本能之一的惩罚概念相矛盾。更准确地说，一个惩治罪犯的"错误"不一定就是个错误，按照正义的标准似乎会认为它是正确的。反对死罪的人经常想象等待死刑执行的人的恐怖经历，他们说那远比谋杀犯的受害者的恐怖经历更可怕。但是，这只是一种具有高度臆测性质的论点，而且毫无疑问，每一个例子中的具体情况各有不同，猜测罪犯和他们的受害者的感受得不出任何有意义的结论。即便被处以死刑比遭到杀害更痛苦这个观点成立，这能说明死罪是错误的吗？很难说仅仅依靠感受可以解决这个问题。反对死罪的人也因为他们对种族问题的关注误入了迷途。他们揭露说，在美国，死刑判罚通常没以种族平等的方式加以执行。这是对我们的刑罚程序所做的一个严肃的批评，但不是对死刑的严肃批评；如果种族不平等的现象被消除，就不得不接受死刑的存在。

我认为在反对死刑的论点里只有两个是强有力的（但不一定是结论性的），而且是反对惩罚原则本身的主要论点。第一个论点是，我们从来不可能足够准确地、确定地评价一个人的品质和动机，以保证我们做出这个人应该去死的决定。死刑之外的判决都是可以改变的（一个囚犯可以得到假释或者减刑），都是灵活的（监禁期可以从一个月到终身监禁），但是死刑是不可改变的，没有程度之别。这个论点可以争论说，人类没有处理这类刑罚的智慧。另一个强有力的反对死刑的论点基于宽恕的原则。它宣称我们应该有足够的仁慈让人活着，甚至是那些犯有严重罪行的人。我们不需要完全制止对他们的处罚（譬如终身监禁），只需要避免对他们实行死刑。在保卫社会和伸张正义的同时，我们应该为仁慈留有一点余地。

概括地说，这里的问题是法律和（大胆地说）爱之间的问题。法律不受个人情感的影响，具有庄严的普遍性。爱则受个人的感知影响，具有适应性。研究指出，妇女有种特殊的道德感，比男人更依赖直觉、更能适应环境，这暗示着这个问题可以从性别的角度加以分析。果断地加强法律，对每一项罪行实施公平的、毫不退让的惩罚是男性对社会和谐的认识；女性的观点则允许更多的个人自发性，并在伸张正义中掺杂一些宽恕。但是，这显然过于简单化。不少男性选择了爱的立场，而妇女有时（在强奸案中）坚守法律和惩罚。也许，这个问题根源于两种不同的性格或思想，一种是法律至上，一种是人格至上。或者，这起源于一些人有权力而另一些人没有权力这一事实，前者（主要是男性）趋于坚持毫不犹豫地执行法律，而后者（包括男性和女性）对处境和人的细微差别更为敏感，对没有权力的人更为同情。毫无疑问，在运用这种二分法时需要特别小心。然而，在那些由"罪行"一词立即引起法律和处罚的念头的人，以及那些把理解和仁慈放在第一位的人之间必定有分界线，这条分界线既出于个人的差异也出于形而上的理由。

我们现在对权力运用的问题——对它的最终目的和它的局限性——进行了广泛的思考。我们应当恰如其分地通过提出一个问题来结束对这些问题的思考。这个问题是，一般来说，政府应该在人的生活中起到多大的作用。

26. 政府应该尽力创建满足所有需求和愿望的社会吗？

这个问题为我们提供了一个审视西方政治思想中重大分歧之一的有利位置。一边可以称作"救赎政治"（the politics of redemption）。历史上一些最伟大的思想家——柏拉图、卢梭、马克思——代表了这一总体观点，他们认为政治和政治思想的目标是尘世中的美好生活。在人的本性之中或在尘世生活的本质结构之中，没有巨大的、无法征服的邪恶。幸福不是上帝的赏赐，它也不是为在天堂的生活或死后的日子而保留的。它可以通过人的智慧与规划而在尘世生活中获得。

这个观点的倡导者一般不是盲目的乐观主义者。他们通常对他们周围的社会和政治世界感到深深的厌恶。但是，他们的情绪不像那些理所当然地认为世间的幸福是不稳定、不令人满意的，因而抱有一种顺从的放弃态度的人。相反，他们的情绪带有因感到我们背叛了自己的潜力而产生的急躁和憎恶感。由于发现自己处在地狱，于是他们号召创建天堂。共产主义的充满活力、世界大同的想象就来源于对所有贫困、不公正现象以及敌意的征服。这是救赎政治的典范。

分歧的另一边我将之称为"便利政治"（the politics of convenience）。这种政治或者是建立在对人类的能力和尘世生活的可能性的怀疑的基础之上，如基督教的思想，或者是建立在满足现状的基础之上。两种态度都导致一种没有什么期望，也没有什么要求的政治，因为它们认为世界或是不能够，或是不需要有多少改善。政府不需要拯救人们的生活，而只需要提高生活的便利性。

洛克代表了满足现状的便利政治。他不认为没有政府的生活会很可怕或难以维持。他不会想到要说出卢梭说过的话，也就是，当人建立一个政府并进入公民状态，"他的能力得到了锻炼和发展，他的思想开阔了，他的情感高尚了，他的灵魂整个提高到这样的地步，以至于——若不是对新处境的滥用使他往往堕落得比原来的出发点更糟的话——对于从此使得他永远脱离自然状态，使他从一个愚昧的、局限的动物变为一个有智慧的生物，变为一个人的那个幸福的时刻，他一定会是感恩不尽的。"[①] 这是救赎政治的声音。对于洛克来说，一个政府可以替公民做事，为他们节省时间，

[①] Jean Jacques Rousseau, *The Social Contract and Discourses*, trans. with an introduction by G. D. H. Cole (New York: Dutton, 1950), pp.18–19.

减轻烦恼。但仅此而已，它不可能将地狱变成天堂。

这种分歧——它不仅仅是一条线——将这两种权力概念截然分开，因为每种概念都有相关的观念和看法，因此，每一种概念又都是一整套政治哲学的核心。那些赞成救赎政治的人，经常专注于人类灵魂的状态——譬如，人与真和善的关系（柏拉图），或者，人的道德完善性（卢梭）。那些赞成便利政治的人，一般主要关心外界事务的安排和对它们有效的、有秩序的控制。

分歧再一次出现。在救赎政治中，所有的注意力都被放在了公共领域，因为只有私人生活与目标完全从属于公共生活与目标，政治才可以带来救赎。救赎政治包含着一种固有的走向极权主义的倾向，而非只是将之作为权宜之计。拯救一个人或整个人类这样高尚的目标，使得对私人生活的关注相比之下显得平凡琐碎。此外它认为，如果每一个人自己的私人生存空间得到保障，那么，他将在某种程度上处于救赎性政府够不着的地方，换言之就是他们可以拒绝接受拯救。在便利政治中，政府主要是提供便利的地方，在这里，保障私人领域是首要的考虑。最好的生活被认为是私人生活，在那里个人能够追随自己的兴趣，享受自己的快乐，即便与拯救观点相比它看起来微不足道。从这种观点出发，公共领域并不被认为有多么广阔和崇高，不被认为是实现人类本质的地方。相反，它相当狭隘、功利，主要作为保护私人生活得以繁荣的条件而存在。

相应地，专注于灵魂状态以及通过改造公共世界使灵魂重生之可能性的思想家一般认为，地球是全人类共同拥有的财产，并希望对这份财产进行严格地管理，或者废除私有财产。柏拉图、卢梭和马克思以各自不同的方式，在不同程度上都是私有财产的敌人。另一方面，像洛克这种主要关心外界事物安排和保护私人生活的思想家，一般都是私有财产坚定的维护者。

最终，救赎政治很可能成为集中的、无限制权力的政治。无法否认，这在马克思并非如此。对于他来说，历史上最终的拯救行动——无产阶级革命，是为国家的消亡做准备的。但是，第一个实践马克思主义的人——列宁，提倡无限制、高度集中的权力，柏拉图和卢梭也都多多少少反对分权和限权。在另一方面，便利政治典型地内含于立宪主义和混合政体的观念中。这很容易理解，因为如果只是打算消除一些日常生活的不便，保证生活和财产的安全，分割权力并用宪法限制权力显然是谨慎的举措（除非有人赞成霍布斯有关人性的观点）。但是，这种谨慎绝不可能创建出"新天地"，如果以后者为目标，就需要一个新的政治秩序。

并不是每一个人都必须站在这边或那边。譬如，很难说霍布斯是哪一边的。一些读者很可能在形成自己的政治观念时，发现结合救赎政治和便利政治的办法，也有可能不选择任何一边。但是，我认为我们在此遇到了一个对近代社会来说非常深刻、非常危险的问题。

到了历史的这一阶段，我们中间的大多数人对救赎政治产生了疑虑。就它的实践者而言，它似乎表现出一种自我神化。政治领袖索取在《旧约》中只有上帝才有的权力——消除所有非正义并报仇雪恨，并且引导人类走向其注定的完满。由于人类在事实上并不拥有拯救的权力，救赎政治似乎也必定要带来严重的失落感。因此，它注定走向幻灭与政治冷漠。也许对许多人来说，救赎政治最大的问题是，它的手段很可能像其目标一样失去束缚。政治领袖认为自己是拯救者，就不会注意道德和宪法的限制。良心和宪法规定的细节，能够被用于阻止获取全人类的正义与和谐共处吗？宏伟的目标可以使残暴的手段成为正当，救赎政治最终可能成为背叛和恐怖主义的政治。相反，便利政治自然地发展，清醒地、温和地选择其手段。目标不是那么光辉，也就不能使无限制的暴行成为正当行为。便利政治是以温和地估计人类品行和能力为基础的，它的实践者将自然地倾向于不相信不节制的手段。

法国散文家、小说家阿尔贝·加缪（Albert Camus，1913—1960年）由于自身人道的、诗意的气质的影响倾向于救赎政治，但是同时受到十足清醒的头脑的阻止，因此他倾尽全力研究这个问题。他把自己关心的许多问题都集中在政治谋杀这个问题上了。作为在第二次世界大战中法国反法西斯运动的参与者，他与很多共产党员都有联系，他尖锐地感到，他生活在一个谋杀的时代。他说政治（显然不是指所有的政治，而是指极端性的政治，包括所有的救赎政治）包含着杀人，因此，要承担我们的政治责任，我们必须了解什么时候以及什么权利可以使我们杀人。他特别关心限度问题。一起政治谋杀怎样才能不立即粉碎所有的限制，为无限制的恐怖打开通道呢？他的答案是，只有你愿意立即放弃你自己的生命作为补偿，你才有权利出于政治理由杀人。只有你愿意同时牺牲自己的生命，你才能正当地为了伟大的政治目标牺牲他人的生命。

　　加缪的论点看上去是公正的，但并非完全令人满意。你怎么表现并证明——甚至向你自己，的确，特别是向你自己——你愿意放弃自己的生命？如果你不用真正做到，只用认为自己愿意放弃生命，那就太容易了。加缪没有强调，任何在执行一起政治谋杀的人同时必须自杀身亡。另外，一些政治上最残暴的人都是狂热分子，他们会毫不犹豫地牺牲自己的生命，这不能使他们的恐怖主义合法化，加缪很清楚这一点。因此，加缪在这里只是向有良心的人提出了内在制约，而没有为救赎政治中固有的暴力提出清楚、客观的限制。

　　那么，他更进一步将救赎政治完全否定也就毫不奇怪了。这意味着否定共产主义，而在第二次世界大战后的法国知识分子圈子内，共产主义得到了广泛的支持，加缪因此遭到了抨击。加缪没有站到保守主义的立场上去，相反，他是很激进的改革主义者。他对穷人和受压迫者特别关心。但是他坚持要我们记住，我们是有限的。我们不可能全面地、彻底地了解社会，只能了解社会的一部分，因此我们不可能知道折磨社会的邪恶从何而来。加缪不能容忍这些邪恶，他相信，反抗这些邪恶对我们的人性来说是必要的。但是，要想发掘它们的最终原因，并通过对这些原因的攻击一劳永逸地将它们根除，这超出了我们的力量。总之，救赎政治是不可能的。社会邪恶将永远存在，我们与他人生活在一起，不停地向这些邪恶进行攻击，这是我们人类生活的一部分，尽管我们一直知道我们永远不可能将它们完全摧毁。

加缪对救赎政治中的各个方面进行了批判。譬如，救赎政治的特点是肯定一种历史模式，并声称自己的目标由历史的命运向前推进，势不可挡。加缪认为，这是鼓励放弃道德限制，诉诸无限制的谋杀。另外，这只是一个幻想；如果我们不能够全面的了解社会，也就不能够了解历史。我们的思想参不透开端或结尾。加缪宣称，作为一个整体的历史对于人类来说是不存在的。救赎政治的另一个特点是选出一个特别的团体作为拯救性的洞察力和权力的独一无二的、一贯正确的来源。对于加缪来说，人类是有限的，没有例外。没有任何团体是预先指定的拯救者。尽管他自己来自于一个工人家庭，对工人有着极大的同情和尊敬，加缪仍攻击马克思主义将工人神化。

加缪彻头彻尾是政治性的。通过政治，我们进行反抗非正义的斗争，并实现我们人类的团结。但是，政治也吸引我们陷入毫无限制的罪行之中。具有讽刺意义的是，这通常源于我们的拯救意图，那些寻求完全根除邪恶的人，自己经常变得异乎寻常的邪恶。因此，人道和节制就十分重要。加缪提出的是便利政治的动人景象。

美国人很容易被这种景象征服。便利政治与我们大量的资源结合，为我们大多数人提供舒适的生活。因此应当指出，便利政治不是没有弱点的。

首先，便利政治没有为我们所有的人平等地服务。它是为一些少数人服务的，而且继续为他们服务，愈演愈烈。对于早期美国殖民主义者来说，对黑人进行奴役通常是"便利"的，现在，将大多数黑人抛弃在没有法律的城市贫民窟中，也仍然是"便利"的，因为这比决心努力消除种族隔离和伸张正义更经济、麻烦更少。

男人指派女人在家里管理家务、抚养孩子，以使他们自己能够充分地处理外界的事务，对男人来说这也一直是便利的。这种便利有一种独特的强迫性：将孩子抚养成人是人类社会最根本的需要，不可逃避的责任；而由于只有妇女能生孩子，能够喂养他们，因此很容易（虽然可能是完全错误的）推断，她们最适于抚养孩子。鉴于这种观点，很难不怀疑专注于便利的人是否缺乏道德想象力。从其本质上看，对便利的关注是否多多少少对非正义和苦难很冷漠？这种观点主要是来自生活舒适和有权力的人吗？

这个观点还有另一个同样严重的弱点。便利，甚至是为所有阶级和种族、男人和女人所平等地享受的很大的便利，也不会长久地满足人类。一个"明智的"人会说，政治拯救是白日梦，而且只要能提高生活的便利和舒适度，我们就应该满足了。但是，大多数人并不明智，至少从长远来看如此，而且他们也未必应该明智。从以赛亚时期到马克思时代，人们幻想着一个"瞎子的眼必睁开，聋子的耳必开通"的时代，一个"发光的沙，要变为水池，干渴之地，要变为泉源"①的时代。当我们停止这类思考时，我们会变得更高尚、更好吗？然而它又会带给我们多少恐怖和失望呢？

推荐书目

Plato. *Gorgias*
柏拉图：《高尔吉亚》
———. *The Republic*
《理想国》
Aristotle. *Nicomachean Ethics*
亚里士多德：《尼各马科伦理学》
Saint Augustine. *The Political Writings of St. Augustine*, ed. by Henry

---

① Isaiah 35:5 and 7 (Revised Standard Version).

Paolucci

圣奥古斯丁:《圣奥古斯丁政治著作选》,亨利·保罗奇编

Saint Thomas Aquinas on Politics and Ethics, ed. and trans. Paul E. Sigmund

《圣托马斯·阿奎那政治与伦理著作选》,保罗·E·西格蒙德编译

Locke, John. *A Letter Concerning Toleration*

约翰·洛克:《论宗教宽容》

———. *The Second Treatise of Government*

《政府论(下篇)》

Mill, John Stuart. *On Liberty*

约翰·斯图尔特·密尔:《论自由》

———. *Utilitarianism*

《功利主义》

Dostoevsky, Fyodor. *Crime and Punishment*

费奥多尔·陀思妥耶夫斯基:《罪与罚》

Green, Thomas Hill. *Lectures on the Principles of Political Obligation*

托马斯·希尔·格林:《政治义务原理讲演录》

Troeltsch, Ernst. *The Social Teaching of the Christian Churches*, 2 vols.

恩斯特·特洛尔奇:《基督教社会思想史》,二卷本

Buber, Martin. *Paths in Utopia*

马丁·布伯:《乌托邦之路》

Berdyaev, Nicolas. *The Destiny of Man*

尼古拉·别尔嘉耶夫:《论人的使命》

Lippman, Walter. *The Good Society*

沃尔特·李普曼:《美好社会》

Eliot, T. S. *The Idea of a Christian Society*

T·S·艾略特:《基督教社会的观念》

Schumpeter, Joseph. *Capitalism, Socialism, and Democracy*

约瑟夫·熊彼特:《资本主义、社会主义与民主》

Dewey, John. *Liberalism and Social Action*

约翰·杜威:《自由主义与社会行动》
Niebuhr, H. Richard. *Christ and Culture*
理查德·H·尼布尔:《基督与文化》
Voegelin, Eric. *The New Science of Politics*
埃里克·沃格林:《新政治科学》
Galbraith, John Kenneth. *The Affluent Society*
约翰·肯尼斯·加尔布雷斯:《富裕社会》
Arendt, Hannah. *The Human Condition*
汉娜·阿伦特:《人的境况》
Wolff, Robert Paul. *The Poverty of Liberalism*
罗伯特·保罗·沃尔夫:《自由主义的贫困》
MacIntyre, Alasdair. *After Virtue: A Study of Moral Theory*
阿拉斯戴尔·麦金泰尔:《追寻美德:伦理理论研究》
Kariel, Henry. *The Desperate Politics of Postmodernism*
亨利·卡列尔:《后现代主义的绝望政治》

第七章

历史变革

"诚挚地提出历史的终极意义之问题，会使人大吃一惊，这会把我们带入一个真空，只有希望和信仰可以充实那里。"[1]任何试图用哲学方式思考历史的人，会立即意识到这位杰出的观念史学家所做的这一观察的真实性。这不仅适用于有关历史的终极意义这一问题，而且适用于许多有关历史的其他问题——人类可以控制历史的程度，是否存在有效的控制手段以及历史变革的意义和自然方向。所有哲学性的问题都可以使我们感到处在悬崖峭壁的边缘，而有关历史的哲学性问题似乎特别令人困惑。我们怎样才能肯定地谈论整个人类历史潮流的性质和进程呢？

任何严肃而持久地思考政治问题的人，都不可避免地要试一下。我想，这主要是由所有政治事业的不完善性与失败所致。甚至连相对温和的行为，如伍德罗·威尔逊（Woodrow Wilson）力图将美国与一个全球性的国家联盟组织联系在一起，都经常受挫。崇高的理想，如那些在1789年的法国以及1917年的俄国占优势的理想，通常导致暴力和专制。所有伟大的政治理想和努力都毫无益处吗？如果不是，在什么条件下，哪些会有成果？如果是，有什么东西是长久的吗？无目标的历史变革是否有任何的避难所？这类问题迫使那些宁愿不理睬这些问题的人去思考。

但是，不仅仅是政治上的失败导致历史哲学的出现。即使胜利就在眼前，人们也会面对一个意想不到的潜在的小问题。接下来会怎样？就像现在将为不久的将来让位一样，不久的将来又要让位于遥远的未来。如果世界和平以及完美的正义都得到实现，

---

[1] Karl Löwith, *Meaning in History* (Chicago: University of Chicago Press, 1949), p.4.

接下来会怎样？答案是，提出这个问题的人以及这个人的所有同时代的人都会死去，他们创造的任何天堂都将留给未出生的后代。最后，这类天堂自己都将会腐烂并消失。最终，这个地球将变得不能居住。许多人忽视这些一定会发生的事实，但是，由于具有哲学上的良知，我们无法压抑这些事实引起的终极的空洞感。意识到人类的道路最终会走向深渊，激发了一些最令人吃惊的有关历史的问题。

在思考历史的同时，我们必须记住事情的神秘性以及我们的问题最终得不到解决的可能性。问到历史的意义"会把我们带入一个真空，只有希望和信仰可以充实那里"，因为它强制性地让我们面对思想不能领会的一个现实。整个历史不是摆在我们面前的一个物体。这部分是因为它还没有结束，部分是因为，已经结束的事情——过去——由人类的经历组成，由于这些经历有着不可估量的深度和微妙性，外人是无法观察到的。我们不能像谈论水的化学成分或物体降落的速度那样谈历史。但是，思想和讲话不可避免地会使它们触及的事物客体化。因而，我们将历史看做像是我们面前的一个物体就是不可避免的。然而，要像谈论一个物体一样谈论一个不是物体的东西，就是悖论式的谈论。

假如我们停止悖论式的谈论，开始肯定地、完全了解式地谈论历史，那么，我们会成为严重的、甚至是致命的幻想的牺牲品。人类已经实现的一些最崇高、最激励人心的梦想，都与历史的目标和意义有关。这是由古代以色列的预言家，以及近代世界的卡尔·马克思描绘出来的。这些梦想的力量是，它们通常被认为是客观事实。一旦如此，它们能够导致极权主义和暴力，因为一些人会认为所有事物的秘密都在他们的掌握之中，而且，人类的未来在他们的掌控之下。历史哲学是个危险的学科，人道的、明智的人通常敦促我们抛弃它，并将我们自己约束在不会激起我们的傲慢态度的问题中。

然而，要抛弃历史哲学，就要抛弃为全面地理解我们的可能性和目标所作的努力。因而，我们必须思考历史，必须面对历史摆在我们面前的最艰难的问题。然而，我们必须时刻意识到，我们是在探究一个我们的思想无法囊尽的现实。即便最终无法得到答案，我们也必须把它们当作我们的人性迫使我们提出的问题。这种平衡的、克制的，但有耐心和决心的精神状态是不容易获得的。但是，也有获得的可能，而且这是通往理解历史的唯一的道路。

我们应该将自己局限在一些更容易控制的探询之中。让我们以一个从我们这个时代的失望中自然地产生的问题开始。曾经发生过的那么多事情，都不仅是对我们的希望，而且是对我们的计划和努力的蔑视，这使我们有时会感到，不论我们做什么，历史都只是一种命运，朝着自己的非人性的目标前进。我们不得不问，我们的计划和努力是否有用。

27. 人类能够掌控历史的进程吗？

这就是问政治是否有意义，因为政治是我们商议并实行我们集体生活的活动。这是我们参与历史的方法。如果历史的进程能够受到人类控制的影响，政治就有意义。如果不是这样，我们必须问，政治领域是否可以不仅仅只是一个充满玩偶的舞台，不仅仅只是那种使我们饶有兴致地观看，却起不到任何实际作用的宏大景观。

根深蒂固的现代观念使我们与这个问题的关系有着奇妙的矛盾。我们的行动主义与我们确信每一个问题都有其解决办法，使我们趋于得出肯定的回答。美国人意识到，他们掌控了、占据了这个近乎空旷的大陆，并使这个大陆成为世界强权的基础。此外，他们中的大多数人相信，美国在保护文明和自由的活动中起着决定性的作用。因此，美国人对他们自己在这些事务中的作用感到相当有把握，以至于他们很少思考人类在历史中的力量到底有多大。

无论如何，在大多数现代学术著作与思想中，都不言而喻地认为人是社会的产物，而且可以根据过去周围的环境得到完全的理解。如果是这样的话，那么，人就是由历史塑造成的，而不是人创造历史。譬如，过去哲学家的主要思想，通常被认为是哲学家的历史时代环境和个人生活际遇所唤起的。相似地，政治决策一般被看成是反映政治环境的镜子，我们通常被告知，如果某个领袖没有做到他应该做的事，另一个领袖会代他做到。政治记录了而非指导了历史中的力量。

对第二个观点的极有说服力、极有影响力的论述可以在马克思的著作中找到。在第六个问题中，我们讨论了马克思有关个人和社会主要是由经济关系所型塑的观念。我们必须回顾一下这个观念，以了解马克思的历史观。马克思清楚地意识到物质需求的力量，譬如人们对食物和住所的需求。并非物质需求比其他需求，如友谊和美，有更大的绝对重要性，但是它们确实有生理需要的力量。除非这些需求得到满足，否则我们就无法活下去。因此，为了满足我们的物质需求而建立的关系——我们的经济关系——就特别重要。它们是不可摆脱的，而且它们贪得无厌，直到它们得到满足。它们必定影响着我们的生活和我们本身。这就是人们通常所说的马克思的"经济决定论"的要旨。这并不意味着，人类完全满足于物质需求的满足，任何有衣穿、有房住、有饭吃的人都一定幸福。它更意味着，没有物质需求的满足，人类就不能感到满足，因此，只要这些需求没有得到满足，人类就会被控制在经济制度之下。为了实现我们的潜能，我们必须生存；为了生存，我们必须按照经济制度要求的那样生活。

结果，在研究人类行为时，马克思主义者通常在经济环境中寻找解释。那些被许多人认为是人类精神最高层次的表达的活动——艺术、哲学、宗教，马克思主义者通常根据这些活动发生地的经济状况对它们进行分析。对于马克思主义者来说，政治不可能作为自主的活动来理解。它是经济目的和经济张力的表现。

而作为一种历史活动，它只是我们扮演经济状况分配给我们的角色的方法之一。

马克思主义者对我们的问题的回答是否定的。我们不能控制历史的进程——至少在大多数情况下，或在很大的程度上不能。要使这个概括合适，必须注意到两个限制条件。首先，"历史"会结束。经济力量对事件的决定性影响将停止，并且这一点确实已经随着资本主义的发展而到来。作为能够自由地控制历史的一个人类团体——工业社会的工人阶级，代表着人性中最大的生产力和创造力——将获得统治权，人类将不再只是傀儡。这有助于解释为什么尽管马克思主义是一种决定论，它还是唤醒并激励了那么多人，因为它给人们带来希望。

另外，老练的马克思主义者避开将经济决定论作为不经调查就解释所有事情的不变的铁律（他们确实经常反对"经济决定论"一词）。他们将它作为方法论的一个基本原理，指导经验分析。马克思本人在运用这一原则时，也是很小心、很灵活的。今天，有一些人认为自己是马克思的追随者，但他们给予非经济条件极大的自主性，在他们的著作中，马克思的原则已经默默地遭到抛弃。

但是，在正统马克思主义中，经济力量和经济关系的调节能力仍然是方法论的原则。历史被更多地看做是经济需要的产物，而不是人类观念和意图的产物。人类因此几乎无法控制事件的进程。

今天，几乎没有任何人会全盘否定马克思主义看待历史的方法。现在很少有历史学家在研究文化的、智识的或政治的事件时，不认真考虑事件周围的经济环境。从这个意义上讲，正如曾经有人说过的，"我们现在都是马克思主义者"。

但是，经济决定论中的真理令人难以接受，且令人讨厌，也许还是危险的。这基本上取决于我们对它的重视程度。由于它变成理解历史的唯一的、甚至是占统治地位的原则，它使我们成了傀儡。我们的目标和行为都是由历史决定的，当我们仔细考虑并做出政治决定时，我们起到了经济命运在这之前已经决定了的作用。无论如何，这是暗藏的含义。经济决定论得到广泛的接受，正如我们所见，只是因为马克思的思想结合了一种信仰，认为我们所受到的经济束缚终将结束。随着技术的完善，自然被置于人的控制之下，经济关系将失去其决定性的力量。人类将获得对他们的生活以及他们的历史的支配权。

但是，这种希望已经消退，不仅在马克思主义者中间，而且到处都如此。现在看来，历史是有威胁性的，而不是有益的。第一次世界大战爆发以来发生的一系列事件已经大肆伤害了人类的希望与期望。结果，历史决定论变成了毁灭性的学说。要维持希望，像人一样而不是像傀儡一样地生活，就有必要抵制那些否定我们的自主性的哲学，并在一定的条件下能说历史是我们创造的。

马克思的追随者已经像其他人一样，有意识地、毫无保留地转向唯意志论。列宁是最有名的例子，他不愿意等待在俄国发生的事件的自然进程（按照马克思主义所指的自然进程），于1917年10月引人注目地表现了人类改变历史进程的力量。马克思主义思想的一个现代学派，通常被称为"批评理论"，也强调了深思熟虑和行动的功效。正如已经注意到的，批评理论家们将他们的注意力集中于文化研究，认为文化是人类活动的一个自主领域。他们相信，虽然文化现在不能增进自由，但是文化能够做到这一点。通过有意识地重新塑造文化，人类可以超越那些剥夺了他们的尊严和幸福的历史力量。

列宁与批评理论家表现出来的唯意志论，一直天真地存在于自由主义者思想中。富兰克林·罗斯福和早期的新政主义者们从来没有怀疑过人类创造历史的力量。历史性的自信也在罗斯福的那些自由主义的继承人哈里·杜鲁门、约翰·肯尼迪以及林登·约翰逊的身上表现出来。

然而，最后的也是最威严的继承人——林登·约翰逊做总统期间，历史彻底地、灾难性地变得不可控制。这发生在越南，美国卷入了一场无法撤出、无法打赢或无法替自己辩护的战争。这场战争给美国人带来了更加暗淡的前景。现在我们怀疑，自由主义的唯意志论是否曾经有效。回头看看自第二次世界大战以来的这些年，我们奋发努力战胜失业率，为穷人提供住宿，或用其他方法保证每一个人一定程度的物质福利，我们不能肯定我们获得了成功。失败是很明显的。我们是我们经济环境的产物而不是创造者这一观念获得了新的可信度。往回看得再远一点，从我们现在自我怀疑的立场出发，我们可以看到罗斯福和列宁展现出来的主人公的情怀是多么的可疑。罗斯福的新政没有恢复繁荣，列宁也没有为他在布尔什维克革命之前所预见的非强制性的和谐铺平道路。

正如列宁的例子所展示的，最大胆的要做历史的主人公的宣告是由近代革命家提出的。当然，历史上一直有革命发生，但是只有在近几百年中，才有不仅相信能够代替政府，而且可以摧毁整个社会和政治秩序重建另一个社会和政治秩序的人从事革命。这种自信激励了法国和俄国的革命者。这还反映出一种在近代广为流传的、在许多人（如美国的生意人）那里——他们对政治革命完全没有兴趣，或者反对政治革命——都有的一种态度。革命者的自信只是近代自信的一种强烈的表现，这是一种文艺复兴时期产生出来的对人类的力量和能力的自信，在迁居北美洲并使北美洲工业化的紧张活动中表现出来，并且显然受到了科技进步的维护。

迅速、彻底地进行重建的近代革命理念，为我们思考我们在历史上所具有的力量提供了方便的视角。近代革命者的自信有任何正当理由吗？我们有很充足的理由说没有，但这些理由不能够解决整个问题。我将尽力说明这一点。

首先，鉴于我们了解社会的能力有限，很难知道怎样能够证明革命的自信是有理由的。我们要注意，不要让自然科学的成功误导我们。我们很怀疑自己是否可以像了解自然物体那样，精确地、全面地了解社会。这不仅是因为社会相当复杂，这只是一部分原因。

还因为我们自己就是社会的组成部分，不能完全站在社会的外面，像对待矿物一样不带偏见或情感地去研究它。另外，即便我们可以，社会也是由显然能够进行自由选择的人组成的，这种选择不可预见，因而不能被涵盖在任何知识领域。行为主义者断言，这种自由是一种幻觉，但不少卓越的思想家不同意这种说法。

如果社会确实以某种方式处于精确的、确定的知识范畴之外，我们就无法随意改变它。我们不可能预见到我们行为的所有结果，因此必定经常产生意料之外的结果。人们经常指出，1789年的法国大革命不但没有改变社会，还基本上重新建立起他们打算摧毁的旧社会。这种无意识地重复过去，似乎证明了我们对历史的无知。如果我们能够了解过去，我们就不会盲目地重复过去。

另一个质疑近代革命热忱的原因与人的品质有关。我们如果要相信有可能进行彻底的、成功的革命，那首先我们必须对自己有相当的自信。除非革命的策划者们的道德观是好的——好得不仅足以精确地预见会出现的状况和追求人类的幸福，而且不会像革命者通常会做的那样滥用暴力，革命才会成功。而且，除非整个民众能够成为，或重见天日者们能使他们成为有道德的人，否则一场革命是不可能成功的。没有以上这些条件，新社会将是不牢靠的。

毋庸置言，很难说人的本性符合这些讨人喜欢的先决条件。如果不符合，如果在革命领袖和普通群众身上都存在严重的道德弱点，那么，革命局面会带来过多的恐怖和暴力，即便新秩序比旧的更好，也一定会为邪恶提供新的机会。

我们应该满足于一种既否定我们是历史的主人，又否定我们只是傀儡的中间立场吗？是否我们应该肯定我们是影响历史的力量，同时承认我们不能完全控制历史？这种立场当然是切合实际的，这也与人们从阅读历史或观察当前局势便能得出的常识性的印象相符合。但这在一定程度上也是沉痛的，因为它预想人类无法采取或者高踞于历史之上掌控历史、或者完全沉浸于历史之中而从不考虑与之斗争的明确态度。

也许不那么极端的立场就是正确的立场。然而，据我观察，那些希望思考和理解的人都会谨慎地接近中间立场。这些中间立场鼓励我们停止思考，认为问题已经得到解决。这是它们吸引我们的一个原因，它们保证会减轻思考的负担。然而，通常情况是没有多少问题已经得到彻底解决，我们只是做了要避免极端立场的决定。事实上，"中间立场"可能包括多种不同的立场——询问者很难搞清楚这些立场，更谈不上从中选择了。不思考的人习惯于认为"真理介于"两个极端之间，但这通常没有给我们提供多少帮助。我们还像以前一样看问题，思考没有加深或改变我们对事物的理解。

另外，中间立场是否能得到辩护这一点还不明显。一方面，反对革命的论点相当强烈，致使我们怀疑即便是有限的历史目标是否可能实现。譬如，是否有可能稳定地阻挡科技变革的影响？一位伟大的美国随笔作者曾指出，"当蒸汽机或炸药，或就此而言，汽车、飞机、收音机发明出来时，实际上发生的只是：我们的心受到鼓舞，我们兴奋地高喊，'抓好你的帽子，伙计，我们又要出发了。'"[①] 从历史的角度讲，适度是可能的吗？

另一方面，革命理想是一种力量和尊严，不会被前面这种理智的论点所摧毁。即便你在反对革命的论点中找到合理的一面，也会感到对革命一方有一种依依不舍的、无法解释的同情。至于赞成直接民主和救赎政治的论点，虽然可能轻视常识，但仍然说出了一些似乎必须要说的话。

革命著作——没有它们，文明会更加贫乏——经常表达出来的是一种人性的光辉。政治温和派经常认为，人类很平庸，生活很无聊。在古希腊，人们将神明看做不朽的、强大的人类，这种

---

① Joseph Wood Krutch, *Human Nature and the Human Condition* (New York: Random House, 1959), p. 144.

观念中蕴含的人类荣耀的理念现在已经遗失了。生活的潜能变得与最没有激情的现实等同起来。革命者拒绝认同这种等同,他们再次强调人性辉煌的可能性。

这样一来,他们不仅用语言表达有关人类的一个真理,用基督教的话来说,他们还将社会置于"审判"之下。他们拒绝让现有的秩序限定人类的潜能。甚至那些对革命持怀疑态度的人都会感到,革命著作中经常提供的那种针对社会的批评性观点,对于我们的精神生活是非常重要的。

许多人还会感到,在革命者将人提高为历史的主人这一点上,至少有一种对真理的暗示。这比简单地对生命的赞美要深刻,因为它认为人们自己可以完全实现潜在的生命的光辉。在《圣经》中,男人和女人"要管理海里的鱼,空中的鸟,和地上各样行动的活物"[①]。在革命者的书中,他们支配着自己以及他们的历史。有些人会说,这会带来混乱和暴力。这可能是真的。但是,如果假定这是真的,就会带来一些可能不是不可解决的,但肯定是严重的问题。那么,生命的光辉难道纯粹只是幻想,根本不可能实现吗?如果我们人类不是历史的主人,历史的意义又何在呢?

当今时代的很大一部分的低落情绪来自于这样一个事实,即我们不知道应该如何去思考这些问题。自从第一次世界大战以来,一系列深刻的以及无法预料的大灾难动摇了我们的信心。生活在一个经历过两次长时间的和毁灭性的全球性战争、一次持久的经济萧条以及希特勒特意策划和放肆地亵渎人类尊严的专制的世纪中,我们怀疑,历史是否受人类或是任何有益的力量的指导。宗教性的文明会承担这种沮丧,因为对超越历史的那些东西的信仰仍然存在。但今天的人对超越历史的事物的依赖远不如对控制历史的依赖,对进入另一个世界的依赖远不如对完善我们现在居住的这个世界的依赖。在这种情况下,对未来丧失信心就会遭受根

---

① Genesis 1:28.

本的精神迷惑的痛苦。

我们对我们自己和现实的整个认识也因此在这个问题中岌岌可危。虽然只有少数人公开坚持革命的观点，但大多数人都接受革命观点中表达的对人性的自信。要让今天的人承认他们缺乏革命的能力，不是一件小事；这对我们所称的他们的"宇宙道德"是一种威胁，还对他们提出挑战，要从根本上改变他们整个的世界观。

考虑过人类成为历史的主人的可能性之后，让我们思考一下其手段。大概这里最重要的问题是暴力的作用。

28. 我们能够在不过多使用暴力的情况下引导历史的进程吗？

这个问题的主要两方面的代表，是那些我们称之为自由主义者和激进主义者的人。自由主义者相信通过说服能够纠正非正义行为，并能以这种关键的方式指导历史的进程。这种信仰的确是自由主义理念的中心原则之一。每一个人都有自由发表言论的权利，有与志同道合的人一起宣传个人观点的权利。凭借这种权利，每一个人都可以向政府和公民提出自己的信仰和抱怨。关键的一点是，人们可以期望合理的听证会，这意味着不仅每一件提到的事情都会得到公正的考虑，而且人们会采取必要的行动。这就是为什么自由是实际的和有吸引力的一个原因：它为和平地重建社会提供了一条道路。因此，自由主义者对目的和手段都很乐观，最严重的不公正最终可以废除，这可以在不使用暴力的情况下完成。

另一方面，激进主义者通常怀疑说服的方法在最高利益岌岌可危的时候是否有效。譬如，马克思并不期望资本家会自愿地放弃他们的财富。在提到无产阶级可能会在一个或两个国家和平地掌握权力的时候，他也认为在大多数国家暴力将不可避免。

因此，激进主义者对目的怀有乐观态度的同时，对手段怀有悲观的态度。正如自由主义者一样，他们相信不公正最终将被征服，但他们不期望通过相互达成协议来实现这一目标。不公正的严重程度，至少经济上的不公正（如果我们谈到的是马克思和他的追随者），体现在它严重地分裂了人类，他们不可能理解对方的利益，或进行共同协商。

自由主义者和激进主义者的区别，部分地产生于他们对暴力的态度不同。自由主义者一般认为暴力是权力的一种特殊的邪恶形式。这不是说他们像无政府主义者及和平主义者一样，在任何情况下都不会考虑运用暴力。但他们感到，它对良好关系的破坏比其他权力形式更为彻底。譬如，暴力比宣传或经济压力更糟糕。因此，对它的应用必须是最后的手段。

激进主义者通常比自由主义者更容易接受暴力，把它作为权宜之计。但是，从长远来讲，他们期待暴力的使用大幅下降，甚至完全消失。他们会激烈地谴责统治阶级运用暴力进行镇压。此外，对于典型的激进者来说，这些阶级运用的宣传和经济压力，在道德上不比暴力好多少。如果暴力被禁止，那些被压在下面的人的反抗就不会有效果。

大多数激进主义者至少同意这些，有一些走得更远。一些激进主义者认为，受压迫人民为了革命目的运用暴力绝对是正当的。这是人性的证明。只有人可以进行暴力反抗，因此，这样做展示了他们不仅仅是被其他人期望利用的物体。

在使自由主义者和激进主义者在暴力问题上出现分歧的原因中，有一个比暴力的道德问题更重要，那就是对人类本性看法的不同。自由主义者很有特色地认为，人类是有理性的。他们认为，人类在信念和行为上都具有理性，也就是说，人不仅应用理智——而且能够胜任地应用——确定他们的信念，而且靠这些理性的信念引导他们的行为。这就是为什么自由主义者认为，说服是克服非正义的最好方法。

激进主义者一般不反对人类本质上是有理性的这个概念；的

确，他们的长远希望取决于这个假设。但是他们通常认为，在严重的非正义现象存在的情况下，要实现这种理性的本质是会受到挫折的。这就是为什么说服不可能行得通。马克思阐述了这个观点。他相信，在共产主义革命得到巩固之后，人类有足够的理智使社会和经济生活整个置于理智的管理之下，暴力将会消失。但他肯定不相信资本家们是理性的，他认为他们只有在狭隘地追逐个人私利时才会有些理性。他们肯定没有足够的理性来理解共同利益的性质，或经济发展的规律。为什么没有？简单地说是因为他们的思想受到他们的环境的禁锢。马克思认为，资本家可以理性地理解自己的利益，但不会理解人类的需求。

许多激进主义者坚持这种决定论。他们认为，在没有暴力的情况下，严重的非正义一般不可能得到改正，因为这些非正义摧毁理性，它们造成的分裂是理智不能克服的。因此，控制历史就需要广泛地应用暴力。

不妨说，问题是是否所有人都过着一样的生活——这个问题在本书的前面已经谈到过。有些激进主义者认为，对这个问题做出否定的回答并不过火，至少暂时如此。譬如，马克思主义认为，工人和资本家的生活从根本上是不一样的。在资本主义进入垂死挣扎的阶段时，他们会有不同的哲学、感情和目标。结果就是他们不可能和平地相互交流，它们的关系不可逃脱地是暴力性的。一些激进主义者还同样如此强调黑人与白人之间的分裂关系。他们认为，黑人和白人的经历与利益完全不同，不可能通过理性解决造成他们的分裂的问题。

自由主义者（但不仅仅是自由主义者）坚持拒绝这种二分法。自由主义者认为，人类从来没有分裂到不再共享普遍的理性生活的地步。因而，永远不能以为讨论是无用的，暴力是不可避免的。

问题不仅与总体上的人类本性相关，也与理性的本质相关。我陈述过这个问题，认为理性包括对他人利益的关心。我认为，一个有理性的人能够与他人交谈，是因为他有一种能够理解和尊重他人关心的问题的理性能力。总之，理性是一种道德能力。这样看待理性是自由主义的传统。但是还有另外一种理性的概念，即便那些拒绝它的人也应该重视它。

理性可能只是一种用来进行手段—目的的计算的能力，一种与道德没有任何关联的能力。一个有理性的人也许只是精于促进私人利益之道，而不管这些利益是否与他人的利益相符。从这个观点看，理性不会向我们透露生活的理想秩序，而只是像休谟所说的，它是"情感的奴隶"。

解决这个特别的问题不能解决我们正在讨论的问题，但它有重要的意义。如果理性只是权宜之计，它也许会加剧而不是调和历史上的暴力，因为它将使个人和团体更加意识到自己的个人利益。

思考非暴力学说会有助于我们思考暴力在历史中的作用。近代一些最受人尊重的人物曾经维护并实践了非暴力学说：譬如，列夫·托尔斯泰（1828—1910年），许多人认为他是有史以来最伟大的小说家；甘地（1869—1948年），印度独立运动之父，同时是一个伟大的精神及政治领袖。在美国，非暴力的代表是马丁·路德·金（1929—1968年），像甘地一样，他最终因暴力失去生命。在他领导的长时期反对种族隔离和非正义的斗争中，他坚决拒绝使用暴力。

托尔斯泰、甘地和金所代表的观点中最重要的一点是非暴力和不反抗的区别。不反抗意味着绝对的服从所有的非正义和暴力，非暴力是反抗的一种形式。不反抗意味着抛弃所有对手段—目的的计算，非暴力必须包括复杂的策略（通常与公民不服从有关，这在第十七个问题中有过简洁的讨论）。不反抗是拒绝使用任何权力，非暴力是拒绝使用极端的权力，但它的目的是用其他方式影响人们。不反抗可能看似荒谬，但事实上它可以提供一种精神纯洁的立场。它代表对政治和一切人类巧计的抛弃，将未来完全交在上帝手中。伟大的、也许是唯一的不反抗的典型是耶稣。但是，不反抗的精神——对人类无条件地关爱和对上帝无限度的信任——在非暴力者中存在，托尔斯泰、甘地和金都受到耶稣的激励。非暴力的特殊品性可以用"非暴力反抗"一词来概括。非暴力是利用权力的一种方法，完全是政治性的。实际上，托尔斯泰寻求推翻沙皇俄国的整个社会及政治秩序（虽然以他的个人之力不能构成真正地威胁）；甘地强迫大英帝国政府撤出印度；虽然金的反抗方法受到极大的限制，但他在美国社会是革命人物。

总之，非暴力学说为摆在我们面前的问题提供了有力的正面答案。我们不仅可以在不用过多暴力的情况下引导历史的进程，而且可以根本不使用暴力。非暴力的支持者基本上是要求深刻的、迅速的改革的人，他们在这个意义上讲是激进的。但是，不同于典型的激进主义者，他们期望的是非暴力的改革。

然而，说非暴力的支持者相信非暴力改革的可能性是一种误导。合适的词是必要性。暴力是具有腐蚀性和最终会落空的手段。大多数激进主义者表现出对暴力的反感——但是主要针对它们的目的。他们设想一个没有战争的世界和没有阶级或统治的社会。在非暴力的支持者中，这种反感既针对手段，也针对目的。暴力被看做总是与傲慢和仇恨同时出现的，哪里有暴力统治，这些邪恶就会蔓延。暴力总是与理性不和，总是摧毁那种耐心的、友爱的谈话的可能性，即通常所谓的对话，我们与同盟者和朋友可以很好地进行，但有时也可以与反对者进行。暴力驱散我们共同的人性。由于我们人类在本质上是相同的，这就是说，暴力驱散我们的人性。

另一方面，非暴力能打开通向真正的人性关系的道路，即便是在冲突之中也可以。这是在不蒙受耻辱、永远远离作恶者的情况下反抗邪恶的道路，无论如何，这是其提倡者所主张的。虽然甘地和金的实践都暗示了非暴力和对话之间的联系，但这种联系是在二十世纪美国最伟大的精神人物之一托马斯·默顿（Thomas Merton，1915—1968年）的著作中得到特别强调的。默顿曾是特拉普修道士（Trappist monk），因而不能加入非暴力活动。但是，从他的修道院出发，他紧紧跟随马丁·路德·金所领导的反种族歧视的斗争，并在他的著作中非常有说服力地为非暴力原则作了辩护。对于默顿来说，非暴力不同于暴力，是出于谦卑，而不是出于傲慢，是带着尊敬面对敌人。这是在仇恨通常占统治地位的地方对仇恨的战胜。非暴力的目标不是要把对方压垮，而是要使他们醒悟，并为与他们展开对话开辟道路。非暴力是耐心的。总之，它是要在人们相互残杀的环境中创造出一种对话的氛围。

非暴力有哪些技巧？这是一个无法从理论角度回答的问题，答案只能是实际的。肯定有一些传统的技巧——游行、公众集会、联合抵制，等等。但是，非暴力的实质不在于技巧，而是激励非暴力运动的精神——谦卑和爱。技巧是根据情况变化的，非暴力的成功实践需要一些领袖，他们不仅有能力施行适当的技巧，而且有非凡的领袖魅力，能够引导大众实施非暴力行为，在面对不断的挑衅时，也没有傲慢和仇恨的情绪。

显然，这里有很多能让学习政治学的学生感兴趣的东西。政治经常是令人不快的，有时是野蛮的。非暴力学说是一种精神贵族的政治视野。深刻的历史变革往往包含暴力和痛苦的冲突。非暴力是一种通过道德启发而不是死亡进行革命的理想。然而，必须问一下非暴力是否完全可靠。

不幸的是，它不是完全可靠的——至少不是毫无疑问的。在这里，我们应该注意两个问题，非暴力在这两方面都很容易受到攻击。第一个是实际的问题。非暴力的效果是否严重地受到环境的限制？譬如，它是否受到敌手的性质的限制？很难相信，非暴力运动能够代替诺曼底登陆及斯大林格勒战役，成为最终打败希特勒的决定性步骤。而且，非暴力是否取决于一种稀有的领导力的成功？譬如，像马丁·路德·金这样的人，不会在每一代人中都出现，在他遭到谋杀之后，事实证明没有人能替代他。这个问题没有对非暴力进行完全的否定，而是承认它的可行性是有一定局限性的。

　　另一个问题不是那样实际，而是更有哲学性。非暴力学说是否遮蔽了人类本性中的邪恶，而且鼓励人们拒绝面对它？非暴力的提倡者似乎认为，人类中的邪恶是比较表面性的问题。尽管受害者遭受到不公正的对待，他们仍然可以用爱和坦率对待他们的压迫者；顽冥不化的压迫者可以受到感化，消除偏见，放弃私利，进入对话的领域。这是否只是我们在本书一开始有关卢梭的讨论中，谈到的另一种古老的幻觉（有些人这样认为）：我们不邪恶，只是不幸——非常不幸，以至于我们受到环境的影响做坏事？正如我们所看到的，这一观点（无论是不是幻觉）导致对乌托邦的期望。最终，通过改变环境，我们应该重新创造人类，改变世界。非暴力学说是一种乌托邦主义——历史变革的乌托邦主义吗？

　　现在，在思考了有意识地改变历史的可能程度和必需手段这两个问题之后，让我们思考它的意义。我们这里面对的问题是，历史变革是否决定了人类生活的整体框架。你与其他人和与宇宙的关系是否完全从属于历史？或者，无论历史上发生了什么，是否存在一个道德与理性的人能够求助的不可改变的正义和真理的结构？认为有，认为至少有一定的标准和真理没有被历史吞没，将会使我们感到更加欣慰。然而，不少思想家否定了这种欣慰。他们说，所有的现实，所有的原则，所有的道德规范都是可以改变的。每一件事都会淹没在事件的洪流中，历史的毫无意义和悲剧性环绕着我们的世界。这是真的吗？

29. 真理和正义在历史的进程中会有所改变吗？

　　我们可以怀疑，所有那些肯定地回答这个问题的人——他们断言"标准会改变"——都已经做好生活在他们信仰的那种世界中的准备。也就是说，我们会怀疑他们是否完全知道自己在说些什么。如果真理和正义真的在历史的进程中改变，那么，就没有固定的概念组织生活并指导生活了。自由、民主、正义、对生命的尊重以及正直——所有为了指导你的生活和评价你周围的环境可能要依靠的规则——都要让路。不仅正确和错误,而且现实本身会分解,并被事件的洪流裹挟冲走。你无法抓住"人的本性"或任何其他巨石不放。的确,如果你完全相信所有的基本原则在历史的进程中都会改变,你会发现:观念本身会像水一样从你的手指中间溜走,因为它也必定在时间的进程中改变。

法国已故作家和思想家让-保罗·萨特写了名为《恶心》(*Nausea*)的小说,在书里他用非常戏剧化的手法描述了一个人在开始感到周围的现实完全失去了牢固的结构或意义时,感到晕眩和恐惧。任何东西,甚至他自己的手,都没有了形式或目的。这种不定型的、熔化的、无意义的世界的确令人作呕,因而有了这个书名。

那些认为"标准会改变"的人,那些认为它是绝对严肃的和最终判断的人,生活在宇宙中就像深海中的一条船一样,他们周围的事物是不固定的或拉紧以防裂散的,船板在他们的脚下突然地向上顶压或下落,甚至地平线似乎也在移动。也许,这的确是人类的境况。如果这是真的,这并不值得庆祝,正如萨特所看到的一样,他的自然反应是恶心。

因此,毫不奇怪,人类一直试图找到变化洪流之后的坚实地基,而政治思想家也在寻求不会在历史的潮流中粉碎和消失的人类关系的原则。的确,认为政治哲学是从努力寻找坚实地基开始的,一点也不过分。柏拉图年轻时看到,不仅雅典的政治体制会消失,古希腊的道德和宗教信仰也会消失。雅典政府被反复地推翻,城市里到处都是一些通过言行表示认为固定的道德标准不存在的人。柏拉图对此的回答可以在《理想国》中找到,他指出,政治秩序的基础以及所有正当的及令人满足的生活,都是对永恒的真理和至善的理解。

但是,什么是永恒的真理和至善?柏拉图试图用著名的"理念论"回答这个问题。每一种现实——每一个人、一颗树、一把椅子或一块巨石——是真实的只是因为它分有了一个普遍的、不变的理念——人、树、椅子或巨石的理念。这些柏拉图所说的理念，我们可以称之为"理型"或"本质"。他们无法被看到或感受到，但是绝对的真实，并且可以通过理智去了解它们。我们已经讨论过的"至善"可能会被认为是所有理念的理念，因此是存在物和价值永恒的源泉。对当前的讨论最重要的一点是，柏拉图设想的理念既不会变成存在物，也不会流逝，仿佛没有历史，也不受历史的影响。

在柏拉图的生活观中，哲学家生活在理念的世界中。他们从看得到、摸得着的世界上升到理念，又从理念上升到至善。他们从变化上升到永久，超脱于历史之外。如果哲学家进行绝对统治，那么，整个城市就建立在没有历史变革带来的暴力和混乱的水平上。

柏拉图对变革的惧怕可能过于极端。但是，他的总体观点不是独一无二的，即便在他的那个时代也不是新鲜的。柏拉图的探索是由其他哲学家开启的，一直延续到我们这个时代，是对我们经常简单地称之为自然的探索。我已经提到过自然与习俗哪一个是人的性格的决定因素这一古老问题。这个争论中值得注意的一个特点是，习俗的辩护者甚少（虽然在二十世纪末有一些响应道德多元论和怀疑论的人站了出来），而自然在上千年中一直有着显著的、很少被质疑的权威性。一个重要的原因似乎是，自然，也就是事物的基本结构，是不变的，至少这是一种普遍的信仰。

在整个西方的道德和政治思想历史中，最持久、最强有力的理念都是以有关自然的观念——自然法——作为基础的。我们在前面提到过，这个观念认为人类的关系从属于一个法则，这种法则可以通过理性看得很清楚，并且不会受到历史变革的影响。时代和习俗可以改变，但是控制人类关系的最深刻的原则保持不变。一些我们最文明的体制，如个人自由、民主政府和国际法及国际组织都可以溯源到这个观念。如果我们的文明结构中的这一根顶梁柱被抽掉,我们可能会突然发现,我们站在一堆废墟中间。

古老的希伯来人也具有深刻的历史意识,他们寻求置于历史洪流之上的立足点。确实,比起古希腊人,他们远远不那么惧怕变化,并且更加认可它是现实的一部分。甚至耶和华(在某种程度上,更确切的应该是说,特别是耶和华)也处在任何固定的和可知的秩序之外,神圣的决定是自由的和不可预见的,而耶和华有时甚至表现出对过去行为的后悔。至于对人类以及其他造物,希伯来人和希腊人有不同看法。希伯来人不同意希腊典型的信仰——认为现实基本上是一种不可改变的合理秩序。

但是,甚至希伯来人也肯定有一些事物是超越历史变化之外的。"上帝的仁慈是永久无尽的",而且,这种仁慈的一种表达方法是律法,是摩西在西奈山上接受的圣训。这些不可能受到任何历史侵蚀过程的影响。在这点上,希伯来人和希腊人一样,将社会置于不可改变的秩序的基础之上。

对不可改变的现实和规律的追求是那样的持久,使人感到在其中有一种人类生存必须履行的责任。如果没有任何事物是持久的,我们几乎不可能生存下去。然而,最近两个世纪出现了一些对"自然"和自然法的攻击。对于自然(即是,与应该截然不同),一些最深刻、最有说服力的哲学家反对过这样一种观念,即认为有可知的、永久的事物的结构。休谟就是其中之一。正如我们已经看到的,他坚持认为,因果之间没有必要的关联。按照休谟的理论,当我们谈到原因和结果时,我们只是叙述感觉到的重复出现的顺序。我们无法知道,过去持续出现的顺序是否会在将来继续如此。因而我们不能对现实的基本秩序做出断言,我们甚至不可能知道是否有这种秩序。尽管康德公开声明要驳斥休谟,他的著作中也包含相似的观点。我们已经注意到,他的《纯粹理性批判》的一个主要论点就是,人们认为他们在自然界中已经发现的固定不变的结构,只是他们的心智加在从现实中得到的感性材料之上的结构。它们本身并不代表现实。

认为现实本质上是一个固定的自然秩序的观念,受到亨利·柏格森(Henri Bergson,1859—1941年)来自另一个角度的挑战。柏格森是一位法国哲学家,他的知名度已经下降,但他是一个具有伟大的原创性和说服力的思想家。按照柏格森的说法,变化不仅是真实的,而且是现实的本质。"不存在已经做过的事情,只有正在发生的事情,没有保持固定的状态,只有处在变化过程之中的状态。"[1]对于生物和人类而言,这是很显然的。柏格森承认,一些现实是相对固定的,但它们是死亡了的、无机的,不是有生命力的、有精神的。他谴责了对不变现实的追求。他认为那是要将稳定性——理智碰巧需要稳定性——强加于在内在本质上是"不息的创造"的东西。

近代对自然秩序的攻击之最终例证是存在主义。一种统合各种不同形式的存在主义的主题是,人类本质上不是一种一成不变、超越历史的形式。人类是自由或主观的,因此超越所有固有的、客观的原则。不是永不改变的秩序,而是极大的自由才是现实的核心。

我们思考的问题不仅涉及真理而且涉及正义。随着我们刚刚讨论过的那种观点的流行,对不变的道德原则的信仰衰微了。康德认为这是可以避免的;虽然他攻击传统的自然概念,他通过一种坚定的、毫不妥协的义务概念阐明了一种道德理论。但是,如果没有自然,传统的自然法的观念就必然会衰落了。休谟将道德建立在个人的期望和嗜好的基础上,也建立在风俗与习惯上。柏格森认为,一个好的行为是有创造性的行为,来自于对生命活动的直觉感受,存在主义者争论说,选择创造了价值,而不是服从于价值。这些思想家中没有一个认为,一些事是好的只是因为个

---

[1] Henri Bergson, *The Creative Mind: An Introduction to Metaphysics* (New York: Philosophical Library, 1946), p. 188. 黑体为柏格森所加。

人或社会说它是好的。他们不是彻底的相对论者,然而,他们都反映了古老信仰的衰败,这种古老的信仰认为道德标准在所有的历史变革中都保持不变。

认为正义对于时间和地点都是相对的这种流行观点的一个很好的例证是马克思。马克思著作的绝大部分力量来自于他有力的论证:许多被看做是大自然中不可改变的一部分的现实和标准,如,利润的动机、私有财产和议会政府,实际上只是一个特殊历史时期的信仰和习惯,必定会消失。作为一个人,马克思不是没有绝对的道德标准,这可以从他对无情的雇主的痛斥中很清楚地看到。但是,作为一个思想家,他没有这种标准:他的目的不是要揭露资本主义的文明是邪恶的,而是要说明它是暂时的。他的革命力量来自于他将他攻击讨的文明的各个方面统统清扫到历史洪流中去的技巧和彻底性。

在这么多个世纪中,我们试图将社会建立在永不改变的基础之上——在永恒的理式之上,"自然"的基础之上,或在上帝的基础之上,这只是人类软弱的标志吗?或者,这是出于一种直觉,认为缺乏这种基础的关系就没有实质或有效性?

很清楚,我们追问的是政治的基础。柏拉图直觉地认为,人类值得追求的政治取决于对不变的、超越历史的现实结构的理解,并在此基础上建立国家,他是正确的吗?不难认为他是正确的。没有自然法的概念,罗马帝国代表的和平与秩序的胜利可能不会实现。如果自然法的概念在移居新大陆前早已被遗忘,我们了解的美国就很难存在。另一方面,历史上最激动人心的一些社会,如伯里克利时期的雅典,在反映出的创造性和求新性方面,远比确立不可改变的秩序方面要清楚得多(这是柏拉图遭到伯里克利的雅典反感的原因之一,他认为比较没有创造性的、缺少变化的斯巴达是道德的典范)。近代最令人激动的哲学思想是尼采的哲学思想,他有力地攻击了不变的真理和价值的观念。对于尼采来说,那种观念是已经死去的上帝的一种表现。永不改变的真理和正义的概念有可能是相对安全的、通向和平以及合法的秩序,但却是不体面的吗?一切都在变化的观念有可能是危险的,同时却为人类成就的顶点以及尼采设想的"伟大政治"提供了唯一的基础吗?

通过这样的问题,我们在现代人的绝望阴影中摸索道路。我们对历史的进程没有什么信心,而且,我们害怕,我们自己的存在以及我们之间的关系完全被无情的和变幻莫测的事件的潮水淹没。

但是,历史真的如此残酷和不可靠吗?也许它在终极目的上,不像在表面上所看到的那样恶毒和不合理。也许,有时在历史中消失的自然和道德秩序,实际上是由历史创造的,因此,符合历史进程最内在的逻辑。

这些假设粗略地规定了现代思想的进程。在怀疑真理和正义面对历史是固若金汤的之后,就会放弃古代和中世纪时期认为永恒的自然秩序是历史变革的基础那种信仰,近代的思想家尽力在历史结构本身中寻找真理和正义。这一努力产生出一些独创的、迷人的历史进程概念。在这里,我们应该将自己限制在这种观念的最有综合性的形式,即有关进步的学说。坚持认为历史会产生一个好的社会——不仅是越来越舒适,而且也是越来越合理和人道——就是坚持认为历史是理性的,因为这是走向令人满意的目标的过程,而且由于同样的原因,它是道德的。真理和正义因此重新获得它们似乎暂时失去了的首要地位;结果,它们决定了对它们有威胁的历史进程的逻辑。

但是,进步的学说是有根据的吗?

30. 历史会自然地走向"美好社会"吗?

几代人以来,近代人的答案都是极度的肯定。进步已经被看做是人类历史自然的——如果不是不可避免的——特征。一个典型的、有代表性的例子是孔多塞侯爵(Marquis de Condorcet,

1743—1794年）在这方面的观点。他是启蒙学说的典范，也是法国大革命中恐怖主义的牺牲品。在孔多塞关于历史的哲学中，中心观念是人类无限的完善能力。孔多塞的观念不仅意味着人类可以变得完美——反对进步学说的卢梭也这样认为，而且意味着，人类强烈地倾向于完美，结果，历史自然地倾向于实现这种完美。

对于孔多塞来说，进步的关键是理性的启蒙。科学推广并加深知识，印刷和教育又传播知识。他用苏格拉底的方式断言，知识的增长必定与道德的进步并驾齐驱。孔多塞承认，进步的道路会穿过令人痛苦的时代。譬如，他认为，中世纪是迷信、偏执以及教士压迫的时代。但是他似乎并不害怕我们会永远地滑向黑暗的时代。他认为一种几乎不可抗拒的命运推动着人类走向启蒙，并且通过启蒙走向自由和平等。

近代著名的进步理论倡导者有黑格尔和马克思。两位思想家都显示出不论认为历史中的决定性因素是什么，近代人都倾向于相信进步。两人都不认为自我意志或知识有占优势的影响力。对于黑格尔来说是"理念"（不一定所有人都能在头脑中意识到它），对于马克思来说是经济力量，控制着事物的发展进程。他们认为，这些控制力量终究能被认识，从而可以有意识地决定事件的进程，但是在很长的时间内，它们都在历史参与者的无知和反抗中影响着事件的进程。黑格尔和马克思认为，从长远来看，进步是不可避免的。人类的盲目和不足也许会延缓进步，但不能完全阻止它。

进步观念的权威性在黑格尔和马克思的辩证法中尤为明显。两位思想家都相信，进步是以曲折的方式而不是直接的方式得以实现的。进步不是稳定和谐地向前运动，它是通过张力和冲突得以实现的，而且，最有灾难性的时刻也许预示着最光辉的时刻。因此，人类通常是落后的和混乱的这一事实，不是历史道路上的障碍。错误和冲突远远不是对进步的抑制，而是进步的工具之一。进步得到了无可比拟的肯定。无论借助于"理念"还是经济力量，无论借助于参与者的反抗还是他们的合作，进步的规律始终维持着它的支配地位。

然而，正如对人类的力量引导着历史的信仰是受到历史有它不可改变的规律这种更古老一些的信仰的制衡一样，进步的学说虽然在之前两个世纪很流行，但是远非如此乐观的观点也同样流行。的确，思想史上有很多思想对历史进程持悲观态度。譬如，古老的希腊人和罗马人通常认为，历史多多少少是按照一定的循环推进；反反复复才是历史的规律，而不是发展进步。

很容易理解这种观念是怎样出现的。反反复复是我们的环境和生活中显著的、甚至令人敬畏的特征。它在季节更替之中，在人类的世系繁衍中表现出来。虽然历史循环的观念是可以理解的，但它表达了一种与孔多塞和其他进步的倡导者的满怀希望相差甚远的情绪。如果历史是循环的，那么最终，没有任何事情可以得到实现。我们也许在某个周期中取得了成就，但由许多周期组成的历史长河只会是对第一个周期中取得的成就的反复修补或退化。一种可怕的徒劳支配着人类事务。

奥古斯丁和其他基督教思想家反对历史循环论。他们必须这样做，否则，耶稣的生命以及上帝的其他行为将会屈从于规律之下，因此受到永无止境的重复这种怪异现象的诅咒。然而，基督教思想家发展的另一种观点也是极为悲观的。

正统基督教徒认为，历史会走向最后的灾难和恐怖："民要攻打民，国要攻打国，多处必有地震、饥荒。这都是灾难的开始。"[①]当然，到了历史终结的时刻，上帝将会建立它的王国，这一顶点——自从亚当的罪孽开始，所有的时代都通向这里——将会赋予历史一种它从未有过的意义，如果历史是受循环反复的规律控制的话，它不可能有这种意义。历史在这种意义上是朝着"美好社会"发展的。但是，这不是通向一个美好的世俗社会，上帝的完美的王国不可能是个世俗的王国。历史也不会自然地引向一个美好的社

---

① Mark 13:8.

会。也就是说，在罪恶的人的推动下，它只会自然地通向大灾难。只有上帝的干预才能使之转为救赎的过程。

因此，很清楚，历史对于基督徒们来说是有目的和意义的，这种意义和目的在古典思想的循环历史观中是没有的，尽管如此，在基督教的历史观和现代的进步学说之间，有着巨大的鸿沟。在基督教的观点中，历史起源于人性道德的自戕；而进步学说认为，人性从来没有失去其根本的纯真。基督教的观点中占支配地位的主题是悲剧，我们必须预想到"灾难，自从神创造万物直到如今，并没有这样的灾难"；①进步学说认为，主要的主题是稳定的改进。在基督徒看来，最终是现世的一种变形，包括我们所知道的地球会消失，而进步学说让我们看到地球上更多的和谐与幸福。

基督教提出了一个深刻的、很少得到讨论的理由，对进步学说发起了挑战。这个观念认为，除了个人灵魂的迷失和拯救没有什么是根本重要的。"人若赚得全世界，赔上自己的灵魂，有什么益处呢？"②从这个观点看，所有的进步必须是精神上的、内在的；任何历史的（不同于个人的）发展是否是进步的，就很值得怀疑了。

这个看法不是基督教特有的，但却是由基督教提出的。在它最一般的形式中，它只是认为一切事物必须以它对个人的影响来评断——只是个人，而不是人们或历史境况，才是他们自身的目的。即便从唯物主义的观点看，这也对进步的观念提出了质疑，因为一些国家现在享受的越来越多的便利和舒适，不能够证明过去无数的个人在他们的一生中忍受的脏污和贫穷是公正的。前几代人是否能被看做是下一代人获取福利的手段？

如果个人被看做是道德和精神实体，并非仅仅更舒适就能带来更好的境况，那么，进步的观念会受到特别尖锐的挑战。在这个前提下，怎么能够有与个人截然分开的历史进步呢？如果道德

---

① Mark 13:19.

② Matthew 16:26.

是个人的选择，精神取决于个人的灵魂，就很难说有别于个人的一个时代怎样能够在道德上和精神上比另一个时代更超前或落后。历史境况能够影响个人的道德和精神水平吗？如果是这样，道德和精神的伟大显然是外界环境的产物，而不是个人自由和道德承担的产物。沿着这条线思索，会引导我们思考：自满的十九世纪和二十世纪是否取得了任何真正的进步。

换一种说法，当我们思考历史的进步时，我们似乎更多思考的是广大群众，而不是个人。当我们思考个人时，构成历史时代的群众的重要性又成了问题。

今天，比起我们知道如何思考历史在多大程度上是受人类控制的这个问题，我们并不更知道如何去思考历史的自然进程。这两种情况带给我们的疑惑，都是自从1914年以来突然降临到人类头上的大灾难的结果。进步的观念突然地变得过时和不实际。但是我们能用什么来代替它？我们看来不具有那种回到基督教的历史观所需要的信仰，尽管许多人已经感到了核武器爆炸云中的启示。历史循环论使我们感到更难以置信，更不可容忍。它的难以置信是因为，两千年来我们被告知历史有一个方向和一个目的，并且在过去的二百年中，我们看到了在过去从来没有发生过的事情，如工业化，这些似乎推翻了任何循环反复的理论。循环观点之所以是不可容忍的，是因为在长期相信历史是有目的的这一观点之后，我们对历史只是无尽的、无用的反复这一思想感到震惊。

在詹姆斯·乔伊斯（James Joyce）的小说《尤利西斯》（*Ulysses*）中，有一个人物说历史是一场噩梦，他在尽力从中醒来。① 这一评论表达了对历史的一种不安全和恐惧的情绪，长达半个世纪的混乱和暴力在如今人们心中引发了这种情绪。它表达了人们的一种情绪，既对自己控制历史没有信心，也对历史自然走向的馈赠没有信心。如果我们不能指导或信任事件的进程，就很难不感觉到

---

① James Joyce, *Ulysses* (New York: Modern Library, 1914), p. 35.

宇宙像一个反复无常的暴君，在任何时候都可能使我们的生活受到干扰，使我们的未来荒废。个人生活负担重重，人们感到周围的世界麻木冷漠；政治生活陷入混乱，人们感到任何行为的后果都是难以预料的，都是不祥的。

因此，我们基本是被迫面对历史是否有意义这样一个问题——这个问题可能会使最节制的和最小心翼翼的探询者目瞪口呆，却同时引诱鲁莽的探询者沉迷在浮夸的、语焉不详的空泛之论中。另外，这个问题如此重要是因为它驱使我们超越所有可观察到的现实，迫使我们追问上帝是否存在，超验事物是否存在，永恒事物是否存在。它们可能会给历史带来意义，并且如果历史有某种意义的话，它们可能会是历史的本质。在本书的一开始，我警告说思考并非总是令人愉快的。有关历史意义的问题简洁地证明了这一点。它们"令人大吃一惊"。我不否认，当我们提出这类问题时，我们很少知道我们指的是什么；换句话说，我看不出我们怎么能够理直气壮地避开它们。

推荐书目

Saint Augustine. *The City of God*
圣奥古斯丁:《上帝之城》

Burke, Edmund. *Reflections on the French Revolution*
埃德蒙·伯克:《法国革命论》

Hegel, G.W.F. *The Philosophy of History*
G·W·F·黑格尔:《历史哲学》

Tocqueville, Alexis de. *The Old Regime and the French Revolution*
亚历克西·德·托克维尔:《旧制度与大革命》

Marx, Karl, and Engels, Friedrich. *The Communist Manifesto*
卡尔·马克思、弗里德里希·恩格斯:《共产党宣言》

Dostoevsky, Fyodor. *The Possessed*

费奥多尔·陀思妥耶夫斯基:《群魔》

Sorel, Georges. *Reflections on Violence*
乔治·索雷尔:《论暴力》

Bury, J.B. *The Idea of Progress*
J·B·伯瑞:《进步的观念》

Berdyaev, Nicolas. *The Meaning of History*
尼古拉·别尔嘉耶夫:《历史的意义》

Malraux, André. *Man's Fate*
安德烈·马尔罗:《人的命运》

Buber, Martin. *The Prophetic Faith*
马丁·布伯:《先贤之信》

Popper, Karl. *The Open Society and Its Enemies*, 2 vols.
卡尔·波普尔:《开放社会及其敌人》,两卷本

Löwith, Karl. *Meaning of History*
卡尔·洛维特:《历史中的意义》

Niebuhr, Reinhold. *The Nature and Destiny of Man*, Vol. II
莱茵霍尔德·尼布尔:《人的本性与命运》,卷二

———. *Faith and History*
《信仰与历史》

———. *The Irony of American History*
《美国历史的反讽》

Strauss, Leo. *Natural Right and History*
列奥·施特劳斯:《自然权利与历史》

Camus, Albert. *The Rebel*
阿尔贝·加缪:《反抗者》

Bultmann, Rudolf. *History and Eschatology: The Presence of Eternity*
鲁多夫·布尔特曼:《历史与末世论:永恒的存在》

Fanon, Frantz. *The Wretched of the Earth*
弗朗兹·法农:《全世界受苦的人们》

Arendt, Hannah. *On Revolution*
汉娜·阿伦特:《论革命》
Ellul, Jacques. *Autopsy of Revolution*
雅克·埃吕尔:《革命的验尸报告》
Didion, Joan. *The Book of Common Prayer*
琼·迪迪翁:《公祷书》

结语　人类的不确定性之观念

面对二十五个世纪以来哲学家一直努力为之寻找明确答案而不得的一些问题，我们如何能够避免理智的绝望呢？在表明政治领域存在永久性问题的时候，我们可能反驳了掉以轻心的宗教或科学的信徒，这些教条主义者认为没有什么大问题还没有得到回答。然而，这可能只会激励那些回避政治思考的人，这不是因为他们认为伟大的问题都已经得到回答，而是因为他们认为这些问题永远不可能得到答案。

对这种咄咄逼人的绝望，可以用本书的主要前提给予回答。虽然我们的答案永远不够充分，但我们自身一直在寻找答案。真理是在思考的过程中被发现的，它永远不可能包含在普遍地令人信服的原则之中。悖论的价值在于它强迫性地提醒我们，我们语言中的惯用语是有不足之处的。它们推动我们继续思考。这就是为什么本书引语会说"没有悖论的思想家就像是一个没有情感的恋人"。

为什么我们的理解和我们的回答之间、现实和言语之间有着令人头疼的断裂呢？面对这一质询，即便是简单地、尝试性地作出回答都是不容易的。但是，为了阐明本书的根基以及思考的价值，也许还是值得一试的。康德的一些观念可能会有帮助。

康德认为，严格意义上的知识——可以在明确地、普遍地令人信服的科学陈述中体现出来的知识——都是关于客体的。这看起来似乎很明显，因为所有真正的实在都必须是客体。但是，据康德所说，客体只是存在的一种特殊形式，而且客观存在物不是存在本身。那么，客体是什么呢？将康德的分析简化地说，客体就是存在于空间和时间中的实体，可以用一些性质如单一和复多描述，而且产生于一定的原因，并引起一定的效果。对于客体来说，它在空间和时间中的位置、它的本质以及它与其他物体的关系都可以理智地得到详细说明，这一点是极为重要的。

这不适用于存在本身，而只适用于客观的存在物吗？康德是这样认为的。我们可以理智地定位一个客体并确定其性质，不是因为它碰巧有这些性质，符合于那些构造我们心智的范畴，如单一和复多，原因和结果。而是因为，客体是我们心智构造的，这些特性也是我们的心智赋予客体的。存在本身提供给我们的只是混乱的感觉。如果我们想有一种连贯的经验，我们必须将这些感觉组织起来。空间和时间，以及像原因和结果这样的概念都是我们组织感觉的形式。一个物体可以通过理智定位并得以确定，是因为它的本质是心智在理解它的行为中赋予它的。一个客体是一件智慧的工艺品，不是物自体；如果没有心智，它不可能存在。

然而，这并不是说我们能够随意地构造这些客体。我们取得理解是受到内在于人的心智中的机制控制的。个人的意志和激情不起任何作用，而且，我的心智中的客体必定与其他人心智中的客体一样。譬如，虽然空间和时间不能独立地存在于我的心智的"外边"，我却既不能让空间和时间存在，也不能以我的意志废除它们。作为一个具有理智才能——人的本质特征——的人，我必须在时空（spatiotemporal）框架中安排现实。

康德的分析有很多是值得争论的。譬如，如果因果关系只是联系那些感觉经验的理智手段，我们如何能够说存在本身会引起我们的感觉经验？如果我们不可能认识存在本身，我们怎么能够谈论它？这些问题在无数著作中已经讨论过了。我们不能在这里对它们进行讨论，也没有必要这样做。重要的是要了解康德如何打开了洞察和展望的道路。

对康德的研究可以带来解放——从唯物主义的假设中解放出来，这一假设认为，每一个实在必须是一个客体，而整个宇宙只是一个巨大的客体的聚集。许多人认为，这一假设是常识迫使我们接受的。对于那些接受这一观点的人来说，后果是极其严重的。存在失去了自身的神秘性，人们转向机械论，宗教观念变得荒谬。我们生活在一个无情的、没有最终意义的因果秩序中，也只是这种秩序中的元素而已。康德打开了这座宇宙监狱的大门。由于没有否定客体的实在性或质疑科学的权威，他开辟了通向更有人性、更热情的宇宙的道路。这是一个超越了物质世界的宇宙。

对康德的研究，不仅可以把我们从物质世界中解放出来，还可以把我们从无感情的、精确的以及系统的知识中——世界是通过这些知识得到认识的——解放出来。在物理和化学方面取得了最伟大成果的科学，不再是保证我们接近现实的唯一手段，我们也为直觉、智慧和信仰留出了空间。并非科学遭到了遗弃，在它自己的领域中，它仍然有不可动摇的权威。但是，它的领域不能涵括整个存在。

如果我们接受康德的观点，我们的思想就不会再受到有关最高存在的错误偏见的局限。像世界、上帝以及人性这样的观念将彻底得到改变，而且，我们的视野也难以衡量地扩大了。世界——我们自然地将之想象为一种囊括一切的客体，认为我们应该能够像认识每一个其他客体一样了解它的全部——原来只是我们组织经验的一种方法。世界是客体的背景，但它本身不是一个客体，它是观察现实的一种方法。我们不可能将世界作为一个整体加以了解，因为它并不存在，而且我们没有必要把它看做是一个整体，一个囊括我们的生活并决定我们的生活的整体。

至于上帝，我们不再被驱使去幻想神是一种巨大的但又奇怪地没有实体的——因为它是"精神的"——物质实体，或者否定上帝这个观念，认为这是一种荒谬的表现。在宗教论述中遇到的一个主要困难是假设每一个实在必须是一种客体。如果这个假设成立，无神论就不可避免，原因很简单，没有任何客体——存在于空间和时间之中因而是有限的，并且是由外界原因决定的物体——可以是上帝。通过向存在和客观性的同一提出挑战，康德为近代重新提出了有关神圣存在的整个问题。康德断言说，他在理性限度内为信仰保留了地盘。

最后，康德的革命使我们能够用新的眼光认识自己。我们不可能在短短的几行字里对康德那些难解的、复杂的、涉及我们对人类的认识的理论做出公正的评价。说人类不只是认知的客体，而且是整个物体世界的源泉，就足够了。一个人不是完全不可知的，因为每个人有一个肉体和精神机制，可以通过科学得到研究。但是，这些只是一个人的表面，不是完全的、真正的个人。我们不再背负着重担，认为人只是一个物件。我们不会被迫将我们在自己身上和我们所爱的那些人身上感觉到的神秘性斥为幻想。

"每一个对我们来说是客体的东西"，二十世纪的康德主义哲学家卡尔·雅斯贝尔斯写道，"即便是最伟大的，仍然总是存在于另一个客体之中，还不是全部"。[1]这是表达康德的总体观点的一种方法。一个客体，是我们的心智从存在本身中雕琢出来的东西，即便作为一个整体的世界也是从存在本身中雕琢出来的东西。因此，我们能够了解的每一个现实都包含在存在最根本的神秘性之中。但是，无所不包的存在不仅是所有可知现实的背景环境，而且构成所有现实真正"内在"的存在。我发现我自己和我的朋友不仅处于一个心理学家可以告诉我们的状态之中，而且处于无所不包的神秘性之中。这些都不是容易解释或理解的，但是这主要是因为我们试图接触那些"思想不能够思考"的事。

这如何与我们开始时提出的涉及言语与现实之间的断裂的问题联系起来？这种断裂如何得到解释？我们不得不回想，字词主要是为了论述物体的，因此当它被用于描述存在本身时就是不足的，甚至会误导。"字词"是知识的缩写，在知识范围中，字词以明确的、显明的陈述方法结合起来，而这些陈述是以解释整个现

---

[1] Karl Jaspers, *Reason and Existenz: Five Lectures*, trans. William Earle (Noonday Press, 1955), pp. 51–52.

实的多种体系结合起来的。康德使我们看到，我们为什么能够通过科学获取有关我们周围事物不容置疑的知识，而在努力了解我们自己和其他人时（像我们在本书中一直所做的），我们只能得到不确定的结果。

康德告诉我们用哪些方法有可能洞察无所不包的神秘性了吗？康德认为，虽然我们不能获得有关存在本身的知识，但我们能够意识到它。我们在确定知识的范围时会意识到它；我们在道德生活中，在辨别和履行我们的义务时会意识到它；我们还在注视着美和崇高的时候会意识到它。从严格的意义上说，我们不用任何这类方法获得知识。但是，我们用这类方法会意识到超越知识的现实。

让我们在这里注意到，尽管哲学家们一致认为康德属于有史以来少有的几个最伟大的思想家中的一个，但远远不是每一个人都被这种观点说服了的。譬如，几乎所有女权主义者都对康德的哲学思想抱有怀疑。女权主义者中有马克思主义女权主义者和弗洛伊德主义女权主义者，但是，据我所知没有康德主义女权主义者。这也许部分是因为康德看上去是理性主义者和教条主义者的典范，许多女权主义者则对这二者都有怀疑。在他的《纯粹理性批判》一书中，康德像我们已经提到的那样，为明确阐述物质世界的绝对确定的、普遍的法则之可能性作了辩护。并且在他的《实践理性批判》（*Critique of Practical Reason*）一书中，他争论道，个人行为受到确定的和绝对的理智法则的指挥，这些法则被他令人生畏地称为"绝对律令"。因此，在认识论和道德论上，他似乎就是理性主义的缩影。毫无疑问，理性主义是康德哲学中一个重要的、显著的方面。但是，正如我在前面说过，这不是康德哲学思想的全部。

然而，把康德的哲学思想解释为一种绝对的理性主义的形式是错误的。正如我说过的，康德在为理性辩护的同时，也为理性划定了边界。这样做他就为超越理性的洞察形式，如移情

(empathy)，留有余地。他不仅为科学确立了权威，也为直观的理解确立了权威，后者可以立刻把握住前者不能捕捉的个人与情境的独特性。正如我们已经看到的，女权主义是一种对片面的理性主义的现代反抗。这里值得注意的一点是，康德的理性主义也为这一反抗奠定了基础。他的哲学为更丰富的、更直观的理解人类的概念提供了适当的基础，这种对人类的理解在许多女权主义的作品中都有所预兆。

同样值得注意的是，康德的道德哲学思想包括一种女权主义者不可能没有兴趣的主张。对于康德来说，每一个人都具有最高的、不可侵犯的道德权威，做一个人就是要具有能力来判断什么是对的，什么是错的。首先，这暗示着一种许多妇女都感到需要为自己去争取的自主权。每一个人都是立法者，能够形成绝对律令，因此，可以按照一定的法则生活，这些法则既是在范围上普遍适用的，也是固定在每一个人理性和良知最内在的中心之上的。康德的道德理论不仅包括自主，而且还有平等。所有人都有能力作出道德判断。撇开他在主要论文之外随意发表的言辞，康德没有特别关注性别问题。通过这种方式，康德的道德观表现出一种既是自由的，也是平等的精神。

从本书的观点看，康德的主要著作《纯粹理性批判》中最有意思的一部分是他创造了"纯粹理性的二律背反"这一理论。二律背反是指在理性上可以得到辩护的一对主张相互矛盾。譬如，说一些事情发生是因为它们是被自由选择出现的，又说每一件事情是按照自然规律发生的，就是表达了一种二律背反，这是康德自己系统阐述过的一点。每当谈论存在本身时，如果我们把它当作摆在我们面前的一组客体，我们必定陷入二律背反。但是，我们只能像在对客体进行谈论和推理那样去谈论和推理。因此，对终极真理的渴望就不可避免地将我们卷入二律背反之中。康德没有下结论说为了避免二律背反我们应该限制我们对真理的渴求，只是说我们应该预见到对真理的追求会将我们导向矛盾。如果我们意识到这一点，二律背反就可以间接地揭露存在本身。

当然，二律背反就是我们一再提及的悖论。这就是为什么康德二律背反的理论对本书是有意义的。它阐明了并支持本书的主要前提：思考不提供肯定的和明确的答案，但却打开了通向理解的道路。虽然康德总是清醒地、谨慎地表达自己，这在克尔凯郭尔生动的散文中是很少有的，康德的基本观点与本书的引言也并不矛盾。康德认为，理智推动我们走向存在本身，并且走向最终的真理。在这个过程中，它推动我们走向二律背反；通过二律背反，存在本身间接地得到揭露。因此，我们力求二律背反。从这个意义上讲，康德会同意，"悖论是思想家的激情之源"。

因此，康德和克尔凯郭尔都认为，智慧不是通过一劳永逸地回答了问题而获得的，而是与问题建立起一种深思的、连续的关系。他们认为，智慧是思考的状态。但是，思考就是不确定；同样地，接受二律背反或悖论就是接受不确定。这样，我们被引导到一个观念，那就是智慧存在于不确定性之中。承认这一点，并且拒绝一种绝对肯定的态度，保持不断探询的坦率态度，就是我所说的"人类的不确定性"。

我们谈论过个人的内心生活，并且，人类的不确定性看起来似乎是一种非常私人的、而不是体制性或公共性的事务。但是，这一概念不是没有政治意义的。首先，在意识到我有权利提出问题时，就会产生一种直觉认识，认为任何试图压制我的问题的组织或权威，任何将我变成一个整体中的一个机械部件的组织或权威（如一个极权国家所做的），都侵犯了我的存在本质。思考行为是一种自由宣言；严肃地对待反思就是永不屈服。

此外，人类的不确定性不仅仅是对自由的直觉认识，而且也是对平等的直觉认识。一个人可能比另一个人对数学或汽车引擎懂得更多，但是在面对永久性的问题时，我们都一样缺乏确定的、令人信服的答案，我们是平等的。智者看起来似乎比其他人站得高，那也只是因为他们意识到了这个首要的平等性。

最后，在人类的不确定性中有共同体的种子。接受不确定性为真理的范畴，就是拒绝接受使我们客体化并贬低我们的意识形态。一种意识形态就是一个为指导人类大众的行动而设计的政治纲领。在寻求动员而不是思考，寻求一种新的秩序而不是交流的状态下，意识形态宣称是自己是整全的、最终的真理。根本没有什么悖论意识形态。此外，准备激活人民大众并改变社会的表面上的绝对真理，必定有解释者和实施者。每一种意识形态在这一点上无疑都是独裁的。任何同意雅斯贝尔斯的观点——认为人类总是比我们能够了解的或我们能够谈论的要更丰富——的人，都远离所有的意识形态，并且准备好进行交流，而非行动和实施权力。

我们现在已经触及了政治思考的最终前提了吗？这个问题很重要，因为，虽然智慧可能是一种思考状态，反之就未必是真的：一种思考状态并非总是智慧的。不确定性不一定是人道的，它可能是一种无精打采的怀疑状态以及虚无主义的疯狂根源，这是由于感到最终没有任何值得奉献或尊敬的事业而引起的。人道的不确定性是不是取决于我们还没有注意到的原则？这里有两个这类原则浮现了出来。

第一个前提是，真理是好的。"真理"（"Truth"）是我们经常将开头字母大写的词之一，让它代表显然非常崇高的事务，因此我们不可能对它的价值产生任何疑问。但是，终归有可能，最终的真理会被证明是乏味的、没有用的、甚至是有害的。如果现实的结构在根本上是站在人类利益的对立面的，那么错觉就不仅比真理更加令人愉快，而且对于让人类在没有希望的阴影下避免窒息非常重要。严肃的探询需要弃绝这种可能性，真理必须有伟大的价值。

第二个前提是，真理必须通过公共对话来寻求，没有例外。这个前提不是思考本身要求的，而是一种我们大多数人感到可以接受的思考方式——一种向所有参与者都开放而非局限于少数有特权的人的方式——要求的。然而，探询应该向所有人开放并不比真理是好的更加自明。的确，我们在不能肯定地回答永久性的问题上是平等的。可是，人们会争论道，只有少数人能够有效地反思这些问题。或者，在缺乏任何制衡性的道德律令的情况下，人们可能只愿意在具有排他性的探询者的圈子里进行思考——譬如，局限在某一国家或社会阶层的成员范围内。让自己进行真正的公共对话，面向所有人进行对话，就必须抛弃这些带有优越感的探询方式。必须尊重所有的人，因为对人最大的尊重就是愿意与他讲话或听他讲话。

总之，要进行严肃的、完全符合人性的探询，必须同时十分尊重真理和每一个人。这种立场是建立在什么假定——什么宇宙观和人性观——的基础之上的？许多人会说，这不是建立在什么假定的基础之上的，真理的价值和个人的尊严都是自明的。但这是真的吗？

首先，为什么我们应该不管现实的本性，把真理看做是最高价值？如果真理无法让我们感兴趣，也没有实际价值，为什么我们还要关注真理？在思想史中，尽管并非全部如此，真理也常常是一种宗教价值，对真理的尊重表达了对存在的尊重，而存在被看做是神本身或是神的表现。尽管有人会不同意这种宗教性的先决条件，这种观点也是符合逻辑并且可以理解的。然而，在否定神之后保持对真理的尊重，仍然是符合逻辑并且可以理解的吗？

为什么无论每一个人的品性和智力如何，我们都应该尊重他？比起"真理是好的"这一观念，尊严为每一个人所固有这一观念在其先决条件方面宗教色彩并不更淡。在西方思想中，这一观念是历史性地衍生于每一个人都是上帝的宠儿这一信仰。如果这一信仰遭到拒绝，只能依赖不带偏见的经验分析，就会有人认为一个人并不比一匹马或一辆汽车更值得尊重。

我们可以概括性地复述我们面前的问题。要认真地进行面向所有人开放的探询，表达了一种实实在在的坚定信仰。抱此信仰的人必须相信真理是好的，而且所有人在寻求真理的过程中都具有相同的潜力和权利。如果信仰的终极对象只是我们能够看到并且客观了解的东西,而不是上帝,这种信仰还有意义吗?

这个问题也产生于贯穿本书每一页的一个潜在的假定中,它也是我们所有人每天都做出的假定:无论如何,真理是可以找到的。我一直争论说,某些真理是可以通过反思得到的;科学家则相信,其他一些真理可以通过经验分析得到。但我们怎么能够保证,这些想法不是产生于我们不可避免地受到现实的本质和我们的心智的限制而产生的巨大幻觉之中呢?即便我们不会受到任何这种幻觉的局限,而且我们是可以接近真理的,面对着一个完全和永远被遗忘的事实——显然,在整个真理远没有被发现之前,死亡就会降临在每一个寻求者身上——我们怎么还能够有勇气寻求真理?

总之,我们开始看到,严肃的反思,如在政治思考中所进行的反思,不只是一种就事论事的行为,一种无论持有哪种观点的人都可以参与的行为。它包含假设,而这些假设似乎具有浓重的宗教色彩。真理必须是好的,当人们寻求真理的时候所有人都必须毫无例外地得到尊重,而且最终真理必须可以接近,并且在某种意义上即使死亡也不会威胁到它。如果没有神圣的基础使现实值得了解,使每一个人——甚至是没有多少智慧和品质不好的人——都有尊严,并且使我们的假设——认为我们可以找到真理而且真理的价值是死亡也无法伤害到的——得到保障,上面提到的那些怎么可能是真的?

有人也许会提出异议,认为用这种态度谈论"宗教"过于模糊。哪种宗教?很显然,宗教不止一种。譬如,一个探询者的信仰可以是犹太教的信仰。犹太教经文(基督教徒称为《旧约》)中的上帝经常被认为过于专横与教条,必定是自由思想和开放性探询的敌人。然而,我们最好记住,无神论者经常指控说我们是按照自己的形象创造的上帝。无疑我们经常这样做。但是,这种反思不是引导我们怀疑上帝的现实性,而是怀疑我们对上帝的想象的合法性。很难说能在《旧约》中找到支持人们将上帝想象为一个神圣独裁者的段落。如果要求必须提供精确的描述，就会很难在"《旧约》中的上帝会交流"这一看法上做出任何改进。的确，上帝有时提出要求或进行谴责，而人类必须接受。但在《创世记》中，我们看到一个将人类置于美好的、可知的宇宙之中的造物主，它赋予人们自然的力量，如理性，使他们能够一起居住在这个宇宙里，并且能够理解这个宇宙中的现实并对之施加统治。而且在《圣经》的一些最伟大的段落中，上帝经常呼求倾听和自由的赞同。总之，上帝经常地、也许从根本上是对话性的。

有些人认为，从《旧约》转到《新约》会遇到更为教条的信仰。毫无疑问，基督教通常是教条的。但我们仍然必须问道，信仰中固有的是什么，而软弱和堕落的人类又是如何对信仰作出解释的。福音书提供的不是教义而是故事，一个描述了耶稣的一生的故事。这个故事的中心事件是耶稣被钉十字架上的受难，它可以被看做是每一个人类真理必定失败的象征，是超越了我们能够陈述并掌握的所有真理之外的一个真理的象征。索伦·克尔凯郭尔——本书引言的作者——是个基督徒，同时也是一位不倦的并且无畏的思想家。他思想中的终极悖论是耶稣——代表了时间中的永恒。通过他追根问底的生活方式以及非教条性的神学，他认为不将基督教解释为对真理的最终揭示，而是解释为一种神圣的解放行动，将赋予我们寻求真理的能力。本书的作者坚持一种不断追问、相互交流的基督教，这种基督教在克尔凯郭尔身上体现了出来。

然而，没有哪一个人类榜样在不断追问的生活方式以及建基在追问之上的信仰这方面能比一个生活在早耶稣几个世纪的人更有启发性了。让我们通过简要地思考一下苏格拉底来结束这些反思。苏格拉底是一位简朴、和蔼、极为智慧的雅典人，因为毫不妥协地追求理性的探询而被处以死刑。显然，苏格拉底没有详述一个完整的、确定的学说，而是热衷于提出问题。这些问题涉及最重要的事情，如友谊、正义以及真理。苏格拉底将他的整个成年生活贡献给对这些问题的研究。虽然他竭力寻找以智慧闻名的人,但他似乎总是非常高兴与任何他碰巧遇到、愿意与他进行严肃交谈的人聊天。在生命快结束时,他得出的结论是,没有人可以回答他的问题,而且,那些因智慧出名的人实际上很无知。就是这个在交谈中表达出来的结论,公开地羞辱了雅典的一些当时最著名的人物,因此导致他最终受到审判并被处以死刑。

苏格拉底的生活中有两个方面特别值得注意,这与人类的不确定性有关。首先,苏格拉底得出结论说不仅所有其他人都很无知,而且他自己也是很无知的。他认为,他只是在意识到自己的无知这个方面比其他人更高一筹。因此,从表面上看,苏格拉底是个失败者。一生都在提问题,还是没有找到答案,雅典人因为他在城市里散布精神和理智的混乱,最终将之判处死刑。

但是,苏格拉底在生命的最后几天中,面对理智的不确定性和可耻的死刑,保持了胜利者的镇定,仿佛长久以来进行的理智斗争最终取得了伟大的胜利。在对他进行的审判中,他的辩护词像他经常进行的谈话一样,平静而带有使人困窘的讽刺性。在监狱中,虽然有人已经为他做好逃跑的安排,他却拒绝用逃跑来挽救他的生命,因为有一个声音在他耳边轻轻响起,这个声音"就像是神秘者的耳中的笛声"警告他,如果逃跑,他就违反了他所生活的城邦的法律。他将最后的时间奉献于探讨灵魂的不朽,显然用完全开放的头脑探讨这个问题。最后,他抚慰正在哭泣的朋友,并且"完全有准备地、高兴地"喝下了执行死刑的人拿过来的毒药。[①]苏格拉底的行为不像是被思考带入一种完全困惑的状态的行为。他的"无知"似乎是悖论的标记,标志了一种无法表达的意识,但这种意识又非常有持续性,即使是死亡的危机也没有影响他的平静。

---

① 这些事件无疑是在目击人的报告基础上重新在柏拉图的三本著作——*Apology, Crito, and Phaedo*——中讲述的。

我们不很清楚苏格拉底的政治观点。他也许不愿意认同已确定的政治原则，就像他不愿意认同任何其他原则一样。但是，不难从他的生活中辨识出某些明显的政治理念。首先，他的事业就是活生生地展现自由的准则。他受到其他公民的嘲笑，政府威胁要将他流放并判处死刑，但他按照指导他一生的、无法言说而又不可抗拒的准则，继续冷静地生活并陈述自己的观点。

此外，虽然苏格拉底有卓尔不群的学识（也许是柏拉图的哲学家—统治者概念的来源），他的生活方式在某种程度上是平等主义的。他没有要求特别的权威，只是在他证实普遍的无知（包括他自己）时含蓄地表现这一点，而且，他显然愿意与任何愿意和他交谈的人探讨问题。在柏拉图的一篇对话中，他被描述为一个展示可以从没受过教育的年轻奴隶那里引导出重要知识的人。

最后，苏格拉底是一个彻头彻尾的属于公共社会的人。对于将他判处死刑的城邦国家的忠诚使他没有逃离监狱，而他固执地提出问题代表了他对交流的开放性的坚持。不论苏格拉底发现了什么真理，那都不是一个能够被包括在一个确定的命题系统中，并被牢牢地占有的真理。它也不能被强加于他人，它是只能在对话中找到的真理。

苏格拉底揭示出个人的独立和社会的责任之间、行动的不确定性和能力之间那种困难的平衡，我们可以称之为谦恭。他显然对所有观念都感兴趣，但完全避免了狂热。然而，他的开放性使他承担了最严肃的任务——寻找真理。他是"无知的"，我们不能最终宣布他讨论的观念是对的还是错的，但他在民事活动中能够表现出少有的果断和勇气，有一次他冒着生命危险以不合法为由公然反抗统治集团发出的一道命令，这也显示出相似的矛盾。

今天，我们很少追求这种姿态。我们认为，对政治意识严肃性的测验，就是要献身于实际的结果。许多人更敬佩不受感情支配的、不妥协的行为。但是，历史对我们的要求一直不予理睬。在长达两个世纪的试图控制事件的进程（近代行动主义要从法国大革命开始算起）之后，人类几乎被不幸击败。我们所需要的是否可能就是苏格拉底式的谦恭，而不是近代的时而自鸣得意时而悲观绝望？

对于我们中间的大多数人来说，疑问使人感到不安。我们避免进行严肃的探讨，因为我们害怕怀疑。但是，苏格拉底似乎告诉我们，疑问可以是健康和希望的源泉，而且，奇怪的是，一个自由的、属于公共社会的人的信心，可以产生于不确定性。

我们今天生活在一个充满不确定性的时代，但是，这是一种令人忧虑的、使人虚弱的不确定性，而不是苏格拉底的那种安宁和有启发性的不确定性。不仅是对传统的宗教信仰，甚至对科学的信心都很虚弱。聚集在地球上的大量的人对于什么是真实的或者我们应该怎样生活没有清楚的、稳定的概念。我们的精神状态糟糕透顶。

然而，如果人类不确定性的观念可以成立，我们的状态就不是令人绝望的，而且，我们不应该尽力根除我们的疑问。它们也许会提供一条通往理解的道路。当我们试图用不可动摇或不可摧毁的客观原则取代疑问时，我们就偏离了这条轨道。我们不仅远离了进行更深刻理解的可能性，而且相互脱离。如此根本的偏离会带来灾难。我们这个时代的极权主义和暴力，在某种程度上，是人们努力逃离不确定性的结果。那些不能生活在疑问中的人，就不能生活在有思想并且独立的人中间，因为后者是疑问的源泉。

因此，为了相互理解和公共生活，我们可以希望我们这个时代令人忧虑的不确定性不会屈从于一种完美的肯定性。今天，进行政治思考最伟大的成就不是战胜我们的疑问，而是帮助我们在自由和谦恭的状态下与之一起生活。

出版后记

廷德似乎丝毫也不打算掩饰并非友好的态度，无论从形式上，还是从内容上。读者很快就会遭遇封扉上引用的克尔凯郭尔那诗意迷人却又让人有些摸不着头脑的语句，紧接着是目录中的一连串问号，这一切似乎都透着一种不详的预兆。阅读开篇第一段，廷德甚至赤裸裸地告诫读者，这是一本困难而费解的书，因为书里并不提供令人满意的答案，他的态度近乎强硬——"这是个警示，不是道歉"！

也许，这只是廷德的一种策略？为了激发读者在求知欲上的男性气概？为了拣选合适的读者而避免对谁也没有好处的误会？不管怎么说，廷德是开诚布公的，不仅承认对书中提出的问题自己也没有确凿的答案，而且勇敢地在这个认为一切都是相对的、一切都会随时间之流有所改变的年代坚持宣称存在一些永久性的问题——这本书的写作就是为了证明这一点而展开的行动。而且，廷德也不是那么冷漠无情，他非常友善地提出了思考的艺术所需要的几点建议。

如果你已经被字里行间透出的严肃气息吸引，并且对廷德所谓的永久性的问题——那些"问题的提出不是简单地为了让你了解其他人的窘境，而是为了让你陷入自己的窘境"——好奇，那就义无反顾地踏上这趟政治思考之旅吧。

廷德首先批判了美国社会强烈的行动欲和对事实的癖好，它们使得对思考的赞美流于表面的恭维，这种实用主义的氛围不欢迎任何看不到实际效益的思考，遑论争论了几千年的挥之不去的问题。譬如，廷德在接下去的两章提到的两个问题——人类在本质上是隔阂还是统一的？是平等的还是不平等的？廷德对这两个问题的剖析使我们看到，这是两个几乎将西方所有有分量的智者都卷了进来的问题，他们争执，他们抗辩，激起了历史中相互角力的力量奔涌向前，型塑了我们今天复杂的政治世界。我们还将看到，在接下去的分析权力与掌权人、权力的限制与目的的几章中，你对每一个重要问题的决断几乎都取决于你如何回答这两个问题，它们如草蛇灰线一般在政治生活的各个层面细入无间。

如果说前面的章节是在共时性的层面探讨政治思考，廷德在最后一章则着手政治思考的历时性层面。由于政治生活不是发生在真空之中的，而是发生在寄予着人们的恐惧与希望的有血有肉的历史之中，这就使得这一章尤为重要。不宁唯是，由于现代世界的历史意识拆解了古代与中世纪的客观真理观念，这将使得所有严肃的政治思考受到犬儒式的玩世不恭的挑战，这也维系着廷德期望通过严肃的政治思考建立公正社会的成败。

廷德似乎给我们留下了一片废墟，由于我们在根本性的问题上无法达成共识，由这些问题决定着的其他问题也就总是令人疑窦丛生。在最后的结语中，廷德借康德的二律背反以及克尔凯郭尔的悖论概念阐明了"人类的不确定性"这一观念。在他看来，不确定比教条要好，怀疑比放弃思考要好："思考行为是一种自由宣言；严肃地对待反思就是永不屈服"。而苏格拉底则是平衡个人独立和社会责任的一个典范，也许，这个榜样能够激励我们在政治思考的公海上扬帆起航。

服务热线：133-6631-2326　188-1142-1266
读者信箱：reader@hinabook.com

后浪出版公司
2010年5月

图书在版编目(CIP)数据

政治思考:一些永久性的问题 / (美) 廷德著;王宁坤译. — 北京:北京联合出版公司, 2016.8 (2020.12重印)
ISBN 978-7-5502-4515-0

Ⅰ. ①政… Ⅱ. ①廷… ②王… Ⅲ. ①政治学-研究 Ⅳ. ①D0

中国版本图书馆CIP数据核字(2015)第146230号

Authorized translation from the English language edition, entitled POLITICAL THINKING:THE PERENNIAL QUESTIONS (LONGMAN CLASSICS SERIES), 6E, 9780321005274 by TINDER, GLENN, published by Pearson Education, Inc, publishing as Longman, Copyright ©2004

All rights reserved. No part of this book may be reproduced or transmitted in any form or by any means, electronic or mechanical, including photocopying, recording or by any information storage retrieval system, without permission from Pearson Education, Inc.

Simplified Chinese edition
Copyright © 2016 POST WAVE PUBLISHING CONSULTING (Beijing) Co., Ltd.
本书中文简体版权归属于后浪出版咨询(北京)有限责任公司

政治思考:一些永久性的问题

著　　者:[美]格伦·廷德
出 品 人:赵红仕
选题策划:后浪出版公司
出版统筹:吴兴元
责任编辑:王　巍
特约编辑:陆　炎
营销推广:ONEBOOK
装帧制造:墨白空间·韩凝

北京联合出版公司出版
(北京市西城区德外大街83号楼9层　100088)
环球东方(北京)印务有限公司印刷　新华书店经销
字数226千字　889毫米×1194毫米　1/16　18印张　插页8
2016年8月第1版　2020年12月第4次印刷
ISBN 978-7-5502-4515-0
定价:49.80元

后浪出版咨询(北京)有限责任公司常年法律顾问:北京大成律师事务所　周天晖 copyright@hinabook.com
未经许可,不得以任何方式复制或抄袭本书部分或全部内容
版权所有,侵权必究

本书若有质量问题,请与本公司图书销售中心联系调换。电话:010-64010019